制造业企业技术创新生态系统的创新扩散及其演化机理

孙　冰　徐晓菲　田胜男 等　著

国家自然科学基金项目（项目编号：71372020）
高等学校博士学科点专项科研基金项目（项目编号：20132304110025）

科学出版社

北　京

内 容 简 介

在创新 3.0 时代，从创新生态系统的视角入手，研究制造业企业的创新扩散及其演化机理问题，对于我国经济的持续发展、制造业产业的转型升级具有重要的理论价值和现实指导意义。本书进行制造业企业技术创新生态系统创新扩散的网络结构分析和过程模拟，提炼四个维度的创新扩散动力要素，并探讨创新扩散动力模型的时空演化规律。基于 MLP 框架，从创新生态位、技术范式和社会技术地景三个层面剖析制造业企业技术创新生态系统的创新扩散和时空演化机理，并分别采用智能体模型仿真、纵向案例研究的方法进行进一步验证。同时，设计创新扩散的相关对策分析框架，并在考量增强创新扩散动力的基础上，立足于企业、市场和政府三个视角，提出促进制造业企业技术创新生态系统创新扩散的具体对策建议。

本书可供创新管理领域的研究人员、高校师生、企业管理者以及政府有关部门的决策人员参考使用。

图书在版编目（CIP）数据

制造业企业技术创新生态系统的创新扩散及其演化机理 / 孙冰等著.
—北京：科学出版社，2018.3
ISBN 978-7-03-056700-0

Ⅰ.①制⋯ Ⅱ.①孙⋯ Ⅲ.①制造工业–工业企业管理–技术革新–研究–中国 Ⅳ.①F426.4

中国版本图书馆 CIP 数据核字（2018）第 043663 号

责任编辑：兰　鹏 / 责任校对：王晓茜
责任印制：吴兆东 / 封面设计：无极书装

科 学 出 版 社 出版
北京东黄城根北街 16 号
邮政编码：100717
http://www.sciencep.com

北京京华虎彩印刷有限公司 印刷
科学出版社发行　各地新华书店经销
*
2018 年 3 月第 一 版　开本：720 × 1000　1/16
2018 年 3 月第一次印刷　印张：15
字数：300 000
定价：105.00 元
（如有印装质量问题，我社负责调换）

前　　言

21 世纪是大变革时代，面对经济全球化格局的转变以及经济持续健康发展的各方压力，我国已经意识到技术创新对推进新型工业化、转变经济增长方式产生的重要作用。创新扩散由于能够产生技术创新成果的规模效应，逐渐成为创新领域的研究热点。同时，在创新 3.0 时代，创新研究范式已经从"创新系统"发展到"创新生态系统"，国家间的竞争、企业间的竞争已然转变为创新生态系统间的竞争。在此背景下，制造业企业作为我国技术输出的中坚力量，担负着推动经济长期平稳较快发展的关键责任，创新扩散不仅成为制造业企业获得核心竞争优势、营造良好创新生态环境的重要途径，更是提升国家综合国力，促进社会经济健康发展的有力保障。因此，在当前复杂的社会经济环境中，立足于创新生态系统的视角，多层面、深入地研究制造业企业的创新扩散及其演化机理，科学客观、切实可行地提出相关对策建议，对于我国经济的持续发展、制造业产业的转型升级具有重要的理论价值和现实指导意义。

尽管关于创新扩散的研究已经取得了较为丰富的成果，但现有研究多基于单独企业或个体层面，忽视了创新扩散主体的交互作用表现出的复杂生态系统特征，也较少运用创新生态位、多层分析视角（multi-level perspective，MLP）、仿真模拟等前沿理论和先进方法。同时，关于创新扩散动力研究的系统性和动态性体现不足，并且忽略了创新扩散中核心企业的重要作用，将二者割裂开来。有鉴于此，本书研究的目的在于，从生态学和演化经济学角度丰富创新扩散的研究内容，系统而深入地探讨我国制造业企业创新扩散及其演化机理，综合运用数理模型、仿真模拟、案例分析等多种方法，力争使理论研究指导实践。

本书主要在以下几个方面做了探索性工作。

（1）制造业企业技术创新生态系统创新扩散的网络分析。分析制造业企业技术创新生态系统的特征及系统内各主体间的作用关系，讨论基于 MLP 框架研究创新扩散机理的可行性。在此基础上，运用网络分析法表征技术创新生态系统创新扩散的网络结构与核心企业，并采用创新扩散复杂网络模型对不同参数下的创新扩散过程进行仿真模拟，进而基于专利数据构建手机芯片技术专利引文网络及专利权人网络，基于主路径分析法提取手机芯片专利技术的扩散路径并识别出该领域的核心企业。

（2）制造业企业技术创新生态系统创新扩散动力及其时空演化研究。提炼并总结扩散株、扩散源、扩散宿、扩散域等四个维度的制造业企业创新生态系统创新扩散动力要素。选择吉林省新能源汽车创新生态系统，运用结构方程模型验证所构建的创新扩散动力理论模型。建立制造业企业创新生态系统创新扩散动力的成长上限基模，运用反馈回路、原因树、结果树等系统动力学分析工具，探索四维度创新扩散动力的成长趋势；并基于技术生命周期的时序进展以及动力要素作用效果的变化，探讨制造业企业技术创新生态系统创新扩散动力模型的时空演化规律。

（3）制造业企业技术创新生态系统创新扩散的 MLP 分析和演化机理研究。分别从核心企业的合作伙伴选择、网络嵌入性对创新扩散的作用入手，分析技术生态位和市场生态位的形成问题，进而剖析基于创新生态位的制造业企业技术创新生态系统的创新扩散机理；基于博弈论分别研究竞争关系与合作关系下创新扩散主体的新技术采纳策略，分析技术标准的形成机制与锁定机制，进而剖析基于技术范式的制造业企业技术创新生态系统的创新扩散机理；分析社会技术地景作用下创新扩散的自组织运行机理，进而剖析基于社会技术地景的制造业企业技术创新生态系统的创新扩散机理。在此基础上，运用 MLP 框架对制造业企业技术创新生态系统创新扩散机理进行整体性描述，并对创新扩散的时空演化机理进行分析。并且，分别采用智能体模型仿真、纵向案例研究的方法，进一步验证和讨论制造业企业技术创新生态系统创新扩散及演化机理。

（4）制造业企业技术创新生态系统创新扩散的相关对策研究。参考制造业企业技术创新生态系统创新扩散的功能性评估、诱导机制与阻碍机制的分析，设计创新扩散的相关对策分析框架，并在考量增强创新扩散动力的基础上，立足于企业、市场和政府三个视角，提出促进制造业企业技术创新生态系统创新扩散的具体对策建议。

本书的写作是不断发现新问题的过程，也是我们不断探索和攀登高峰的过程。作为从生态学视角研究创新扩散的抛砖之作，本书期待着创新领域研究者和实践者的赐阅。由于作者水平有限，虽然经过反复推敲，书中难免有不足之处，恳请各位读者多提宝贵意见和建议，以使本书和后续研究得以不断完善。

作　者

2017 年 7 月

目　录

第1章　绪　　论

1.1　本书的研究背景和研究目的

1.1.1　本书的研究背景

　　2015 年 5 月 8 日，国务院正式发布《中国制造 2025》。该文件明确指出，我国应坚持走中国特色新型工业化道路，以促进制造业创新发展为主题，坚持把创新摆在制造业发展全局的核心位置，推动跨领域跨行业协同创新。这标志着粗放式的经济增长模式已经走到尽头，需要通过提升本土制造业企业自主创新的水平，加快实现由传统工业化向新型工业化的转变，走出多年来徘徊于低附加值的产业链末端的境地。可见，通过技术创新实现制造业的健康发展，促进传统产业转型升级，已经成为我国未来经济发展的重要任务。然而，尽管《纽约时报》曾经预测中国在未来十年将成为创新领袖，但是目前我国研发开支与创新有效产出、成功市场化却并不能够呈等比例增加，创新的低扩散率与高风险现象十分突出。据波士顿咨询公司近期对我国企业的创新调查显示，57%的被调查企业对其新产品的市场表现不满意，即技术创新成果并没有得到有效的扩散。由此可见，制造业企业技术创新扩散已经成为我国新型经济发展中的一个瓶颈。在此背景下，中国作为技术的后发国家，如何有效地提升制造业企业创新扩散的水平进而加快工业转型的进程是一个重要的研究议题。

　　从 20 世纪 60 年代 Fourt 和 Woodlock（1960）、Mansfield（1961）等学者关于创新扩散的研究问世以来，创新扩散的预测和建模等问题一直是学术及实践中的热点与重点研究课题。在半个多世纪的发展历程中，创新扩散的研究重点不断随着经济环境和社会环境进行改变，引领着新思想、新技术的市场化传播。Meade 和 Islam（2006）在回顾创新扩散的研究时总结提出，未来的创新扩散研究将集中于三个方面：第一，在数据较少甚至缺乏数据的前提下的扩散预测；第二，多模型（方法）结合的扩散研究；第三，多世代技术的扩散研究（Meade and Islam，2006）。目前，众多学者（Garber and Muller，2004；Ander，2006）的研究普遍认为，制造业企业的技术创新已不再是单个企业可以独立完成的任务，而是一个必须与其他企业进行互补性协作的动态活动，由此制造业企业的创新扩散呈现了协同性、网络性和集群性等生态系统特点（Hu，2009；Tseng，2009；Shin and Jalajas，

2010），以及非线性、适应性和自组织等演化特点（Rose et al.，2005；Katz，2006）。近年来，国外学者尝试将生态系统思想和演化经济学理论相结合，以对制造业企业及其创新扩散的重点研究方向进行探索，并提出了一些重要的方法和理论观点。例如，国外学者（Kemp et al.，1998；Kemp and Rotmans，2001；Hoogma et al.，2002；Raven，2005，2010）提出了战略生态位管理（strategic niche management，SNM）理论和多层分析视角（malti-level perspective，MLP），并在研究一些新兴技术的扩散方面取得了初步的研究成果（Geert et al.，2010；Lopolito et al.，2011）。然而，我国学者在创新扩散研究中很少结合生态系统思想和演化经济学理论，也较少涉及国外学者所提出的 MLP、SNM 等理论和方法。

21 世纪经济学已经进入了一个多元化的时代，均衡分析的固定框架、"华盛顿共识"的最优和机械思维等主流经济学范式已经逐渐被动态经济发展的分析模式、"北京共识"的多样性和创新等新范式取代。演化经济学是 21 世纪经济学所面临的革命性变化的主导力量。它致力于了解经济组织的内部结构，以便更好地研究技术进步，理解创新发生的过程并寻求经济的演化过程。与经济学研究范式的发展类似，系统科学的研究正处于从无生命系统研究到有生命系统研究的转变，从工程技术领域到社会科学、生命科学领域的转变（李阳阳和焦李成，2007）。当学者逐渐意识到系统的复杂性时，传统的简单线性的系统研究方式也就被复杂的非线性的模型取代。与此相适应地，传统的研究方法，包括口头描述和数学分析，需要被新方法和工具（复杂网络分析、计算机模型、仿真模拟等）取代。这些研究方法基于复杂系统科学理论，结合了口头描述和数学分析的优点，可以用于描述多层次、混杂的行动者，呈现多属性的行动者相互间时空关系的变化情况，进而体现从微观到宏观的涌现机制。

综上所述，在我国工业转型升级的压力下，在当前多变且复杂的社会经济环境中，本书尝试基于生态系统思想，在综合运用 MLP 理论模型的基础上，结合演化经济学理论、复杂系统理论、社会网络分析、智能体仿真等方法，在甄选创新生态系统创新扩散动力的基础上，深入探索制造业企业创新扩散的发展规律和演化机理，提出科学合理的对策与建议。这些研究成果将对我国制造业企业未来的长远发展以及我国制造业的持续技术进步具有重要的借鉴与参考价值。

1.1.2　本书的研究目的

本书力图实现以下三个方面的研究目的。

一是从生态学和演化经济学角度丰富创新扩散的研究内容。正如前面所述，在目前这个动态发展的经济时代，传统的经济学范式与经济学思维方式已无法满足经济与社会发展的需求。现有的关于创新扩散的研究使学者看到，在生态系统的思维下，运用时间维和空间维相综合的视角，结合以"创造性毁灭"为特征的演化经济学（梅特卡夫，2007）来分析创新扩散的问题，具有必然性和深远的意义。本书旨在进一步阐述这种必然性，分析制造业企业技术创新生态系统的特征和内涵，在生态系统和时空交互演化的视角下，丰富技术创新和创新扩散研究的体系与内容。

二是系统而深入地探讨我国制造业企业的创新扩散及其演化机理。创新扩散已经成为经济健康发展的一个重要环节，针对创新扩散及其演化的研究在国际上也呈现了递增的趋势，但由于不同发达程度的国家对技术变革的理解和执行程度有所不同，企业创新扩散及演化路径存在差异。本书将立足于目前我国制造业企业技术创新难以扩散应用、核心技术相对集中分布的现状，在构建制造业企业技术创新生态系统的基础上，甄选生态系统中创新扩散的动力要素，将国际前沿的MLP 理论引入我国制造业企业技术创新实践中，力争探索生态系统创新扩散的内在机理，掌握生态系统中创新扩散演化的发展规律。

三是综合运用数理模型、演化博弈、仿真模拟、案例分析等多种方法，力争使理论研究指导实践。本书基于复杂网络理论对制造业企业技术创新生态系统的创新扩散进行研究，通过专利数据对制造业企业技术创新生态系统中创新扩散路径进行实证分析，运用数理模型、演化博弈、仿真模拟等方法探索和模拟制造业企业技术创新生态系统创新扩散的多层面机理，采用智能体仿真、案例分析验证制造业企业技术创新生态系统创新扩散的时空演化机理，旨在以实际数据、仿真分析、实例检验等方式实现理论与实践的对接，为制造业企业把握技术创新扩散的发展路径和主要环节、进而为科学决策和制定相关对策提供重要依据。

1.1.3　本书的研究意义

在当前我国制造业企业整体创新扩散水平不高的情况下，本书基于生态学相关理论和 MLP 理论框架，系统、深入地研究制造业企业技术创新生态系统的创新扩散机理及时空演化规律，进而设计出相关对策框架。此项研究对我国制造业企业的健康成长、技术的持续进步和新型经济的发展具有重要的理论与现实意义。

（1）理论意义。创新扩散的研究在全球范围内方兴未艾，创新生态系统研究更是当今管理科学研究的一个热点和前沿。本书从制造业企业技术创新生态系统的普遍性研究入手，构建制造业企业技术创新生态系统的创新扩散动力模型，并以技术生命周期的时序进展为时间演化进程，以动力要素的具象表现为空间存在形式，探讨创新扩散动力的时空演化规律，并通过实证分析进行模型的验证。同时，在界定制造业企业技术创新生态系统的创新扩散网络的基础上，结合创新扩散、生态系统和复杂网络等相关理论与学术思想，基于 MLP 理论模型深入探索制造业企业创新扩散的发展规律和扩散机理。上述研究有助于深入探索制造业情境下创新扩散领域的深层次理论问题，分析制造业企业创新扩散呈现的新特征，有利于丰富和完善创新生态系统、创新扩散等方面的相关理论体系，促进技术创新研究与其他学科领域的交叉融合，因而具有较强的理论意义。

（2）现实意义。中国作为技术的后发国家，如何有效地提升制造业企业创新扩散的水平进而加快工业转型的进程是一个重要的研究议题。本书关注于技术创新领域，从扩散株、扩散源、扩散宿和扩散域四个维度入手，基于实证数据对制造业企业技术创新生态系统的创新扩散动力的成长上限趋势和时空演化规律进行研究，其成果可以从动机视角为我国政府相关部门制定制造业企业的技术创新发展规划与政策提供一定的理论参考。同时，本书深入剖析制造业企业创新扩散及其演化的内在机理，并通过仿真模拟和案例分析对理论模型进行验证，进而提出促进创新扩散的相关对策，其研究成果可以为我国突破经济发展瓶颈、促进工业转型升级提供决策借鉴。可以说，本书关于创新扩散的理论研究是实现我国向世界制造业中心迈进的可能性最大、条件最为充分的基础性工作，因而对于制造业企业技术创新实践发展具有较强的现实意义和指导作用。

1.2 国内外研究现状及评述

1.2.1 技术创新生态系统的相关研究

创新生态系统的思想最早可以追溯到 20 世纪 70 年代 Cloud 首次提出的产业生态系统理论。此后，研究者借鉴自然生态系统的特点，对产业生态学、产业生态系统等概念进行了完善。进而根据自然生态学的规律大胆预言，企业间相互依赖、共同进化将是未来经济发展的景象。美国总统科技顾问委员会于 2003 年正式提出"创新生态系统"国家战略，指出未来美国科学、技术、经济的繁荣与领先要基于这个庞大的创新生态系统的演化情况。2004 年，美国竞争力委员会在《创新美国》的研究报告中明确提出创新生态系统的观点。该报告认为，创新本身性质的变化和创新者之间关系的变化，需要新的构想、新的方法，企业、政府、教育家和工人之间需要建立一种新的关系，形成一个 21 世纪的创新生态系统。2006 年，Adner 在《哈佛商业评论》上撰文，明确指出"创新生态系统是一种协同整合机制，即各个公司把各自的产品整合起来形成一套协调一致的、面向客户的解决方案"。2013 年，欧盟发布了《都柏林宣言》，围绕创新生态系统部署了 11 项创新策略。李万等（2014）总结了创新模式的演化脉络，从创新 1.0（封闭式创新）到创新 2.0（创新系统和开放式创新），再到创新 3.0（嵌入式共生式创新），而创新 3.0 的核心即创新生态系统。与此同时，越来越多的国际知名企业（如 IBM、苹果、微软、高通、华为等）开始致力于构建并完善自身的创新生态系统，通过不断的协同创新，获得持续竞争力。

可见，当今的创新研究范式已经从创新系统发展到创新生态系统（曾国屏等，2013），国家间的竞争、企业间的竞争已然转变为创新生态系统间的竞争（Moore，1993）。可见，近年来将生态学与管理学相结合深入研究企业技术创新生态系统成为理论界关注的崭新领域之一，创新生态系统理论对创新研究、创新政策制定以及创新型国家地区的发展建设均会产生重要影响。

1. 技术创新生态系统的内涵研究

由于考察问题的角度不同，学者对技术创新生态系统的理解也略有差异。本书梳理了国内外学者基于不同视角对技术创新生态系统的具有代表性的内涵界定，具体见表 1.1。

表 1.1 技术创新生态系统内涵界定的代表性观点

定义视角	学者（年份）	内涵界定
技术协同	Adner（2006）	将系统中各个企业的创新成果整合成一套协调一致的、面向客户的解决方案并实现价值输出的协同机制
	张运生（2008）	以技术标准为纽带，基于配套技术，由高科技企业在全球范围内形成的共存共生、共同进化的创新体系
	郑小勇（2010）	围绕技术创新及其商业化而形成的一种组织间的广泛联系
	Jackson（2012）	创新生态系统模拟的是复杂关系的经济动力学而非能量动力学，这种复杂关系形成于以提高技术发展和创新可能性为基本目标的行动者或实体之间
共生战略	张箐（2009）	企业及其相关利益者围绕价值链各环节、各自的产品形成的战略创新体系
	靳洪（2011）	既要求系统成员在重大技术创新上形成协同，又要求系统成员在市场定位、商业模式、经营理念等更高的战略层面上产生协同的企业战略创新体系
系统论	Russell 等（2011）	将技术创新生态系统划分为组织、政治、经济、环境和技术等不同子系统；各个子系统的互动形成一个有利的创新氛围，以催化和促进业务持续增长
	杨荣（2014）	由创新个体、创新组织和创新环境等要素组成的动态性开放系统；在此系统中，各要素为了创新的总体目标而相互依赖、相互交流、协同演化和互动适应
生态学	Iansiti 和 Levien（2004）	基于生态位视角，认为创新生态系统由占据不同但彼此相关的生态位的企业组成，一旦其中的一个生态位发生变化，其他生态位也会发生相应变化
	陈斯琴和顾力刚（2008）	技术创新主体企业与其他相关企业、创新生态环境通过创新物质、能量和信息流动而相互影响、相互作用的系统
	Luoma 和 Halonen（2010）	在生态环境中起互动和交流作用的长久性或临时性系统，在这个生态环境中存在着各种各样的创新主体，它们能在这个环境中相互传授思想，推动创新发展
	孙冰和周大铭（2011）	在一定时间和空间内由企业技术创新单元与其他创新单元、企业技术创新生境组成，以协同创新为目的，以合作共生为基础，通过物质、能量和信息流动方式实现资源共享、优势互补、风险共担的相互依赖、相互作用的动态平衡系统

基于技术协同、共生战略视角的技术创新生态系统内涵界定重点强调资源获取与创新主体间不同的连接机制。Adner（2006）、郑小勇（2010）、Jackson（2012）等学者一致认为，技术创新生态系统是通过企业间或与其他组织实体间的合作与创新塑造的协同体系。系统成员不仅在重大技术创新上形成协同，还在市场定位、商业模式、经营理念等更高的战略层面上产生协同（张箐，2009；靳洪，2011）。张运生（2008）、梅亮等（2014）、蒋石梅等（2015）进一步指出，技术创新生态系统是企业在与外部组织之间互动过程中获取竞争优势的重要来源，其竞争优势反映在资源的属性与获取、创新群落之间以及创新群落与环境的互利共生关系等方面。由此可见，基于此视角的技术创新生态系统内涵突出了系统内部的资源获取与各类竞合关系的形成。

基于系统论视角的技术创新生态系统内涵界定突出了系统的整体思想。一般系统论和理论生物学创始人冯·贝塔朗菲表示，系统论研究旨在运用系统、要素与环境间的相互关系和变动规律，实现系统引导与优化，使系统的存在与发展合乎人的需要。Russell 等（2011）、杨荣（2014）等认同上述观点并指出，技术创新生态系统并不是各部分的机械组合或简单相加，而是系统中各要素均处于各自的位置并起到特定的作用，同时要素之间相互关联，构成一个不可分割的整体，使技术创新生态系统具有各要素独立状态下所缺少的整体功能。可见，该视角下的技术创新生态系统内涵强调系统论的整体性与动态演化性。

基于生态学视角的技术创新生态系统关注企业的生命属性与生态特征。Iansiti和 Levien（2004）认为企业像生物一样，直接或间接地依赖于其他企业或组织而存在，其他企业或组织连同社会经济环境共同构成了企业的外部环境；陈斯琴和顾力刚（2008）、Luoma 和 Halonen（2010）、孙冰和周大铭（2011）进一步指出，企业与其外部环境通过物质、能量和信息的交换，构成一个相互作用、相互依赖、共同发展的整体。因而，技术创新生态系统在本质上更突出系统内部各创新主体基于共同的外部创新环境、通过不同层次的合作而自发地创造新的价值和能量，以及企业间类似于自然界生物物种间生存和演化的相互依赖、共存共亡的过程。可以看出，基于此视角的技术创新生态系统内涵强调生态观的整体性与相互依存性。

2. 技术创新生态系统的特征研究

技术的进化与发展依赖于技术进步的整个生态环境，技术创新既是一种社会生态过程，又是一种存在于生产群落制度环境中的交互过程（Adomavicius and Kwon，2007）。由此，一些学者借鉴自然生态系统互惠共生、协同竞争、领域共占等特征来研究企业技术创新生态系统的特性。研究表明，企业技术创新生态系统具有和生态系统相似的特征，既存在竞争、寄生、捕食、抗生等有害关系特征，又有偏利共生、互利共生、共栖等有利关系特征（刘友金和罗发友，2004，2005；张利飞，2009）。也有学者从创新的路径依赖性和企业之间联系性视角出发认为，企业技术创新的路径依赖性同生物物种间的变异、遗传有相似之处（Suma，2001），一个有效的技术创新生态系统能够以市场与非市场方式在不同企业间建立联系（Ng and Thiruchelvam，2012）。另外，有的学者（Luo and Huang，2007）利用 Theil 熵原理测度我国技术创新生态系统的创新绩效，结果显示，企业技术创新生态系统的可测度性良好；而 Ginsberg 等（2010）对智能风电企业作了专项调查，发现企业的技术创新生态系统具有明显的外部特征。上述研究成果进一步丰富了人们对技术创新生态系统特征的认识。

3. 技术创新生态系统的结构研究

鉴于结构是系统实现资源整合、利益共享的重要基础，很多学者致力于探讨技术创新生态系统的基本构成。其中，一部分学者主张"层次论"。Moore（1993）的研究最具代表性。他认为，技术创新生态系统由核心生态要素（与企业直接相关的供应商、互补品供应商、顾客和分销商等）、扩展生态系统（与企业间接相关的供应商、互补品供应商、顾客和分销商等）、完整生态要素（政府部门、风险承担者——投资者和物主等、竞争对手、同类企业等）和系统环境要素（政治、经济、社会、文化和科技等宏观环境）组成。以此为基础，陈斯琴和顾力刚（2008）、杨荣（2014）通过剖析创新主体的作用与特性，将技术创新生态系统划分为核心层、开发应用层/中间层、创新平台/外围层三层次结构。孙冰和周大铭（2011）则对实体与非实体的创新环境进一步加以分析，提出"核心企业层—技术研发与产品应用层—创新生境层—创新平台层"四层次结构模型。另一部分学者则支持"生态角色论"。Iansiti 和 Levien（2004）是持此类观点的代表性学者。他们引入生态位的概念，明确指出技术创新生态系统包括基石（keystone）、利基（niche）和主导（dominator）三种生态角色。其后的学者基本按照生态系统的生物成分与非生物成分，将技术创新生态系统大致划分为创新主体和创新环境两大类，并不断层化系统结构。例如，Bloom 和 Dees（2008）认为，技术创新生态系统主要包括参与者和环境条件。其中，参与者包括个体和组织等两个要素，而环境条件包括规范、法规和市场等三个要素。吕玉辉（2011）将生物成分的划分标准进一步推及创新主体的细分，认为创新主体可分为三大功能团，即充当生产者角色的决策、管理、服务保障类主体，充当消费者角色的研发类主体，以及充当分解者角色的销售类主体。同时，他还将创新环境划分为实体环境（如自然资源、金融、人员）和非实体环境（如法律法规、科技政策、知识信息）。此外，还有一部分学者提出了"模块论"，认为技术创新生态系统是由各个技术构件/模块共同构成的创新体系（栾永玉，2007；张运生，2008），在这一生态系统中，技术的系统集成与模块整合会改变企业间的竞争。

4. 技术创新生态系统的运行研究

在技术创新生态系统中，对技术与知识的高依赖性使企业在技术创新时更注重与其他企业进行协作，因而构建创新网络成为企业战略的首选，应运而生的技术标准联盟使企业间开展协作研发与模块创新的效率大大提高（Allen and Sriram，2000）。Duysters 和 Hagedoorn（2002）认为，协作 R&D 与技术标准的互动契合关系最能体现高科技企业创新生态系统实现技术与市场整合、提高创新效率的要求。另外，也有学者从创新生态系统运行的开放性视角展开研究。例如，Rohrbeck 等（2009）指出，创新生态系统的运作具有开放性，这种开放性旨在提升模块创新的效率，并吸引更多新兴高科技企业加入系统。因此，张利飞（2009）提出，开放性的创新机制和技术标准推广机制是高科技企业创新生态系统运行不可或缺的两个机制。

5. 技术创新生态系统的实证研究

随着技术创新生态系统理论研究的不断完善，学者更加青睐于面向解决实际问题的实证研究。Rohrbeck 等（2009）深入挖掘了德国电信公司开放创新生态系统的案例，证明技术创新生态系统的开放性、获取外部创意与知识资源的便利性是企业成功提升创新能力的关键。张运生、张利飞领导的科研团队多年来致力于高技术企业创新生态系统的研究。该团队构建了高技术企业创新生态系统 DICE（distribution，interaction，competition，evolution）模型，并对系统结构、形成机理进行分析（张运生，2008；贺团涛和曾德明，2008）。在后续研究中，该团队提出了技术标准对于创新生态系统的核心枢纽作用，进一步分析了风险识别与控制机制（张运生，2008；张利飞，2009）、技术标准与创新生态系统的机理关系（张运生和邹思明，2010）、技术标准许可定价方法与模型（张运生等，2013）、技术标准平台领导战略（张利飞，2013）等相关主题。Weila 等（2014）通过刻画美国生物燃料技术创新生态系统在 1980～2010 年的发展脉络，分析了市场动力和创新生态系统演化之间的联系。郭燕青团队以新能源汽车制造业为研究对象，围绕企业长期价值最大化、技术创新与市场创新相结合的原则探索技术创新生态系统的成长路径，以比亚迪新能源汽车技术创新生态系统为例，分析了比亚迪公司在竞争和合作条件下技术创新生态系统的不同成长路径（时洪梅，2012）；结合创新生态系统理论构建新能源汽车技术创新生态系统的一般模型（李磊和郭燕青，2014）。Overholm（2015）以美国太阳能服务产业早期阶段的五个企业为例，研究了技术创新生态系统对于新创企业成长与发展的重要作用。研究表明，技术创新生态系统的形成有助于创新企业识别并把握协同创造机会，凭借生态系统的相互联系作用而共同发展。欧阳桃花团队先后以 SF 民机转包生产商、小卫星龙头企业 DFH 为案例研究对象，深入剖析航空装备制造业中典型企业技术创新生态系统的动态演化过程，探索技术创新生态系统各主体间的协同关系与系统发展阶段的动态适配，以打开航天装备制造业企业技术创新生态系统共生式发展的黑箱（胡京波等，2014；欧阳桃花等，2015）。

1.2.2　核心企业的相关研究

技术创新生态系统中的诸多成员企业中总会有一家或少数几家企业作为领导者或核心发挥着至关重要的作用，它们调节着系统成员间的关系，影响着系统的整体运行和演化，这就是创新生态系统的核心企业，它在整个系统中扮演着最为关键的角色。因此，核心企业对于研究技术创新生态系统具有重要的意义，也成为国内外学者的关注热点。截至目前，国内外学者的研究多集中在核心企业的界定和评价方面。

1. 核心企业的界定研究

学术界主要从技术视角、知识视角和系统视角界定核心企业。

（1）从技术视角出发，Orsenigo 等（2001）认为，核心企业通常是掌握某种新技术的企业，并且又是创新系统的组织者，核心企业可以凭借自己掌握的新技术开展有可能对网络内部其他企业产生正外部性的经营和投资活动，还可以把自己掌握的新技术转化为选择、吸引和领导其他企业进行创新的动力。然而，Gay 和 Dousset（2005）并不认同 Orsenigo 等的观点，他们认为，创新网络中的企业要真正成为核心企业，就必须掌握其他企业不易获得或模仿的核心技术；如果一个企业所掌握的新技术能够被轻易模仿，那么它很难维持在市场竞争中的优势，也无法在创新网络中发挥核心企业的作用。

（2）从知识视角出发，Pittaway 等（2004）认为，核心企业就是能够在创新系统条件下领导其他企业搜集与传播知识，并能以最快的速度掌握知识的企业。Escribano 等（2009）则认为，核心企业在创新网络中扮演着知识引进者的角色，与普通企业相比，它们更善于利用外部知识促进自身发展，同时能够提高整个网络的创新能力。

（3）从系统视角出发，Gay 和 Dousset（2005）提出，核心企业通常掌握着本行业最优秀的智力资源，它们擅长创新，所创造的新制度、新工艺、新技术对所在创新系统具有不可或缺的作用；它们能够促进系统内部其他企业技术创新能力的提高，引导其他企业追求新技术、开拓外部市场。

2. 核心企业的评价研究

目前，创新网络核心企业评价研究主要集中在创新绩效和创新能力两个方面。

（1）核心企业的创新绩效评价研究。Vittorio 和 Christina（1996）根据核心企业在创新网络中开展创新活动的不同阶段提出了包括技术水平、效率和资源整合能力三个维度的创新绩效评价体系。在此基础上，Inge 和 Petra 分别提出了创新网络核心企业创新绩效评价的四维度指标体系。前者根据平衡记分卡理论对三维度评价指标体系进行了扩展，加入了包括市场份额、客户保有率、客户获得率、客户满意度等评价指标的客户维度，从而能直接反映企业为了取得经济效益而进行技术创新的目的；后者基于投入和产出视角，对三维度体系进行了拆分与重组，并加入了领导能力、企业文化、企业战略等影响技术创新绩效的软约束指标，因而更加注重对技术方面效率的评价。杨文佳和李伊松（2010）以动态联盟的生命周期为基础，研究了核心企业在联盟的结盟阶段、运行阶段和解体阶段各自的特点，以此确定核心企业的绩效评价指标，并采用因子分析法进行了实证评价。此外，李智敏（2003）、姜方桃（2013）等学者构建了供应链核心企业的绩效评价指标体系，并通过层次分析法对核心企业绩效进行了评价。

（2）核心企业的创新能力评价研究。Power 和 Sohal 强调应从创新网络的角度出发对核心企业的创新能力进行评价，他认为评价标准的设置应包括创新战略、创新投入、创新产品、创新流程等方面。在此基础上，Hyland 和 Boer（2006）针对创新网络核心企业的特点指出，评价核心企业的创新能力不仅要考虑企业的研发能力、技术能力、资源和信息获取能力，还要关注核心企业的吸引力、收益和分配能力以及控制其他企业的能力。虽然这些能力不是真正的创新能力，但会对创新产生影响，并有可能转变为创新能力。Hekkert 等（2007）对创新网络核心企业的创新能力进行了扩展，认为随着核心企业竞争力的不断增强，创新能力还应该包括组织能力、合作伙伴选择能力、网络构建能力和决策能力等，并指出只有据此构建的核心企业创新能力评价指标体系才更加完整与合理。

1.2.3 SNM 和 MLP 的相关研究

SNM 理论形成于 20 世纪 90 年代，是荷兰学者提出的技术政策工具，旨在通过生态位管理为有前景的新技术创造一个试验平台，并有控制地取消它，从而提高技术的扩散概率。SNM 初期的模型是一个微观的分析结构。荷兰学者结合欧洲的各种实际案例发展了 SNM 理论，使其从技术生态位到市场生态位再扩展到技术范式。

SNM 普遍用来分析新兴技术的成功或失败的原因，如风能、沼气、公共交通系统、电动汽车和环保食品生产等领域。以 SNM 的核心概念——创新生态位（innovation niches）为研究的切入点，已有的研究成果多针对某个国家或某特定区域中新兴技术的发展问题，例如，印度生物质气化技术形势的讨论（Verbong et al.，

2010)、意大利 Foggia 地区生物炼油生产的实证研究（Lopolito et al.，2011），以及坦桑尼亚麻疯树生物燃料技术发展情况的分析（Romijn and Caniëls，2011）等。Weber 和 Hoogma 认为，创新生态位是"一个得到暂时保护而免于市场和其他制度压力的特定领域，该领域为新技术的应用起到试验台作用，能够让生产者、使用者，甚至政府帮助发展新技术直至它走向成熟"。创新生态位理论支持将新技术纳入"保护空间（protected space）"中，使创新远离主流竞争（Hommels et al.，2007）。由此，Agnolucci 和 McDowall（2007）将创新生态位看作一种为新技术保驾护航，促使其成熟的驱动器，当一项新技术产生后，会得到研发单位、企业等机构的共同保护而获得稳健发展。

近年来，基于 SNM 的研究框架，Geels 等提出多层分析视角（multi-level perspective，MLP），受到学者重视并得到了广泛的应用和推广。学者一致认为，创新生态位仅仅是新技术发展的微观层，在中观层与宏观层上还分别存在技术范式和社会技术地景，三者构成了技术变迁的 MLP 模型（Schot and Geels，2008；Genus and Coles，2008）。Sun 和 Xi（2012）认为，MLP 各层之间的交互作用较为复杂，不仅包括自下而上的涌现关系，还包括自上而下的控制关系：社会技术地景控制着创新生态位和技术范式的需求，创新生态位的涌现依次形成了技术范式和社会技术地景。

与国外较为系统的 MLP 研究体系相比，国内的研究尚处于起步阶段，关于创新生态位的研究也仅仅为概念、方法和研究框架的引进，研究体系尚未完善。

1.2.4 创新扩散的相关研究

1. 创新扩散经典理论研究

创新扩散的研究起源于欧洲社会科学，自 20 世纪五六十年代开始流行，目前已形成众多理论流派，其中较具影响力的创新扩散经典理论有传播论、学习论、博弈论等。

（1）传播论。创新理论之父熊彼特在其著作《经济发展理论》中首次提出技术创新及其扩散的概念。他将技术变革的过程分为三个阶段（发明、创新和扩散），认为技术创新扩散的实质是一种"模仿"行为，并把技术创新的大面积或大规模的"模仿"视为技术创新扩散。创新扩散传播论代表人物 Rogers 于 1962 年出版了专著《创新的扩散》，批判性地审视了当时关于创新扩散研究的贡献与不足。此后，Rogers 平均每十年将该书修订出版一次，以不断完善创新扩散理论。Rogers 在《创新的扩散》（第 4 版）中从传播论的角度对创新扩散重新定义，认为创新扩散是一种创新通过某种渠道随着时间推移在社会系统成员中传播的过程。

（2）学习论。美国经济学家 Mansfield（1968）和英国经济学家 Stoneman（1983）是学习论的代表人物。他们都认为，技术创新扩散过程是一个贝叶斯学习过程。在创新及其被采纳的过程中，有许多技术问题需要解决，甚至有时要进行研发活动，创新扩散的过程中学习无处不在，学习方式多样，如"干中学""用中学""模仿学习""联盟学习"等（谢伟和吴贵生，2000）。Norton 和 Bass（1987）认为，技术创新扩散的过程中，潜在采纳企业主要受到已采纳企业的经验影响，已采纳企业对潜在采纳企业的影响越大，潜在采纳企业选择采纳技术创新的可能性越大。

（3）博弈论。Reinganum（1981）是最早将博弈论方法用于技术创新扩散研究的学者。他建立了垄断博弈模型，认为垄断博弈均衡会导致潜在采用者在不同时期采用新产品或新技术，从而可得到一条关于时间的扩散曲线。他还考察了市场结构对新产品采用时间的影响，得出需求特性是线性的前提下，采用者数目的增加将使多数公司推迟采用新产品（或技术）的结论。可以说，Reinganum 的研究丰富了先前的创新扩散模型与方法。此后，Klibanoff 和 Morduch（1995）研究了厂商间的技术扩散、分散化、外在性及效率的问题。Ziss（1994）构建了技术溢出的两阶段 R&D 双边寡头博弈模型。迄今为止，运用博弈论分析和研究技术创新扩散问题的研究成果主要体现在技术创新扩散的择时分析（Reinganum，1981；Fudenberg and Levine，1993；Dutta et al.，1995；王小芳，2006）、技术创新扩散的溢出效应研究（Macdougall，1960；Caves，1971；Ronald，1978；Klibanoff and Morduch，1995；孙洪涛，1998；Loulou，1997；徐臻和王理平，2005；Kalish et al.，1995）、技术创新扩散中企业规模作用的研究（张海等，2005；王帮俊等，2009）、技术创新扩散中新产品的价格研究（汤长安，2008；盛亚，2002；李保红等，2005；赵骅和吴丹黎，2010）、技术创新扩散的过程与影响因素分析（吕文震，2006；万谦等，2006；万谦和万涛，2007；龚业明和蔡淑琴，1999；张诚和林晓，2009）等方面。此外，也有学者应用协调博弈、期权博弈以及演化博弈理论进行技术创新扩散的相关研究（杨国忠和许超，2012；常向阳和戴国海，2003；陈宇科，2004；曹国华和潘强，2007）。

2. 创新扩散经典模型研究

传染病模型是最早的创新扩散模型，是基于创新扩散传播论提出的。该模型认为，创新扩散过程中，潜在采用者是否采用技术创新，很大程度上取决于其他已采用者的采用行为。创新的采用者越多，潜在采用者受到的影响就越大，由此采用新技术的可能性就越大，这个过程类似传染病的传播过程。传染病模型属于内部影响的模型，最早由 Redmond（1939）提出，后被 Fisher 和 Pry（1971）用来研究新技术对旧技术的替代情况，适用于产品功能不易识别、需要已采用者对未采用者进行口头交流传播的新产品扩散。Mansfield（1961，1968）、Jaakkola 等（1998）均通过实证检验了该模型的合理性。

　　贝叶斯学习模型是创新扩散理论的代表模型之一。该模型强调扩散中潜在采用者采用技术创新的过程是一个贝叶斯学习过程。潜在采用者通过学习已采用者的"经验"来调整其对采用创新效果、不确定性和风险的预期，当对技术创新预期效果感到满意，同时不确定性和风险又足够低时，潜在采用者就采用技术创新。Stoneman（1983）在研究中把企业之间的扩散和企业内部的扩散综合起来加以考虑。他指出，已经采用技术创新的企业，在后续扩散过程中主要是通过学习自己的采用经验，寻求最佳的在企业内部应用新技术的比例。

　　BASS 模型是最著名的创新扩散模型。Bass 针对技术创新在市场上的扩散速度提出了具有里程碑意义的创新产品首次购买扩散模型，即 BASS 模型。他认为，创新扩散的影响因素有两种，一种是来自大众传媒，如广告等的外部影响；另一种则是人与人之间口头交流所带来的模仿或内部影响。在其后的研究中，BASS 模型得到不断扩展，诞生了许多新模型，如重复购买模型（Dodson and Muller，1978）、竞争扩散模型（Thompson and Teng，1984；Robertson and Gatignon，1986）、可重复购买的竞争扩散模型（Lilien et al.，1981）、分阶段模型（Minhi et al.，1994）、扩散速度变化模型（Niu，2006；Kapur et al.，2007）等。纵观 BASS 模型及其扩展模型，有两个基本的共同点：首先，都认同新技术或新产品是在社会系统中通过大众传媒和口碑进行扩散的；其次，都认为采用者行为的异质性对创新扩散有很大影响。因此，陈锟（2009）将 BASS 模型及其扩展模型统称为 BASS 模型族。

3. 创新扩散影响因素研究

　　创新成果在时空中的有效扩散必然受到某些边界条件的制约，这些边界条件称为创新扩散的影响因素（闫振宇，2007）。对应于技术扩散研究领域，梳理学者为 BASS 模型赋予的全新解释，并综合各类 BASS 柔性模型与扩展模型的表达与解释，不难看出，创新扩散受到技术创新特性、创新采用者自身条件以及外部环境等多方面因素的影响。

　　（1）关于技术创新特性的研究。根据 Mansfield（1971）对工业技术扩散的研究成果，有的工业技术从引入市场到被 90% 的潜在用户使用仅需要 5 年时间，而有的创新完成同样过程需要 50 年时间。毫无疑问，技术创新本身的属性是影响其能否扩散以及扩散速度的一个非常重要的因素。Rogers 通过实证分析进一步概括了影响扩散的五个技术创新特性，即相对优势、兼容性、复杂性、可试验性和可观察性。后续学者基本根据 Mansfield 和 Rogers 的基础性观点展开相应的研究。例如，万谦等（2006）选取产品性能和消费者异质性作为创新特征的主要指标，刻画创新扩散阈值函数，并根据协调博弈模型讨论创新特征对创新扩散的影响。结果显示，产品性能提高可以促进创新产品的市场渗透；消费者异质性对扩散成功概率具有双刃剑作用，即当消费者基数规模较小时，消费者异质性与扩散成功概率正相关；而当消费者基数规模较大时，消费者异质性增加与扩散成功概率负相关。王帮俊（2011）进一步论证了技术特征是扩散效率的主要影响因素。Huang 和 Hsieh（2012）、Sanni 等（2013）两个团队在电子刊物产品采用的影响因素研究中，均把电子刊物的创新特性（即相对优势、兼容性、复杂性、可试用性和可观察性）作为电子刊物采用率的影响因素。两者的研究得到了相似的结论，即电子刊物自身的创新特性影响电子刊物采用率。同时，Sanni 的研究团队还验证了刊物年限、杂志规模和编辑经验等三个电子刊物的产品属性也会影响其扩散。Tsai 和 Hung（2014）基于系统动力学理论，构建云计算的两阶段扩散模型，指出云计算扩散的主要影响因素包括服务质量、基础设施的成熟程度、价格、技术成熟度等。Izzal 和 Yusniza（2015）基于 Rogers 五项创新特征，应用两阶段、多方法策略进行定性访谈与定量调查，研究并指出社交媒体的创新特征激发了互联网用户对社交媒体的采用行为。

（2）关于创新采用者自身条件的研究。对于技术创新扩散，创新采用者自身条件就是技术扩散的内部影响因素。企业作为技术扩散的主要承担者，其采用技术创新的内部影响因素是多方面的，各因素的影响程度、作用方式和表现特点各不相同，并且常交织在一起相互作用（董景荣，2009）。Mansfield（1971）指出，采用者的兴趣和偏好对新产品的扩散起到关键作用。Tran（2012）采用社会网络分析方法进一步指出，采用者基于技术的特定属性而有所行动，因此采用者异质性及个人偏好也影响新技术采用行为。Nordin 在研究马来西亚水稻化肥产业新技术的扩散时发现，农民的知识水平及其对化肥的了解程度将影响新技术的采用决策。类似地，Coll 等（2014）在探索魁北克地区汽车共享服务扩散效果的影响因素时发现，服务区域中目标群体的教育背景、家庭情况等特征是影响汽车共享服务扩散的主要因素。董景荣（2009）、冯云生和李建昌（2012）研究指出，企业的学习能力、组织结构、资源状况、经营状况、企业文化及企业家素质均对企业进行技术创新扩散造成一定的影响。在此基础上，段存广和赖小东（2012）重点分析了企业家素质、企业资源、企业经营状况对企业进行技术扩散的影响。考虑到技术创新的采用离不开创新采用者自身的冒险倾向，Islam（2014）分析了采用者态度结构对光伏太阳能电池板采用率的影响。Kontolaimou 等（2015）进一步以德国、瑞士、挪威、澳大利亚、冰岛和意大利的实证数据，证明了勇于创新的企业家精神在新技术引入阶段对新技术扩散的积极推动作用。王俊峰和陈晓莉（2013）则结合博弈论模型分析指出，创新的企业文化能使创新技术在企业内部和企业间顺利扩散，从而提早企业采用时间，缩短创新技术扩散周期。

（3）关于内外部因素综合影响的研究。Sneddon 等（2011）研究了澳大利亚羊毛检测新技术的扩散过程，发现创新扩散受潜在采纳者的社会环境、外部因素以及系统内群体的模仿行为等因素的影响。谢洪涛等（2013）通过估计 BASS 模型和 NUI 模型中内外部影响参数，证明建筑技术的创新扩散是在内部影响与外部影响的综合作用下进行的，并且内部影响占主导作用。任斌等（2013）将价格作为内部影响因素、基础设施作为外部影响因素，实证分析了电动汽车的价格与电动汽车基础设施的健全及使用便利性对消费者接受电动汽车的交互影响。在此基础上，部分学者还考虑了网络规模这一影响因素。Li 和 Lyons（2012）认为，网络的数量和市场结构将影响消费者对新产品认可的速度，并进一步确定了数字技术、标准化、私有化及独立监管是影响追赶速度与规模的重要积极因素。李恒毅和宋娟（2014）综合运用系统动力学模型及数值模拟仿真方法，将外部影响、网络规模等因素纳入传统创新扩散模型，构建了动态演化的创新网络创新扩散模型，分析了外部影响与网络规模对创新扩散速率的促进作用。

4. 创新扩散动力研究

创新扩散动力是创新扩散研究的另一重点内容。所谓创新扩散动力，是指导致扩散行为的最根本、最原始的动机（李金勇等，2015）；同时，创新扩散动力也是创新扩散实现的决定力量，还决定着创新扩散的方向和规模（许惠煌和张良强，2006；邓忆瑞等，2008）。

（1）关于推动力与牵引力的研究。作为较早对扩散动力做出简单解释的学者，Mansfield（1971）认为，企业创新扩散的动力主要来自三个方面：模仿比例、机会利润率和新技术投资额。其中创新的先行模仿企业的数量是企业采用创新的推动力，新产品的机会利润率和投资额是企业采用创新的牵引力。与之类似，武春友等（1997）、许惠煌和张良强（2006）认为，企业扩散创新的动力由牵引力和推动力共同组成。其中，牵引力源于企业对利润最大化的追求，是一种主动性质的动力；与此同时，创新者和早期采用者所获得的竞争优势会给其他企业带来竞争压力，这种被动性质的扩散动力则为推动力。许慧敏和王琳琳（2013）虽然对动力的构成也持相似观点，但在推动力和牵引力的来源对象上有不同见解。她们认为，推动力来源于创新企业，主要产生于完全垄断技术的风险性、回收资金的需要以及转让技术创新的报酬等；而牵引力是吸收企业为实现自身利润最大化而产生的动力。Shin 和 Bartolacci（2007）则通过实证研究进一步验证市场竞争的推动力。他们通过分析欧盟、美国、新加坡和中国香港等移动虚拟运营商的市场份额数据发现，垄断竞争的市场结构更适合移动虚拟网络运营商的扩散。王瑟（2010）运用博弈论方法进一步研究了推动力与牵引力的作用机制。结果显示：技术落后厂商倾向于技术扩散，而技术领先厂商回避技术扩散行为。其原因在于，前者承受被产业集群淘汰的市场竞争压力，而后者则面对技术创新引致的超额利润的牵引力作用。

（2）关于内在动力与外在动力的研究。一部分学者关注内在动力、外在动力的构成。例如，闫振宇（2007）提出，市场竞争压力和对利益最大化的追求构成了创新扩散系统的内部动力，法律、经济、行政、计划手段等政府作用是促进创新扩散的系统外力，市场与政府的共同作用构成了创新扩散的动力机制。Derwisch等（2016）探索了撒哈拉以南非洲地区农民采用改良种子的动力。研究结果表明，农民对改良种子的预期收益是促使其采用改良种子的内在动力；并通过仿真模型验证了市场上假冒种子造成的不良市场竞争、种子的品牌影响是改良种子扩散的外在动力。另一部分学者更注重内在动力、外在动力的作用机制。例如，段存广和赖小东（2012）认为，集群内在动力与外在动力的合力作用推动创新扩散；扩散动力的强度随创新扩散的演化而变化。Yücel 和 Daalen（2011）认为，用户感知信息是用户采纳技术创新的内在驱动力量，并在进一步区分创新的真正属性和用户感知的真实水平的基础上指出，用户感知的真实信息驱动其采用技术创新，用户感知信息的缺陷程度、用户对新技术的学习速度均影响 S 型扩散曲线的形成，甚至可能提前中断扩散。刘健挺（2006）、韩裕光等（2015）注意到行为主体的行为方式与创新扩散动力之间的联系，引入博弈论方法，从微观角度分析了创新扩散内在动力、外在动力之间的作用机制。

（3）关于创新扩散动力系统的研究。越来越多的学者意识到，创新扩散是一个技术与经济相结合的复杂过程，应该用系统的观点对其进行研究（许慧敏和王琳琳，2013；苏斌，2008）。邓忆瑞等（2008）对信息扩散动力系统进行建模研究，分析系统的内在动力、外在动力及其对扩散过程、扩散系统结构的动态影响。苏斌（2008）构建了中小企业技术创新扩散的动力系统，基于南通市中小企业技术创新扩散动力的实证结果，根据我国中小企业的自身特性，指出政府政策动力、专利制度保障、完善的风险投资机制等系统外力是中小企业进行创新扩散的根本动力。王帮俊（2011）关于创新扩散动力系统的研究具有里程碑式的意义。他在《技术创新扩散的动力机制研究》中提出，完整的扩散动力系统应该包括扩散源、扩散宿、扩散株、扩散域四个构成要素，扩散源和扩散宿的主体行为与扩散株、扩散域密切相关；同时，系统是时间和空间的统一形式，动力系统的时空结构规定着扩散发生的可能性与概率，扩散的发生与发展也影响动力因子及动力系统的演化（王帮俊等，2009）。

5. 基于复杂网络的创新扩散研究

自 Watts 和 Strogatz（1998）的小世界网络模型、Barabasi 和 Albert（1999）的无标度网络模型问世以来，复杂网络研究进入新纪元，并迅速发展成复杂系统研究的热点。复杂网络作为一座联系微观个体决策与宏观表象的桥梁，使人们能够从一个动态、演化的角度对创新扩散进行更深入的了解，从而受到广泛关注。

近年来，基于复杂网络的创新扩散研究主要集中于复杂网络结构对创新扩散的影响、社会网络分析在创新扩散研究中的应用、基于复杂网络模型的创新扩散、复杂网络的创新扩散仿真等四个方面。

（1）复杂网络结构对创新扩散的影响研究。Cowan（2004）考察了包括规则网络、随机网络和小世界网络在内的网络结构对个体间技术扩散的影响，发现小世界网络结构下的技术扩散速度是最快的。Choi 等（2010）也从网络的拓扑结构入手，运用计算机仿真模型对创新扩散的程度进行了研究，认为消费者高度集中的网络的创新渗透程度较随机网络高。段文奇等（2007）研究了新产品扩散中网络结构对扩散模式的作用，结果表明，网络结构的作用依赖于主体决策机制：对于创新市场，网络异质性阻碍了新产品扩散；对于替代市场，网络结构对扩散模式没有影响。张晓军等（2009a）运用复杂网络构建了随机阈值模型，并通过计算机仿真研究指出：创新扩散对率先采用者的数量和在网络中的位置具有敏感性；创新扩散程度受制于网络结构，当扩散进行到联系很多而且小团体还未形成的采用者时，预示着扩散进程将要停止。

（2）社会网络分析在创新扩散研究中的应用。张晓军等（2009b）深入探讨了社会关系网络密度对创新扩散的影响，利用计算机仿真测试了不同社会关系网络密度下的创新扩散程度，指出社会关系网络密度对创新扩散的影响取决于消费者对传媒网和社会关系网的依赖程度。施卫东和朱俊彦（2011）采用社会网络分析法分析了 2002 年与 2007 年的创新扩散矩阵，比较了国家创新体系的创新扩散模式变化。孙冰和赵健（2013）应用社会网络分析方法构建了知识密集型产业技术创新扩散网络，分析了技术创新扩散网络的结构演变。

（3）基于复杂网络模型的创新扩散研究。黄玮强和庄新田（2007）研究了基于随机网络的创新扩散，通过模拟潜在采纳个体的决策过程发现，随着潜在采纳者数量的增大，创新扩散的深度呈现周期性波动。李红和张绍荣（2007）分别建立了基于随机网络、小世界网络、无标度网络的创新演化模型，通过大量的试验，得到心理阈值、人群的网络结构、初始采纳创新群体的规模与特点影响创新扩散的规律。林略和周力全（2009）基于 Watts 与 Strogatz 的小世界网络模型对用户创新扩散进行了研究，指出用户创新扩散在不同网络结构下呈现出不同结果，创新采纳比例在小世界的区间内达到最大；随着网络随机化程度的加大，平均创新知识水平变得更高，知识的均匀扩散能够更快实现。

（4）复杂网络的创新扩散仿真研究。创新扩散是潜在采纳者微观采纳决策相互作用、相互影响的宏观涌现现象（黄玮强等，2013）。智能体仿真方法既能够捕捉复杂网络的结构特征，又能够相对真实地反映复杂现象，近年来广泛地应用于各领域研究。李英和蒋录全（2010）采用基于 Agent 的复杂系统仿真方法，从微观层面研究了技术创新在小世界网络中的扩散问题，分析了 Nash

和 Pareto 两种不同规则对扩散过程与扩散终态的影响。Cho 等（2012）运用社会网络分析方法与阈值模型对创意领袖在创新扩散中的影响过程进行了仿真研究，认为当创新的首次采纳者达到一个非常高的比例时，创意领袖才会影响扩散程序。娄思源（2012）将消费者决策模型和复杂网络结构结合，讨论个体异质性及网络结构因素对创新在系统中传播与扩散过程的影响。结果显示：系统中个体之间的异质性越强，创新在系统中初始阶段扩散得越快，但所能达到的稳态扩散比例也越低；网络的社区结构会减慢创新在系统中的扩散速度，且当这种局部聚集程度过大时，还会降低创新最终所能达到的扩散程度。赵良杰等（2012）构建了社会网络与创新扩散的共生演化模型，采用仿真与计量相结合的方法，分析了创新扩散、网络整体收益和社会网络之间的相互影响。黄玮强等（2013）运用基于多智能体的仿真研究方法，研究了微观层面因素对创新的宏观扩散的影响。

6. 制造业创新扩散的研究

近年来，国内外学者对制造业创新扩散研究的关注较少，研究也较分散，现有研究多集中于制造业创新扩散机制、制造业创新扩散过程、制造业创新扩散作用与复杂网络的制造业创新扩散等方面。

（1）关于制造业创新扩散机制的研究。Mazzoleni（1997）较早地指出创新扩散的学习机制和路径依赖性，他通过比较美国、日本两国的数据控制机床制造业的发展轨迹发现，两国该技术的创新扩散效果不同是由学习过程中引起的路径依赖导致的，对技术的不同认知将影响创新采纳行为及扩散的市场结果。孟庆伟和孙立楠（2007）探讨了制造业工艺创新的扩散机制，认为工艺创新扩散分为内部扩散与外部扩散两种形式，前者是指由一项工艺创新以产品为中介引发出一系列新的工艺创新，后者是指一项成功的工艺创新可以导致一系列新产品的开发成功。

（2）关于制造业创新扩散过程的研究。曹东和吴晓波（2012）基于博弈论与最优化理论探讨了绿色产品创新扩散过程中制造企业间的博弈行为，得到了创新企业和竞争企业在不同阶段的决策结果。研究表明：在一定的企业内外部条件下，绿色产品创新者具有先动优势，同行企业间的博弈竞争是推动绿色产品发展的重要动力和有效手段，并推动消费者福利不断增加。田红娜和李香梅（2014）根据扩散接受体的不同，提出了制造企业内部与制造企业间绿色工艺创新扩散过程模型，并以家用电力器具制造业为例进行了实证分析。

（3）关于制造业创新扩散作用的研究。Elisabetta（2009）基于 1982～1990 年美国产业间流动率的面板数据，在"技术距离"理论框架下，探讨了技术创新扩散对劳动力产业间流动率的影响。研究表明，知识溢出促进了劳动力产业间的流动，而高流动率多发生于低技术产业。Stephen 等（2013）通过分析 1994～2008 年爱尔兰制造业面板数据，基于数据变量回归模型证明，创新扩散具有显著的外部性，创新扩散有助于提高企业的创新绩效。

（4）基于复杂网络的制造业创新扩散研究。随着 20 世纪末复杂网络研究的升温，一些技术创新学者也开始运用网络工具分析制造业的创新扩散问题。Tong 和 Lifest（2007）将中国电子制造产业视为一个由全球著名的领导企业、整合制造业服务的提供商、无铅元件的供应商、专门咨询公司等构成的生产网络，研究了无铅技术在该网络中的创新扩散，发现产业集群促进新技术在网络成员中的扩散，集群内企业进行合作创新的诱因多来自于集群外部。陈子凤和官建成（2009）利用投入产出法与网络分析法，对我国制造业技术创新扩散的模式进行了分析。从扩散系统的结构、动态演化和扩散表现三个方面对比了 1997 年与 2002 年的扩散模式，揭示了系统的动态演化特征、各产业贡献、国家相关产业政策对其产生的影响。研究结果表明，我国制造业技术创新扩散高度依赖少数几个传统产业，高新技术产业在技术创新扩散中的作用和贡献有待提高。Abdol 和 Sepehr（2011）运用网络分析法研究了伊朗技术经济系统网络，通过对伊朗制造业技术创新扩散的定量分析指出，化学制品、橡胶、塑料等产业是伊朗制造业网络中最有影响力的产业，这些产业在网络中扩散技术的能力最强；同时，网络中大量产业的创新扩散和创新接受能力较弱。

1.2.5　关于现有研究的评述

综上所述，本书认为现有的研究在以下四个方面取得了进展。

（1）越来越多的学者认识到从生态系统的视角研究技术创新问题的重要性，技术创新生态系统的相关问题得到了学者的日益关注。

（2）从核心企业视角出发对技术创新生态系统进行研究，是目前较前沿的研究视角之一。尤其是近年来在网络关系基础上进行的核心企业研究逐渐增加，为核心企业相关问题的进一步探索提供了有力的理论支持。

（3）MLP 理论近年来得到了较好的发展，已逐渐成为技术创新研究的有效工具。学者开始运用创新生态位研究技术变迁和技术范式的替代，并关注特殊产业与技术的动态变化机制。

（4）技术创新扩散的理论研究已经日臻成熟，已有的扩散模型能够较好地反映技术创新扩散的过程，技术创新扩散动力的研究以及网络视角下创新扩散的研究是近几年的研究热点，得到了学者的广泛关注。

已有的国内外研究成果为本书的研究做了有益的探索和铺垫，但是现有的研究还存在以下不足之处。

（1）从技术创新生态系统的视角对技术创新扩散进行研究的成果较少。现有的技术创新扩散的研究多基于单一企业或个体层面，而创新扩散是许多企业和个体共同参与的整体过程，该过程中各主体进行交互作用，在动态的环境中表现出复杂的生态系统特征。因此，从生态系统的视角探索企业之间的技术创新扩散规律，对于完善和扩充技术创新的理论体系极为重要，值得学者深入探究。

（2）动力与影响因素有所混淆，创新扩散动力研究的系统性和动态性不足。技术创新扩散的动力是导致技术创新成果扩散的初衷（李金勇等，2015），而影响因素是实现创新扩散的约束条件（闫振宇，2007）。截至目前，学术界对扩散动力与扩散影响因素并未作严格的区分，许多文献在分析动力因素和构建动力模型时，将大量的影响因素也包含其中，但这些因素本身并不是企业最初扩散创新的动机。同时，一些文献对动力产生的若干原因展开了分析，但对动力因素的总结相对分散、不成体系，且研究成果大多局限于静态研究，并未涉及创新扩散动力演化。然而，创新扩散过程的动态性预示着创新扩散动力的动态演化，其研究是势在必行的。

（3）核心企业与创新扩散的研究相割离。在创新扩散形成的创新网络中，总会有几个位于网络关键位置的核心企业，能够影响整个系统创新扩散的演化方向（Vanhaverbeke et al.，2009）。但现有研究大多忽略了创新扩散中核心企业的重要作用，将两者割裂开来。这在一定程度上违背了 Wasserman 和 Faust（1994）关于社会网络观点中所强调的确认"最重要"行动者的观点。可见，将核心企业和创新扩散理论相结合是创新扩散研究的必然趋势。

（4）创新生态位和 MLP 理论的研究尚处于起步阶段。自创新生态位概念和MLP 理论提出以来，学者对创新生态位进行了一些研究，已有文献从概念界定逐步发展至特征概括、阶段测量和案例验证。由于创新的产生和扩散过程本质上就是技术系统演化过程（陈劲和王焕祥，2008），MLP 理论是研究技术创新和技术演化的有力工具（叶芬斌和许为民，2012），创新生态位又是 MLP 理论的重要组成部分，所以将创新生态位、MLP 和创新扩散理论相结合展开研究将是技术创新领域的必然趋势与前沿方向。

1.3　本书的研究思路与研究方法

1.3.1　本书的研究思路

本书将按照"理论基础—动力分析—机理分析—整体模型及验证—对策研究"的脉络展开研究。

（1）理论基础。主要为本书的第 1 章～第 3 章。首先，在全面梳理相关理论要点的基础上科学界定制造业企业技术创新生态系统及其创新扩散的相关理论问题，描述制造业企业技术创新生态系统的特征，阐述制造业企业技术创新生态系统内各主体间的作用关系。其次，界定制造业企业技术创新生态系统创新扩散的内涵，建立制造业企业技术创新生态系统创新扩散的复杂网络，分析生态系统创新扩散过程及其复杂网络结构。最后，基于专利数据进行相关实例分析。

（2）动力分析。主要为本书的第 4 章和第 5 章。首先，建立制造业企业技术创新生态系统创新扩散动力与创新扩散效率之间相关关系的研究假设，构建制造业企业技术创新生态系统的创新扩散动力模型。其次，选取制造业中典型行业的典型企业为调查样本，实证检验各个动力要素与创新扩散效率之间的关系，讨论各个动力要素的作用效果，以回答"创新扩散为什么会发生"的问题。再次，基于创新扩散动力的成长上限基模，综合运用反馈回路、原因树、结果树分析，探索制造业企业技术创新生态系统创新扩散动力的成长趋势。最后，探索单一动力要素变化的条件下制造业企业技术创新生态系统创新扩散的整体演化规律，完成对"创新扩散经历怎样的动态过程"这一问题的内生性解释。

（3）机理分析。主要为本书的第 6 章～第 8 章。结合 MLP 理论框架，分别从创新生态位、技术范式和社会技术地景三个层面剖析制造业企业技术创新生态系统创新扩散的机理。首先，运用多元回归和数理分析等方法，分别基于合作伙伴选择与网络嵌入分析，阐释基于创新生态位的制造业企业技术创新生态系统创新扩散机理。其次，基于博弈论讨论技术范式中竞争关系与合作关系下的创新扩散机理，并进行模型仿真。最后，基于自组织理论描述社会技术地景作用下的制造业企业技术创新生态系统创新扩散机理。

（4）整体模型及验证。主要为本书的第 9 章。本部分总结前面基于创新生态位、技术范式和社会技术地景三个层面的创新扩散机理分析，构建制造业企业技术创新生态系统创新扩散机理的 MLP 整体性理论模型，以系统、整体地阐述制造业企业技术创新生态系统创新扩散的机理。在此基础上，运用智能体模型对上述理论模型进行仿真模拟分析，并选择深圳市新能源公共交通创新生态系统作为案例进行理论模型的验证研究。

（5）对策研究。主要为本书的第 10 章。本部分将设计一个动态的对策分析框架，通过识别制造业企业技术创新生态系统创新扩散的主体和各组成成分，以及描绘创新扩散的各功能模块，评估制造业企业技术创新生态系统创新扩散的功能性，分析其诱导与阻碍机制，进而分别从企业、市场、政府三个视角提出促进我国制造业企业技术创新生态系统创新扩散的对策建议。

本书的研究思路如图 1.1 所示。

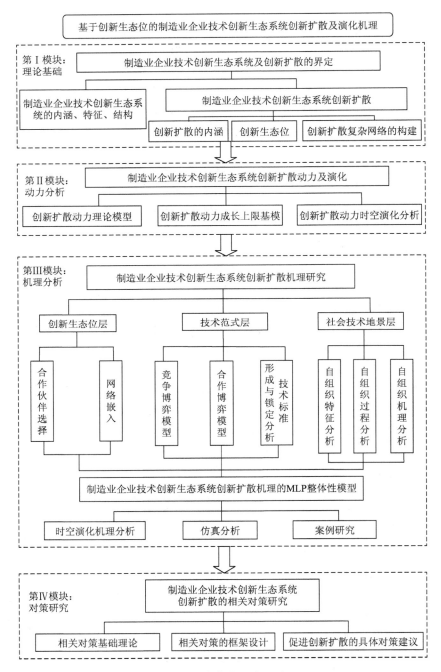

图 1.1　本书的研究思路

1.3.2 本书的研究方法

本书强调将规范研究和实证研究、定性研究和定量研究、理论分析和实践分析有机结合，综合运用专家咨询和统计分析的方法，深刻地分析和揭示制造业企业技术创新生态系统创新扩散机理，以期为制造业企业的创新发展提供理论与实践基础。

本书十分重视"实践—理论—实践"的研究方式。首先，本书由已有理论和实践观察得到关键问题；其次，以实践需要为方向指导理论研究的进展；最后，理论研究成果支持实践工作，提出可行对策以指导实践。具体的研究方法如下。

（1）文献综合。在查阅大量国内外相关文献的基础上，对相关研究的脉络进行梳理。文献综合工作将沿着三条路径展开：一是追踪创新扩散、技术创新演化和复杂网络等领域内国内外知名学者的研究；二是对国内外知名研究机构的相关成果进行跟踪研究，以了解最新的研究动向；三是对 *Technovation*、*Research Policy*、《管理科学学报》、《科研管理》等国内外的相关学术期刊进行追踪研究。

（2）案例分析。为了通过案例对创新扩散机理进行验证，选择一些有代表性的制造业产业进行调研，如新能源汽车制造业等，并选取一些有代表性的核心企业进行重点调研，包括研发活动集中的创新型企业、某区域中处于垄断地位的企业和处于供应链核心位置的企业，并以核心企业为中心考察与其他组织之间的网络关系。案例调研通过问卷调查、专家访谈、二手资料收集等方式进行，并对调研结果进行分析。

（3）模型研究。本书中创新扩散机理的分析建立在多个理论模型的基础之上。这些模型包括：制造业企业技术创新生态系统创新扩散动力模型、创新生态位层的合作伙伴选择模型和网络嵌入性模型、技术范式层的竞争关系下与合作关系下的新技术采纳博弈模型、社会技术地景层的制造业企业技术创新生态系统创新扩散的自组织过程模型，以及制造业企业技术创新生态系统创新扩散机理的 MLP 整体性模型。本书的模型研究主要基于创新扩散、复杂网络、博弈论、演化经济学等理论，综合运用数理分析、网络分析、仿真模拟、案例分析等方法，研究动力要素作用下的创新生态系统在不同层面的创新扩散机理，进而为分析创新生态系统在不同阶段的创新扩散演化机理提供模型铺垫。

1.4 本书的探索性研究工作

（1）现有研究较少关注制造业企业技术创新生态系统，也缺乏从多个层面研究创新扩散问题的成果，本书将生态学思想、技术变迁理论与演化经济学理论相结合，从制造业企业技术创新生态系统的视域切入，从创新生态位、技术范式、社会技术地景三个层面研究创新扩散问题，为创新扩散理论搭建了新的研究框架。

（2）突破以往单一维度下对创新扩散动力的静态研究，从过程性视角出发提炼了四维度创新扩散动力要素，进而实证检验其相互作用关系与适配性；同时基于创新扩散的时空展开过程，系统地构建创新扩散动力的时空演化模型，探究各动力要素变化下动力模型的时空演化趋势，完成对创新扩散动力的多维度、动态性研究。

（3）基于离散时序环境下的动态随机决策方法，引入基于指数衰减模型的离散时序权重计算方法，构建核心企业合作伙伴选择决策模型，为创新扩散过程中核心企业快速、有效地识别合作伙伴提供一种新的方法。

（4）本书分别构建竞争关系与合作关系下创新扩散主体之间的技术创新采纳决策的博弈模型，并进行动态演化和数值仿真分析，从而深入剖析创新扩散网络中创新成果扩散的基本原理与发展规律。

（5）将MLP多层分析法与自组织理论相结合，构建制造业企业技术创新生态系统创新扩散机理的整体性框架和时空模型，结合仿真模拟与案例研究对制造业企业技术创新生态系统创新扩散的机理进行深入分析，实现理论研究和创新实践的有效对接与科学验证。

第2章 制造业企业技术创新生态系统及其创新扩散的内涵界定

考虑到创新扩散是以制造业企业技术创新生态系统为平台进行的，界定制造业企业技术创新生态系统成为本书研究的基本前提。本章将对制造业企业技术创新生态系统及其创新扩散的内涵进行界定，并进一步讨论创新扩散的三种模式和创新生态位的三种形成机制，在比较 SNM 与 MLP 理论的基础上提出本书的整体研究框架，为后面关于制造业企业技术创新生态系统创新扩散的复杂网络研究、扩散动力及扩散机理研究进行理论铺垫。

2.1 制造业企业技术创新生态系统相关概念

2.1.1 制造业企业的界定与特征

制造业是指按照市场要求，通过制造过程将制造资源（物料、能源、设备、工具、资金、技术、信息等）转化为可供人们使用和利用的大型工具、工业品与生活消费产品的行业（张敏，2011）。国家质量监督检验检疫总局和国家标准化管理委员会发布的《国民经济行业分类》（GB/T 4754—2017）将制造业分为 30 大类，包括汽车制造业、通用设备制造业、医药制造业，以及计算机、通信和其他电子设备制造业等。在上述行业中，通过对原材料进行加工制造将其转化成实物产品的企业即为制造业企业。

近年来，随着两化融合的深入推进，中国制造业企业呈现出以下新的特征。

（1）生产标准化。标准化是指在经济、技术、科学和管理等社会实践中，对重复性的事物和概念，通过制定、发布和实施标准达到统一，以获得最佳秩序和社会效益，包括制定、发布及实施标准的过程。生产标准化是以获得最佳生产经营秩序和经济效益为目标，对生产经营活动范围内的重复性事物和概念制定与实施生产标准，以及贯彻实施相关的国家、行业、地方标准等为主要内容的过程（李昌麟，1995）。不同的标准化任务有不同的标准化内容，要相应地采用不同的标准化表现形式。目前，我国制造业企业遵循集技术标准、质量标准、管理标准等不同标准化内容为一体的标准化体系，对作业流程、作业方法、作业条件加以规定并贯彻执行，以保证生产流程的高度统一和协调一致。

（2）管理流程化。流程化的本质是将有关联的工作通过上下道工序连结起来，实现工作的均衡和连续，从而提高工作效率。管理流程化是指制造业企业以客户为导向、以某一产品为核心来组织资源，将基本工序进行分解、整合、优化，从产品的源头到制造结束的全过程进行资源配置，以实现系统化的高效工作（李昌麟，1995）。目前，我国制造业企业的管理模式呈现流程化特征，表现为：企业的经营活动强调以客户需求为中心、以制造订单为导向、以流程化操作为目标，追求企业组织的简单化和高效化；企业管理的重点转变为更强调围绕顾客的观点来设计任务，更突出企业的产出效果与企业的运营效率。生产流水线是管理流程化的典型，这种管理打破了职能的界限，以保证产品能够从进到出顺利地完成。相应地，现代制造业企业的组织结构逐步趋于扁平化，生产制造的全过程都围绕流程和产品进行配置，架构不再冗余。

（3）资源配置信息化。在当今的信息化时代，任何企业的发展都离不开信息的传递与支撑。近年来，我国制造业企业的资源配置方式趋于信息化发展，大多数表现为通过信息技术手段对各类制造资源和制造能力进行统一的、集中的智能化经营管理，为用户提供更便捷、更高效、更低廉、更优质的全生命周期制造服务（童有好，2015）。当代制造业企业更加重视以科技创新为动力，以信息化带动企业发展，例如，丰田公司的丰田生产模式（Toyota production system，TPS）和准时制生产方式（just in time，JIT），正因为有了信息化的支持才能得以实现。可以说，信息技术支撑了制造业企业资源共享、知识共享、信息快速传递等活动。

2.1.2 制造业企业技术创新生态系统的内涵与特征

1. 自然生态系统的内涵

生态系统（ecosystem）就是在一定空间中共同栖居着的所有生物与其环境之间，不断地进行物质循环和能量流动活动而形成的统一整体（曾国屏等，2013）。生态系统由生物群落和非生物环境组成，人们通常将这两部分进一步划分为生产者、消费者、分解者和无机环境。生产者能够将环境中的无机物合成有机物，并把环境中的能量固定在有机者体内；消费者是指直接或间接利用有机物作为食物的异养生物；分解者主要以动植物残体及排泄物中的有机物为生命活动能源，并把复杂的有机物逐步分解为简单的无机物（林婷婷，2012）。生态系统具有三个独特特征：一是群落是系统的基本成分；二是系统内要不断地进行物质循环和能量流动；三是外部环境是生态系统重要的组成部分。同时，生态系统中既存在共栖、互利共生等有利关系，又存在捕食、竞争等有害关系（刘友金和罗发友，2004）。

2. 制造业企业技术创新生态系统的内涵

源于生物学中的"生态系统"概念现已广泛应用于各研究领域。美国学者Moore是创新生态系统理论的重要奠基人。他将生态学观点成功应用于竞争战略，于1993年首次提出"企业生态系统"概念，后续的创新生态系统的相关研究大都基于Moore（1993；1996）的理论成果展开。本书运用CiteSpace文本挖掘软件，梳理了1993～2015年关于创新生态系统的相关研究成果，对其发展脉络有了较清晰的了解（图2.1）。

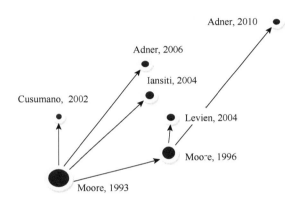

图2.1　创新生态系统相关研究发展脉络

Moore（1993）指出：在生态系统中，各企业围绕一项创新而共同演化各自能力，他们通过协作和竞争的工作方式来支持新产品、满足客户需求，最终实现下一轮创新。该生态系统是一种由客户、供应商、主要生产商、投资商、贸易合作伙伴、标准制定机构、工会、政府、社会公共服务机构和其他利益相关者等具有一定利益关系的组织或群体构成的动态结构系统，"是一种协同整合机制，即各个公司把各自的产品整合起来形成一套协调一致的、面向客户的解决方案（Adner，2006）"。本书认为，制造业企业技术创新生态系统是指在一定时间和空间内以制造业企业为核心，由创新相关主体组成，以协同创新为目的，以合作共生为基础，通过创新物质、能量和信息流动的方式，实现创新资源共享、优势互补、风险共担的相互依赖、相互作用的动态平衡系统（孙冰和周大铭，2011）。它包括高等院校、科研机构、供应商、销售商、中介机构、金融机构等系统成员，以及进行技术创新所需的各种资源、保障系统正常运行的各项规则等。

3. 制造业企业技术创新生态系统的特征

基于前面国内外学者对创新生态系统特征的研究，本书进一步提炼出制造业企业技术创新生态系统的三个典型特征：平台性、自组织性、协同演化性（Ginsberg et al.，2010；Iansiti and Levien，2004）。

（1）平台性。平台一般泛指进行某项工作所需要的环境和条件。制造业企业技术创新生态系统中的平台通常强调技术平台，即由相关技术标准组成的技术架构（Gawer，2014）。该平台在制造业企业技术创新生态系统中的作用是为系统提供一种用于衍生其他技术或产品的环境。制造业企业技术创新生态系统以技术平台为基础，吸引系统外部的创新者加入到系统中，使其开发并制造出自身技术或产品的互补品。同时，一些学者（Moore，1993；Iansiti and Levien，2004；Rong et al.，2010）强调创新生态系统中"平台"对促进系统内部成员合作的重要性，认为平台是核心企业帮助其追随者开发产品和服务的重要方式（Dobson，2006）。核心企业为制造业企业技术创新生态系统内成员创造了一个良好的平台，使供应商、制造商、销售商等系统成员能够利用核心企业提供的服务、工具或技术等资源来提升自身绩效，进而强化并提升整个系统的技术创新水平（Iansiti and Levien，2004；Iansiti and Richards，2006）。因此，平台性是制造业企业技术创新生态系统的重要特征之一。

（2）自组织性。所谓自组织性，是指开放系统在系统内外两方面因素的非线性相互作用下自发组织起来，以系统内部的矛盾为根据，以系统环境为条件，使系统从无序到有序、从低级到高级的过程（魏宏森和曾国屏，1995）。制造业企业技术创新生态系统中的核心企业、科研院所、供应商、销售商等系统成员是相互联系、相互制约的，这就决定了创新生态系统具有自维生、自发展，以及在不断的发展过程中产生自我超越的能力，从而发生质的飞跃。创新生态系统既承认系统自组织演化中序参量的作用，又将视域投射到更多创新主体之间的共生共荣（曾国屏等，2013）。

（3）协同演化性。协同演化发生在相互联系、相互作用的系统成员之间，是系统成员共同发展的动态过程。制造业企业技术创新生态系统创造的经济价值要大于系统内各单位单独效益的加总（Adner，2006；Moore，1993）。在此过程中，核心企业成为一个复杂演化系统美好愿景的勾勒者，并带动其他系统成员共同实现该愿景（Moore，1998），即进行协同演化。协同演化观的本质是：在具有协同特征的系统中，其每一组成部分是一个自主的领域；某一个自主领域中发生的情况塑造并限制了其他自主领域中将会发生的情况。Moore（2006）以苹果公司成功推广 iPod 为案例，说明苹果公司是如何整合多个产业资源，创造了一个全新的围绕音乐商运作的苹果生态系统，进而使系统中各利益相关者通过合作获得共同演化和发展的。因此，制造业企业技术创新生态系统促进其成员共同演化到另一社会技术地景（Ginsberg et al.，2010）。

2.1.3　制造业企业技术创新生态系统的结构分析

Moore（1996）构建的生态系统主要包括核心层、扩展层、外围层。在此基础上，一些学者提出将创新生态系统划分为核心企业层、创新平台、辅助企业层等（孙冰和周大铭，2011；Iansiti and Levien，2004）。Garnsey 和 Leong（2008）将企业所处的生态系统看成与核心企业有资源交换或价值创造的各种关联的复杂关系网络。Adner 和 Kapoor（2010）提出创新生态系统是以核心企业为中心的输入输出网络，上游供应商向核心企业输入产品组件（components），核心企业将产品组件进行处理后得到创新产品，输出给用户，即客户端被输入了互补品（complements）。

1. 制造业企业技术创新生态系统的基本结构

根据前面对制造业企业技术创新生态系统的定义，整合上述关于创新生态系统的研究，本书以核心企业、创新合作单元、其他合作单元、创新生态环境为切入点划分制造业企业技术创新生态系统的各创新相关主体，进而明确了制造业企业技术创新生态系统的基本结构（图 2.2）。

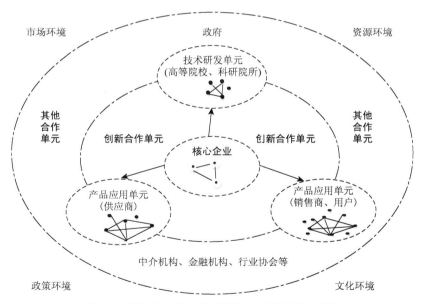

图 2.2　制造业企业技术创新生态系统的基本结构

1）核心企业

核心企业在制造业企业技术创新生态系统中处于战略和资源的核心位置，具有选择、控制与领导合作伙伴的能力，拥有其他企业不具备或者难以模仿的核心技术能力，能够为系统搭建创新平台，维持和管理系统的发展与技术创新活动，为自身和系统内其他创新主体提供能量。制造业企业技术创新生态系统的核心企业通常是由一个或少数几个制造业企业组成的，它们是系统的中心，其行为和能力直接影响着系统的各项活动。多数情况下，制造业企业技术创新生态系统是由核心企业根据自身的需求构建的（Newman and Girvan，2003）。少数情况下，企业间由于进行密切的技术创新合作形成创新网络，然后随着创新网络的逐渐扩张，逐渐发展成制造业企业技术创新生态系统。在此过程中，少数企业迅速壮大，其作用和地位日益凸显，从而成了系统中的核心企业（孙冰和周大铭，2011）。

2）创新合作单元

创新合作单元包括技术研发单元与产品应用单元（孙冰和周大铭，2011）。技术研发单元包括高等院校、科研院所等专门进行技术研发的机构，它们是直接参与技术创新的主体；产品应用单元包括供应商、销售商以及用户等，指除核心企业和技术研发部门外与创新成果产生直接关系的主体。其中，供应商包括原材料供应商、零部件供应商，以及相关配套产品和配套设施的供应商。用户在制造业企业技术创新生态系统中充当消费者的角色，他们一方面对创新有着强烈的诉求，另一方面又是创新产品的使用者，因而为创新行为的研发指明了方向。可以说，用户对创新产品的需求是企业进行创新的源动力，同时，用户在使用过程中会对创新产品进行评价，而这些评价信息又会成为企业进行下一轮创新的方向（林婷婷，2012）。

3）其他合作单元

其他合作单元主要指政府及相关服务机构。政府在促进技术创新主体间的合作以及创新技术、知识的扩散和转移等方面起着协调与纽带作用（汪志波，2012）。相关服务机构主要包括中介机构、金融机构、行业协会等，这些机构作为创新扩散的支持力量，为制造业企业技术创新生态系统输入资金、信息等创新资源，从而参与到扩散活动之中，并为创新扩散创造良好的条件。其中，中介机构是主要的创新辅助主体，涉及咨询公司、高等院校科技园、技术交易机构、各种科技孵化机构等，其主要职能是催化、促进创新成果的转化。这些机构通过传播与创新相关的信息、资源、政策等实现创新在系统内的扩散，因而在促进创新主体之间、创新主体与市场之间创新成果的产生、转移、扩散和反馈过程中起着纽带与桥梁作用。金融机构也是制造业企业技术创新生态系统中技术创新的辅助主体，涉及风险投资机构、商业银行及证券市场等，这些机构提供的资金规模会影响企业创新活动的顺利开展，进而推动企业的技术创新进程。

4）创新生态环境

制造业企业技术创新生态系统进行物质循环和能量流动离不开它赖以存在的环境，即创新生态环境（孙冰和周大铭，2011），主要包括进行技术创新的政策环境、市场环境、资源环境、文化环境等。这些环境要素的共同作用能够促进创新活动的顺利实施。创新生态环境对技术创新活动形成制约，而技术创新活动既对创新生态环境构成依赖关系，又反过来影响创新生态环境。

（1）政策环境作用于技术创新的各个阶段，在整个创新扩散的过程中起着激励、引导、保护、协调等作用。政府主要通过创新专项资金政策、政府采购政策、财税政策、融资信用担保政策、科技服务体系建设等方面对创新活动予以支持（林婷婷，2012）。

（2）市场环境主要通过市场竞争、市场需求、市场秩序等方面影响技术创新活动（林婷婷，2012）。市场是企业技术创新活动最重要的环境和实施条件，因此，制造业企业技术创新生态系统的发展与市场环境有着密不可分的关系。良好的市场环境可以促进技术创新的有序进行；反之，混乱的市场环境则严重阻碍技术创新活动的展开。

（3）资源环境是指使系统得以持续创新的一切资源的储备情况和获取渠道（林婷婷，2012），这些资源包括物质资源、资金资源和人才资源等。其中，物质资源与资金资源是技术创新的基础资源，基础资源储备充足且获取渠道顺畅才能开展技术创新活动；人才资源是技术创新的核心资源，人才资源的质量、丰富性和多元化程度直接影响技术创新各环节的运行效率与效果。可见，良好的资源环境是系统技术创新活动顺利进行的保障。

（4）文化环境是技术创新生态系统内的创新主体在长期的技术创新发展中形成的创新价值观和创新行为准则。良好的创新文化环境主要体现在创新主体价值取向和创新意愿、消费者的消费意愿和需求，以及良好的社会创新氛围上（林婷婷，2012）。

2. 制造业企业技术创新生态系统的创新主体间的作用关系

自然生态系统中成员之间既存在优胜劣汰和适者生存的竞争关系，也存在协同共生的关系。同样地，制造业企业技术创新生态系统的成员间也存在相互竞争和彼此合作的关系（林婷婷，2012）。同时，随着制造业企业技术创新生态系统的演化，系统中创新主体之间的关系也在不断地发生变化。

在制造业企业技术创新生态系统中，核心企业与供应商、销售商、用户之间主要呈现出合作关系。供应商是核心企业实现关键技术创新的保证，与核心企业进行合作能够提高其创新的成功率和转化速度，进而使核心企业的技术创新成果流通到销售商和用户。在制造业企业技术创新生态系统中，核心企业通过合理控制供应商采购成本、与销售商合作建立畅通的销售渠道，进而获得最大的创新收益。此外，在制造业企业技术创新生态系统中，核心企业还与高等院校、科研院所、政府、市场、金融机构、中介机构等其他创新主体构成合作关系。

随着制造业企业技术创新生态系统的不断演化，系统中创新主体间的关系也会发生变化。例如，两家核心企业最初可能基于技术资源互补性而对某项新技术进行合作研发，但是随着技术研发成功进入商业化，两家核心企业会为争夺市场份额而逐渐展开竞争，因此两者由合作关系变为竞争关系；同时，还有一些供应商也会通过不断学习迅速成长为与核心企业实力相当的企业，进而从核心企业的合作伙伴转变为核心企业的竞争对手；此外，供应商之间或销售商之间也会为争夺与核心企业的合作机会、抢占市场而展开竞争。由此可见，制造业企业技术创新生态系统中的创新主体之间也会存在竞争关系。

2.2　制造业企业技术创新生态系统创新扩散的内涵界定

2.2.1　创新扩散的内涵

创新扩散是指技术创新成果（包括技术与产品）通过学习或模仿、生产规模扩张等途径得以推广和应用，逐渐发挥经济效应的过程，其本质是一个技术创新与环境相互影响、相互作用的互动演化过程（杨勇华，2014）。

以 Rogers 为代表的传播论将技术创新扩散视为信息的传播过程，因而从传播学的视角对技术创新扩散赋予了具体的内涵。Rogers 认为，创新扩散是一种创新通过某种渠道随着时间推移在社会系统成员中传播的过程，即新技术或新产品在一段时间内，经由市场或非市场渠道的传播，从创新源向外进行空间传播，被其他社会成员采纳使用的过程。Sahal（1985）则认为，技术创新扩散过程实际就是新技术替代老技术的过程，创新的扩散过程与技术发展过程（包括时间维和空间维）联系在一起。可见，创新扩散既是扩散活动随时间动态变化的时间展开过程，又是新技术或新产品通过某种渠道在潜在采用者之间传播采用的空间展开过程（陈欣荣和蔡希贤，1995）。因此，创新扩散是一项新技术或新产品在市场中的广泛应用和推广，是创新技术作用于社会经济的有效形式。广义的创新扩散始于对问题或需要的认识，通过研究开发、商业化以及大规模的扩散和采纳，完成创新成果扩散的全过程。

杨勇华（2014）认为，从微观机制来理解，技术创新扩散包括"扩"和"散"两个方面。所谓"扩"，是指技术创新主体通过自身规模的扩张在更大范围和程度上应用该技术创新，不断发挥和扩大该技术创新的经济效应与社会影响，如市场占有率越来越大。所谓"散"，是指技术创新成果在不同主体间的转移或传播，其本质是一个学习的过程。例如，一项技术创新不断地在不同企业、不同产业、不同区域和国家得到复制与应用。这些都是技术创新"散"的表现。

2.2.2　制造业企业技术创新生态系统创新扩散的内涵

1. 制造业企业技术创新生态系统的创新扩散界定

创新生态系统内包含众多的创新采纳者与潜在采纳者，它们之间存在复杂的相互作用关系，而这些相互作用关系正是创新信息与创新成果在系统内传播的渠道，是潜在采纳者微观采纳决策相互作用、相互影响的宏观涌现现象（曾国屏等，2013；黄玮强等，2013）。因此，本书认为，制造业企业技术创新生态系统的创新扩散是指系统成员在不同时间、通过不同形式采纳创新成果（即新技术或新产品），并进行传播及扩散的空间过程，即创新成果在制造业企业技术创新生态系统内部成员之间推广的过程。

根据王帮俊（2011）的研究，作为创新扩散初始者的扩散源、作为创新采用者和传播者的扩散宿都是制造业企业技术创新生态系统的创新扩散主体。其中，扩散源一般为核心企业，扩散宿则通常是生态系统内的其他成员。该系统的创新扩散过程既包含创新成果从扩散源传播到扩散宿，又包括在扩散宿之间的传播与采纳。在创新扩散过程中，系统实现了信息、资源、人才等各种创新要素的流动。

2. 制造业企业技术创新生态系统的创新扩散模式

制造业企业技术创新生态系统的创新扩散方式分为契约式扩散与非契约式扩散两大类。其中，契约式扩散包括技术授权、技术转让、技术外包等方式；非契约式扩散包括技术溢出、模仿、人才交流及产品培训、反求工程等方式。系统成员会基于自身的角色选择不同的扩散方式。基于互惠理论，考虑技术创新在制造业企业技术创新生态系统扩散过程中的扩散方式与合作模式，本书将制造业企业技术创新生态系统的创新扩散模式分为链式扩散、平台扩散和网状扩散。

（1）链式扩散。技术创新链式扩散是指创新供给者（扩散源）将创新成果转给创新采纳者（扩散宿），创新采纳者使用创新成果后，再将其转给另一采纳者（扩散宿）的过程（毕克新等，2000）。在扩散过程中，扩散宿起着连接创新供给者和创新采纳者的中介作用，是技术创新扩散过程顺利进行不可缺少的重要环节（常悦和鞠晓峰，2013）。制造业企业技术创新生态系统中的链式扩散既可体现在供应链企业之间的纵向技术扩散上，又可体现在核心企业与研发机构等创新合作伙伴间的横向扩散上。无论哪种扩散，其扩散过程均始于扩散源，进而在各个扩散宿中传播。链式扩散过程如图 2.3 所示。

图 2.3　制造业企业技术创新生态系统的链式扩散过程

（2）平台扩散。平台扩散呈现星状扩散，是创新生态系统中的核心企业将创新成果扩散给系统内部的其他合作伙伴的过程。平台性是创新生态系统特有的属性。核心企业构建自身的系统平台，并对生态系统中其他参与者开放，以提高系统整体的创新绩效。平台以技术标准为核心，也是相关标准的架构（Hartigh et al.，2016）。Gawer 和 Cusumano（2014）提出了平台框架，这一平台由核心系统和辅助系统的技术架构组成（Meyer and Lehnerd，1997）。因此，平台扩散即平台拥有者进行的技术标准的扩散。技术标准通常由创新生态系统中一家或多家核心企业共同制定，进而通过技术授权的方式将技术标准推广给扩散宿。平台扩散过程如图 2.4 所示。

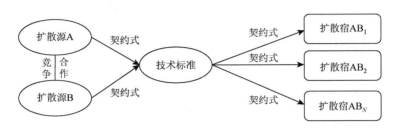

图 2.4　制造业企业技术创新生态系统的平台扩散过程

　　（3）网状扩散。对于创新生态系统，网状扩散通常呈现出多条链式扩散的错综复杂的跨层级、跨属性间的交叉关系，有时也会表现为通过核心企业向系统全体成员共享技术信息的平台扩散，是链式扩散与平台扩散的有机结合。肖灵机等（2016）指出，技术创新扩散作为一个非线性的动态的复杂系统，其扩散活动呈网状形式展开；在网状扩散的作用下，知识沉睡的可能性大大降低了。当某一技术扩散路径的功能失效时，其他的路径可以弥补这一短板，使技术创新仍然能够以较快的速度进行扩散。与链式扩散模型相比，网状扩散模式更为稳定和动态化，破除了传统线性封闭的技术转移模式，实现了从"一对一"到"一对多"、"多对多"的跨越（肖灵机等，2016）。网状扩散过程如图 2.5 所示。

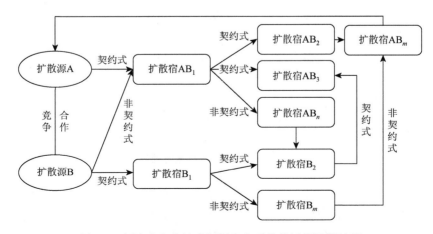

图 2.5　制造业企业技术创新生态系统的网状扩散过程

2.3　创新扩散与技术变迁的同构性分析

2.3.1　基本概念辨析

（1）技术变迁。国内外学者对技术变迁的研究主要是从演化经济学的角度进行的。技术演化论者认为，技术变迁是一种技术演化过程，是技术不断积累和动态变化的过程（Gawer and Gusumano，2014）。技术变迁不仅包括技术结构的变化，还包括技术元素的变化，如用户实践、管理、工业网络、基础设施、象征意义和文化等（叶芬斌和许为民，2012）。技术变迁是使社会功能得到较长时期满足的主要技术创新。

（2）技术范式。Dosi（1982）最早提出了技术范式（technological paradigms）的概念。Dosi 指出，技术范式是人们依据一定的技术期望、工艺知识、现有技术水平及资源利用模式等解决选择技术问题的一种模型或模式，它对技术的领域、问题、程序和任务做出了详细的规定。Rip 和 Kemp（1998）进一步丰富了技术范式的概念，以社会关联为切入点，指出技术范式是一套规则或者法则，包含了与科学知识、工程实践、产品特性、工艺、程序等所有与技术相关的系统和结构。

（3）技术轨道。在对技术范式进行深入研究之后，Dosi（1982）又首次提出了技术轨道（technological trajectories）理论。他指出，技术轨道是技术演化的路径，是由技术范式限定的技术进步的轨迹，即由技术范式中所隐含的对技术变化方向做出明确取舍所决定的技术演进路径。技术轨道的提出明确了技术在社会经济变迁发展过程中的重要作用，揭示了演化机制下技术创新的基本规律（张立超和刘怡君，2015）。

（4）技术演化。演化可以理解为事物发展、进步的过程，也可以理解为前进性变化的结果（盛昭瀚和蒋德鹏，2002）。由此可知，技术演化就是技术发展、进步的过程。Dosi（1982）从技术演化的动力着手，指出技术演化通常是沿着由某一技术范式所确定的技术轨道前进。每一种技术范式都将根据其特定的技术、经济等权衡标准来界定技术轨道发展的方向。技术的发展过程是在技术范式的规定下沿技术轨道方向发展的一种选择性的演化活动。表 2.1 为主要概念辨析。

表 2.1　主要概念辨析

概念名称	解释
技术变迁	技术变迁是一种技术演化过程，发生在新旧技术之间的替代，是新旧技术范式之间的更替转换过程
技术范式	技术范式是"解决选择技术问题的一种模型或模式"，决定了技术研发的领域、问题、程序和任务

概念名称	解释
技术轨道	技术轨道是技术演化的路径，是由技术范式所限定的技术进步的轨迹
技术演化	技术演化就是技术发展、进步的过程
创新扩散	创新扩散是新技术或新产品被社会采纳的过程

2.3.2　创新扩散与技术变迁的同构性

技术变迁过程中，企业要改变现有技术或惯例，通常有两种途径，一是引进新技术进行模仿创新，二是进行自主创新。由此通过创新使经济系统内出现大量可供选择的技术。创新导致了技术的多样性，通过技术选择后，新技术得以在经济系统中扩散，从而导致社会群体思维和行为模式发生变化（熊鸿军和戴昌钧，2009）。与此同时，创新本身是技术变迁的一个前提，创新只有通过扩散才能对社会产生影响（李瑾，2009）。李瑾认为，创新扩散是新旧技术的相互作用，是新技术替代旧技术的过程，他将新技术累积影响经济和环境的整个创新与扩散过程称为技术变迁。与此同时，技术演化论者也对技术变迁的阶段进行了一定研究，以梅特卡夫、温特、福斯特、安德森等为代表的新熊彼特学派认为，技术变迁过程可以细分为技术构想、技术发明、技术创新、技术扩散（杨勇华，2008），该过程与技术创新扩散全过程相似。由此可见，技术变迁过程就是一种重要的技术创新的扩散过程，也可看作一种重要的技术创新长期演化过程。

Dosi（1982）认为，技术变迁意味着新旧技术之间的替代，是新旧技术范式之间的转换过程；当新的技术范式逐步建立并形成时，它会不断地削弱旧有技术范式的作用。陈劲和王焕祥在《演化经济学》中明确提出，"技术创新过程中存在着特定的技术范式与技术轨道，技术变迁就是在系列创新过程的基础上演化的，……技术变迁过程就是技术系统的演化过程，……创新的产生和扩散过程本质上就是技术系统演化过程"。

综上可见，创新扩散与技术变迁过程均是一种技术或技术体系的演化过程。创新扩散是新技术或新产品被社会采纳，新技术替代旧技术的过程；而技术变迁则是旧范式中的主流技术被新技术替代的过程，可见，创新扩散过程等同于技术变迁过程。创新扩散就是在一定的范式规定下，沿着一定的技术轨道方向发展的一系列具有强选择性的演化活动。技术变迁伴随着创新扩散，创新扩散推动了技术变迁的发展。因此，本书认为，基于技术变迁的理论和方法分析技术创新扩散问题是合理的、可行的。

2.4　创新生态位

2.4.1　生态位的内涵与特征

生态位理论是从生物及其生态环境的经验描述中建立的生物（物种）基本单元及层次概念（叶芬斌，2012）。Grinnell（1917）最早提出生态位的概念，用生态位这一概念描述一种生物在环境中的地位，指出生态位是物种在群落或生态系统中所占的最后的分布单元。Gause（1934）指出，生态位给出了特定的物种在群落中占据的位置，如果出现在一个稳定群落中的两个物种受到同时利用同一资源的限制，其中某一物种将具有竞争优势，而另一个物种将被排斥。Pianka（1994）将生态位看作物种在环境中经常栖息的地方。Odum（1983）认为，生态位不仅包括有机体的群落类型、生境和物理条件，而且包括它与群落所有其他成分有关的某些要素，以及其自身在群落中所起的作用。Hutchinson（1957）认为生态位是由各种变量构成的多维生态位，并将生态位划分为基础生态位和实际生态位两种类型。可见，生态位理论主要研究生物种群在生态系统中的空间位置、功能和作用，同时，生态位理论反映了生态系统的客观存在，是生态系统结构中的一种秩序与安排（叶芬斌，2012）。

生态位的概念及其相关理论逐步应用于企业管理、市场营销、产业发展等不同领域。最初，管理领域生态位概念的核心思想是厘清企业与环境的物质交换特征，包括企业的技术来源、制度变革等，并把技术纳入企业生态位的环境影响因子中加以分析。后来，研究者将生物的生存进化与产业发展、技术进步进行比较，发现两者有一定的相似性，因此，开始将生态位概念引入技术创新领域，并提出创新生态位的概念。

2.4.2　创新生态位内涵

创新生态位这一概念由 Podolny 和 Stuart（1995）在研究重叠度与生态状况对未来技术创新的效应时首次提出。他们将创新生态位定义为"与技术变迁共同演进的一系列创新之间的关联作用"。借鉴生态位的本义，本书认为，创新生态位可以理解为在技术创新生态系统中，一种技术创新成果占据的时空位置及其和相关技术创新成果之间的功能关系与作用。创新生态位的概念为人们更好地理解技术变迁提供了帮助。

创新生态位常被用来分析有可能为技术范式带来变革的具有潜力的创新（Hommels et al.，2007）。学者一致认为，创新生态位仅仅是新技术发展的微观层，在中观层与宏观层上还分别存在社会技术范式和社会技术地景的概念，三者构成了技术变迁的多层分析模型（Schot and Geels，2008；Genus and Coles，2008；孙冰等，2013）。袭希（2013）认为，各层之间的交互作用较为复杂，创新生态位在中观上的涌现形成了技术范式，而技术范式在宏观上的涌现形成了社会技术地景，社会技术地景控制着创新生态位和技术范式的需求。

2.4.3　创新生态位的形成机制

创新生态位为技术变迁提供了种子，对技术创新扩散起关键作用。一项新技术的成功很大程度取决于生态位自身基础、现有技术范式和社会技术地景层对生态位的外部作用环境。Geels 和 Schot（2007）认为，创新生态位是一群行动者为了实现共同的创新目标而组成的规模较小的网络。Raven（2005）提出的包括共同期望、网络和学习的三个"生态位过程"，得到了广泛的认同。基于 Raven 的研究，Lopolito 等（2011）进一步将创新生态位的形成描述为三个机制，即愿景（willingness）机制、力量（power）机制和知识（knowledge）机制。

愿景机制来源于创新生态位较早期研究中"期望"（convergence of expectation）的概念，是指行动者对于新技术达成共识的期望（即行动者对于新技术的一般性观点）（孙冰等，2013）。由于采用新技术的最大障碍在于潜在的采用者无法充分了解该技术的优点，各组织参与创新生态位开发过程中的意愿成为该创新生态位形成的第一个关键要素。清晰明确的期望对于吸引新的网络成员与资源非常重要，尤其是当该项技术仍处于发展初期、其功能性及绩效都并不明朗时。当越来越多的参与者分享共同的期望时，期望形成的过程就发生了。对网络关系中的核心组织来说，关于创新生态位的愿景是基于"实验中获得的有形成果"产生的。该愿景借助核心组织在网络中的地位，通过交互作用扩散至与其有关联的组织中，进而在分享态度、文化和实践经验的条件下演化出关于新技术的相同愿景（孙冰等，2013）。所以，愿景机制在网络中通常呈现出扩散的动态变化形式。

力量机制是指相关组织为了开发新的技术而努力获得资源，并支配其在预期方式下指导技术变化的水平（孙冰等，2013）。力量机制描述了网络对创新生态位形成的控制力，包括两个方面的含义：一是网络中是否有具有"控制力（powerful）"行动者的加入，即核心企业，后者会将自身的战略资源作用于其所控制的网络结构；二是网络整体是否具有足够的控制力量促进创新生态位发展，即网络行动者共同积累并获取充分的控制力量，以促进创新生态位正常运行。由于单一的个体无法完全占有生态位所需的全部资源支配创新过程，创新生态位的参与者需要在网络中通过交互关系彼此依赖，共同促进创新生态位的发展（孙冰等，2013）。在此意义上，创新生态位的力量机制既是一个重要的个体特征，又是一个标志性的网络特征。

知识机制来源于早期创新生态位研究中的学习过程。学者分析认为，一旦创新生态位的成员获得了全部所需的资源，为了在行动者之间形成稳定的网络关系，创新生态位发展的下一步就是积累一定量的知识。所以，知识机制的提出是为了创新生态位通过知识积累产生一定的网络凝聚程度（孙冰等，2013）。行动者通过网络关系建立起创新生态位后，将运用创新生态位中的新技术进行生产，生产者通过"干中学"来提升自身的知识，进而提升生产效率；网络协同学习表现为创新生态位中的两个或多个行动者间通过交流或合作进行共同学习，以共同获取知识。网络中的"干中学"过程由此被激发，并逐渐在互动的联系中形成学习的机制，进一步产生更多的新知识，从而在动态过程中引发知识的良性循环（孙冰等，2013）。因此，知识机制是创新生态位的最后一个关键机制，也是创新生态位发展至代替原有技术范式所必须攻克的瓶颈问题。

2.4.4　战略生态位管理

20 世纪末，荷兰学者基于生态位概念提出了一种新的理论分析框架——战略生态位管理用于解释技术变迁问题，基于生态学中的生态位概念建立了新兴技术发生、发展和演化的经验描述，并构建了初步的模型。Rip、Schot、Kemp、Hoogma、Weber 和 Geels 等是该理论的主要代表人物。他们通过分析欧洲的实际案例建立了技术范式变迁的微观模型，即从技术生态位开始，通过市场生态位，再到形成技术范式的路径。该理论带来了技术范式变迁研究的新思路，被广泛应用于技术创新政策的分析中。

SNM 理论结合了社会技术系统的观点，提出了类似生物进化的模型。该理论初期的微观分析包括各种技术关联行动者逐步实现技术选择、确定和建立试验、扩展试验直到解除保护的各个环节。解除保护意味着该技术已经获得进入市场的可能，或者证明应当被放弃（Kemp et al.，1998）。SNM 理论从技术生态位出发提出，可供选择的技术生态位通过市场生态位的渗透逐渐在新的技术范式中占有优势地位，进而形成新的技术范式。其理论模型如图 2.6 所示。可见，新技术的演化是一个从小到大的演变过程，经历技术生态位—市场生态位—技术范式的发展阶段。首先，突破性技术创新是通过社会—技术实验完成的。不同的利益相关者之间通过实验积累了合作的知识和经验，并共同培育新技术。实验需要在受保护的技术生态位中培育，新技术在特定区域内有较好的成长环境。其次，技术实验可以创造原始市场雏形，并与市场行业连接。如果在技术生态位中培育良好，新技术在适合的时候可以进入市场生态位，逐渐显现出商业价值。最后，新技术在异质市场上找到适宜的生态位，通过市场渗透逐渐成熟并确立对旧技术的优势，从而淘汰旧范式、确立新范式。该技术范式变迁的微观模型为讨论其后的宏观模型提供了基础。

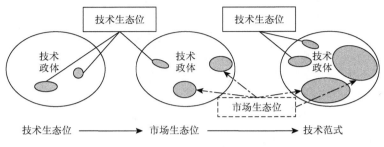

图 2.6　技术变迁的微观模型（叶芬斌和许为民，2012）

2.5　制造业企业技术创新生态系统创新扩散的研究框架

2.5.1　研究框架的选择

1. MLP 宏观分析模型

MLP 分析法源自于荷兰屯特大学的半演化理论（Geels，2010）。Geels（2002）以欧洲蒸汽机轮船技术的发展演化分析为例，提出了从微观到宏观的 MLP 分析法。该方法以演化理论、创新理论为基础，吸收了技术哲学观点，通过分析生态位、社会技术范式、社会技术地景三个不同层级的相互作用，解释技术变迁的过程及作用机理。新技术与社会技术地景建立起连接，克服旧范式而建立新范式是 MLP 分析法要解决的问题。该方法已成为近年来研究技术变迁问题的重要分析工具。

技术变迁的 MLP 分析模型如图 2.7 所示。其中，创新生态位（niches）是由小规模创新网络构成的对新技术的保护空间，包括技术生态位和市场生态位。技术生态位是新技术的研发实验室；市场生态位则是新技术诞生后进入的一种初始市场，在这里新技术避开与主流市场的竞争得以孵化，进而得以发展（Geels，2005）。技术范式（regimes）是指不同社会群体共同遵守并执行的一系列规则（Rip and Kemp，1998），涉及技术创新、市场、消费者习惯等（Geels，2004）。社会技术地景（landscape）表示影响创新生态位和技术范式中创新过程的外部环境，"由诸多外部因素构成，如经济增长、战争、移民、政治联盟、价值标准、环境问题等（Geels，2002）"。

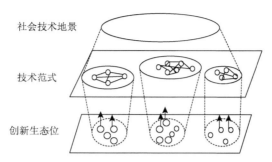

社会技术地景

技术范式

创新生态位

图 2.7　技术变迁的 MLP 分析模型

　　运用案例研究方法分析 MLP 框架下的技术创新及技术变迁问题已成为近年来相关领域学术研究的主流。Geels（2005，2006）分别对从马车到汽车、从螺旋桨飞机到涡轮喷气飞机航空系统的技术变迁过程进行了历史案例研究。研究表明，技术变迁符合 MLP 框架下的技术替代路径；特定生态位和更广泛的社会技术地景在竞争中发挥了关键的作用。Smith（2007）对英国食品和住房领域进行了案例研究，认为多层间作用路径能够影响创新生态位与技术范式的可持续发展实践。Driel 和 Schot 通过对鹿特丹港口引入浮动谷物升降机加速机械化过程的案例研究，论述了将微观、中观、宏观三者结合成为多层次模型的方法，并表明突破式创新在多层模型中的关键作用。Verbong 和 Geels 运用社会技术路径理论分析了荷兰电力系统的可持续转型路径，指出电网基础设施建设对转型的重要影响。薛奕曦等（2013）采用 MLP 框架分析了中国传统汽车产业技术范式向新能源汽车转型的基本情境，指出中国新能源汽车转型是一个长期过程，具有不确定性和复杂性。可见，MLP 适用于分析新技术长期的动态发展变化问题，且具有明显的优势。

　　追溯 Geels 等学者十余年的研究脉络，不难发现，基于 MLP 框架的系列研究一直紧紧围绕新技术的演化与系统的演化展开，技术创新扩散伴随在新技术与系统的演化全过程中，是演化研究的核心内容。Geels（2012）认为，MLP 是基于系统论方法来研究技术、产业、市场、消费者行为、政策、基础设施等要素的共同演化。与此同时，Geels（2014）还基于 MLP 分析框架构建了一个全新的企业、产业与其环境的三层嵌入框架，将产业中的企业划分为核心企业、中间企业和辅助企业，指出核心企业是有能力制定系统规则并能够领导系统内其他成员实现共同利益的企业，这一点与创新生态系统中核心企业的作用基本一致。可以说，Geels 的系列研究为探讨创新生态系统的创新扩散问题奠定了坚实的基础。

　　2. SNM 与 MLP 的比较分析

　　叶芬斌（2013）比较分析了 SNM 与 MLP 的相互关系，描述了微观层面和宏观层面不同的分析路径。他认为，微观的 SNM 分析路径是一个技术生态位从小到大的新技术范式演变结构,宏观的 MLP 分析路径是一个从技术生态位到技术范式确立和社会技术地景层面的适应过程(叶芬斌,2013)。可以说,MLP 是 SNM 的拓展研究。SNM 关注于创新生态位这个微观层级的发展,主要分析可持续新兴技术(如风能、沼气、公共交通系统、电动汽车和环保食品生产等领域)成功或失败的原因;而 MLP 注重通过创新生态位、技术范式和社会技术地景三个不同层级的相互作用,解释技术转型的过程及作用机理。

因此,本书认为,SNM 是 MLP 框架的重要组成部分,SNM 很好地诠释了 MLP 框架中创新发展及扩散的微观机理。因此,MLP 框架是研究技术创新和技术演化的有力工具(叶芬斌和许为民,2012),为本书深入探索技术变迁中的创新扩散问题提供了新的思路。

2.5.2　整体研究框架

基于前面对 MLP 框架的分析,考虑到创新生态系统中创新扩散的复杂性、技术变迁与创新扩散的同构性以及 MLP 框架对技术变迁问题研究的优越性,本书认为,MLP 分析框架适用于分析制造业企业技术创新生态系统的创新扩散问题,并能够为新技术和新产品的创新扩散机理提供更好的分析视角。因此,本书将基于 Rogers 提出的广义创新扩散过程,根据创新扩散动力要素的阐述,结合 MLP 的三层分析视角对制造业企业技术创新生态系统创新扩散的机理展开研究,其多层分析框架见图 2.8。

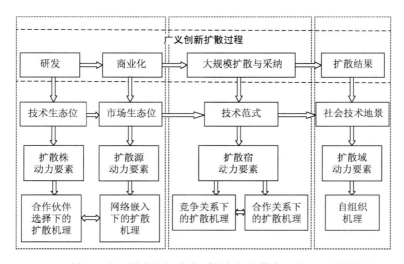

图 2.8　制造业企业技术创新生态系统创新扩散机理的多层分析框架

　　从图 2.8 可以看出，本书将 MLP 的技术生态位、市场生态位、技术范式、社会技术地景分别对应了广义创新扩散过程的四个关键环节，并通过剖析不同层面的制造业企业技术创新生态系统创新扩散机理，依次回答创新成果在制造业企业技术创新生态系统中如何形成、如何发生扩散，以及如何进行大规模扩散等问题。

　　首先，立足企业视角，本书将进行创新生态位层的制造业企业技术创新生态系统创新扩散机理的研究。一方面，鉴于作为扩散源的核心企业选择合作伙伴是构建制造业企业技术创新生态系统的第一步，也是影响创新成果进行商业化以及实现扩散的关键一步，本书将通过分析核心企业的合作伙伴选择，来解释制造业企业技术创新生态系统中技术生态位的形成过程。考虑到核心企业只有带领合作伙伴嵌入创新扩散网络中，创新成果才能进入市场产生经济价值，实现商业化和进一步扩散，本书将基于网络嵌入下的扩散机理剖析市场生态位的形成以及创新扩散的发生。

　　其次，立足市场视角，本书将进行技术范式层的制造业企业技术创新生态系统创新扩散机理的研究。伴随着技术功能和市场功能的完善，创新成果已经可以脱离技术生态位与市场生态位的保护，进入中观的技术范式层。在技术范式层，创新扩散主体之间的关系更加多变，扩散源企业是选择封锁新技术还是推广新技术？扩散宿企业是选择进行自主创新还是模仿创新？创新成果会成为原主导技术的互补品还是替代品？这些都取决于创新扩散主体的博弈策略。由此，本书将分别讨论竞争关系与合作关系下的创新扩散主体的博弈策略及其对创新扩散的影响，以期回答创新成果在扩散网络中如何实现大规模扩散的问题。

　　最后，立足环境视角，本书将进行社会技术地景层的制造业企业技术创新生态系统创新扩散机理的研究。在制造业企业技术创新生态系统中，创新成果从形成到大规模扩散的全过程都离不开所处环境的影响，而自组织理论能够较好地解释系统从无序到有序、从低级到高级的运行原理。因此，本书将分析在社会技术地景层作用下，制造业企业技术创新生态系统创新扩散的自组织特征和自组织运行机理，进而构建制造业企业技术创新生态系统创新扩散机理的 MLP 整体性框架，以期在多层视角下全面审视创新扩散的运行原理。

本 章 小 结

　　本章在归纳并总结制造业企业的内涵与特征的基础上，首先对制造业企业技术创新生态系统的内涵、特征、结构等相关理论问题进行了科学界定与分析；其次，类比了创新扩散与技术变迁的同构性，指出基于技术变迁的思想和模型研究创新扩散问题的可行性；再次，阐释了制造业企业技术创新生态系统创新生态位的内涵，描述了创新生态位的三个形成机制，即愿景机制、力量机制、知识机制；最后，比较分析了 SNM 研究框架与 MLP 研究框架的区别，构建了本书的创新扩散多层研究框架。

第 3 章　制造业企业技术创新生态系统创新扩散的网络分析

任何一个有着相互作用关系的复杂系统都可以看作一个复杂网络（王帮俊，2011）。复杂网络理论是目前自然系统和社会经济系统的普适性研究视角和分析平台，也因其"提供了新的思考方式"，而被认为适用于任何社会经济系统的研究（赵正龙，2008）。本章将根据第 2 章的基础理论研究，分析复杂网络与制造业企业技术创新生态系统创新扩散的同构性，并基于网络分析方法对制造业企业技术创新生态系统的创新扩散进行数值仿真与实证研究，为后面剖析制造业企业技术创新生态系统创新扩散机理提供依据。

3.1　复杂网络理论

3.1.1　复杂网络基本概念

复杂网络是由大量节点以及节点之间连线组成的网络（汪小帆等，2006），具有节点数量巨大、拓扑结构复杂等特点。在数学意义上，复杂网络可以通过图论的语言进行描述，即一个具体的网络可抽象为一个由点集 N 和边集 M 组成的图，记作 $G(N,M)$ 。网络分析的基本概念及数学表达式见表 3.1。

表 3.1　网络分析的基本概念

概念	数学表达式	定义
节点	$N=\{n_1,n_2,\cdots,n_g\}$	图中所描述的任意个体、机构或项目
边	$M=\{m_1,m_2,\cdots,m_t\}$	表示两个节点间彼此合作或连接的线
图	$G(N,M)$	由很多相互连接的节点和边组成的网络模型
网络规模	g	图中节点的数量
网络密度	$\Delta=2M/g(g-1)$	网络中节点间相互连接的密集程度
度	$d(n_i)$	与一个节点相关联的边的条数

复杂网络的结构特征指标主要包括：度分布、平均路径长度、聚集系数。

1. 度分布（degree distribution）

节点的度是指与该节点相连接的边的数目。度越大的节点，其影响力越大，在整个组织中的作用越大（赵正龙，2008）。网络平均度$\langle k \rangle$是所有节点度的平均值，反映了网络的疏密程度。度分布是网络的一个重要统计特征，节点度的分布规律能够刻画不同节点的重要性，表示个体的影响力和重要程度。网络中节点的度分布用函数$p(k)$表示，指一个任意选择的节点恰好有k条边的概率，也表示网络中度为k的节点个数在整个网络节点总个数中所占的比值。若一个网络的节点度服从幂指数为γ的分布函数$p(k) \propto k^{-\gamma}$，则称该网络为服从幂律分布的无标度网络。

2. 平均路径长度（average path length）

若网络中任意一对节点i和j之间的所有通路中的最短路径的长度为d_{ij}，则定义网络的平均路径长度L为任意两个节点之间的距离的平均值（汪小帆等，2006），即

$$L = \frac{1}{\frac{1}{2}N(N+1)}\sum_{i \geqslant j}d_{ij} \qquad (3.1)$$

研究发现，尽管许多实际复杂网络的节点数量巨大，但网络平均路径长度却非常小。对于固定的网络节点平均度$\langle k \rangle$，如果平均路径长度L的增长速度与网络规模N的对数成正比，则称这个网络具有"小世界效应"（谢逢洁，2016）。

3. 聚集系数（clustering coefficient）

聚集系数是衡量网络集团化程度的重要参数，反映了网络相邻节点间联系的紧密程度。假设某一节点i有k_i个最近邻，那么在这些最近邻中最多可能存在$k_i(k_i-1)/2$条连接，用E_i表示这些最近邻的点之间实际存在的连接数，则定义点i的聚集系数为

$$C_i = \frac{2E_i}{k_i(k_i-1)} \qquad (3.2)$$

对网络中所有节点的聚集系数C_i取平均值，就得到了整个网络的聚集系数$C = \frac{1}{N}\sum_{i=1}^{N}C_i$。

节点的聚集系数是指所有节点之间存在的实际边数与总的最大可能的边数之比，表明节点与相邻节点之间关系的密切程度；而网络的聚集系数是指所有节点的聚集系数的平均值（董慧梅等，2016），通常取值为（0，1）。

社会网络是一种典型的复杂网络。在进行社会网络分析时，除了上述三类指标，还经常用到网络中心性及结构洞两类指标。

网络中心性用于衡量网络主体在网络中的地位及拥有的权利，有助于明确网络中的核心主体。网络中心性分为度数中心度、接近中心度、中介中心度三类。度数中心度（degree centrality）是测量网络中行为主体自身活动能力的指标，主要衡量行为主体的局部中心性，并不考虑行为主体能否控制其他主体。接近中心度（cloneseness centrality）是衡量一个行为主体不受其他行为主体控制的程度的指标。接近中心度越小，表示该节点不受其他节点控制的能力越强，进而判定该点在网络中处于更加核心的位置。中介中心度（betweenness centrality）刻画的是一种"控制能力"指标，测量的是一个点位于图中其他点的"中间"的程度。中介中心度表征着某个节点对网络中资源控制的程度。某节点中介中心度越高，说明该节点占据资源和信息流通的位置越关键。

结构洞（structural holes）用来表示非冗余的联系。Burt 认为，"非冗余的联系人被结构洞所连接，一个结构洞是两个行动者之间的非冗余的联系"，即当一个企业所合作的另外两个企业相互之间没有直接连接时，表明该企业占据着结构洞位置。占据结构洞的行动者比网络中其他位置的行动者具有更多的信息获取优势和控制优势（刘军，2014）。结构洞的测量较复杂，一般存在两类计算指标：一是结构洞指数；二是中介中心度。鉴于第二类指标计算较便捷、适用范围较广，本书将采用中介中心度指标对结构洞进行测度。

3.1.2　复杂网络基本模型

目前，主要的复杂网络模型有规则网络、随机网络、小世界网络以及无标度网络。规则网络具有平均聚集系数高和平均路径长度长的特点，随机网络具有平均聚集系数小和平均路径长度短的特点，小世界网络介于规则网络与随机网络之间，它同时具有大的平均聚集系数和小的平均路径长度（黄玮强等，2013）。无标度网络各节点之间的连接分布则非常不均匀，网络中少数节点拥有很多连接，而大多数节点只有很少量的连接。这四种复杂网络的基本情况如下。

1. 规则网络

任意两点之间都有边直接连接，这样的网络就是规则网络（汪小帆等，2006）。在规则网络中，n 个节点依次排列于一维环形网络中，该网络具有周期边界条件。每个节点与其左右邻近的各 $K/2$ 个节点存在连边，K 为偶数，即每个节点具有相同的度 K（黄玮强等，2013）。

2. 随机网络

与规则网络相反的是随机网络，其中的典型模型是 ER 随机网络模型。在一

个具有 n 个节点的网络中,以概率 p 连接网络中的任意两个节点,此时网络约有 $pn(n-1)/2$ 条边(黄玮强等,2013)。为了便于四种网络的横向比较,应使各网络具有相同的平均度 K,因而 $p=K/(n-1)$。

3. 小世界网络

1998 年,美国学者 Watts 和 Strogatz(1998)提出了小世界网络模型并阐述了其形成机理。小世界网络同时具有随机网络的较小平均距离和规则网络的高聚集性两个特点,具有类似小世界现象。通常,根据小世界网络模型生成小世界网络。具体操作步骤为:在上述的规则网络基础上,以概率 p 随机地重新连接网络中的每个边,即将边的一个端点保持不变,另一端点取为网络中随机选择的一个节点。其中,规定任意两个不同的节点之间至多只能有一条边,并且每一个节点都不能有边与自身相连(黄玮强等,2013)。当 p 较小时,生成的网络具有小世界性,为了保证网络的稀疏性及连通性,需要满足条件 $1 \ll \ln(n) \ll k \ll n$。

4. 无标度网络

节点连接度没有明显的特征长度的网络称为无标度网络(汪小帆等,2006)。根据无标度网络模型可以生成无标度网络。具体操作步骤为:从一个具有 m_0 个节点的网络开始,在每一时期引入一个新的节点,并且连接到 $K/2(K/2 \leqslant m_0)$ 个已存在的节点上(黄玮强等,2013)。一个新节点与一个已经存在的节点 i 相连接的概率 Πi 与节点 i 的度 k_i 之间满足如下关系,即

$$\Pi i = \frac{k_i}{\sum_{j=1}^{n} k_j} \tag{3.3}$$

在经过 T 步后,形成一个具有 $n = T + m_0$ 个节点和 $KT/2$ 条边的无标度网络,该网络的平均度约为 K。

上述网络模型的相关介绍将为后面的专利引用网络的类型判定以及相关网络指标的计算提供依据。

3.2 制造业企业技术创新生态系统创新扩散的复杂网络特征分析

3.2.1 制造业企业技术创新生态系统创新扩散与复杂网络的同构性分析

创新扩散是制造业企业技术创新生态系统的重要功能,它能够推动并促进创

新生态系统的健康发展。王帮俊（2011）指出，复杂扩散网络是创新系统中的各要素在扩散过程中发生相互联系的关系的加总，构成了以扩散源、扩散宿等诸要素为节点，以彼此联系为边的一个复杂网络。

复杂网络方法的核心思想是在经济主体微观行为与经济系统宏观模式之间建立联系，强调节点之间的相互关系影响节点的行为和决策（段文奇，2015）。国内外很多学者都运用复杂网络理论解释创新扩散问题，如网络结构对产品扩散模式、企业扩散策略、用户采用行为的作用机理等。因此，本书结合 Choi 等（2010）和赵正龙（2008）的研究体系，从网络结构、网络节点、网络演化三个方面讨论复杂网络和制造业企业技术创新生态系统创新扩散的结合点。

（1）网络结构的复杂性。复杂网络的连接结构错综复杂（汪小帆等，2006），例如，因特网上每天都有无数页面和链接的产生与删除，可见复杂网络的网络结构异常复杂。而制造业企业技术创新生态系统本身就是一个复杂网络，其中大量成员在多维空间中相互作用与联系，且制造业供应链长，创新扩散的方式和路径相较于普通合作更加多样化，进而导致制造业企业技术创新生态系统中的创新扩散网络结构异常复杂（Ginsberg et al.，2010）。

（2）网络节点的异质性。复杂网络中存在多种不同类型的节点（汪小帆等，2006）。节点在网络中占据的位置不同发挥的作用也不一样，每个节点都具有复杂的时间演化行为。而制造业企业技术创新生态系统中的创新扩散主体也是多样的，如核心企业与辅助企业的主体类型不同，占据网络的位置就有差异，在创新扩散中的作用也不同。

（3）网络的时空演化性。复杂网络具有动态演化特征，随着网络节点的变化、节点与节点之间联系的变化而发生着时间与空间的演变（汪小帆等，2006）。制造业企业技术创新生态系统中的创新扩散过程是制造业企业技术创新生态系统成员通过契约式合作的方式或非正式的交流学习方式完成的。这一过程使系统自发地进行动态演变，从无序到有序，从一种有序走向另一种有序。

综上可见，制造业企业技术创新生态系统创新扩散与复杂网络具有一定的相似性，可以将制造业企业技术创新生态系统创新扩散视为复杂网络进行研究。故此，运用复杂网络方法研究制造业企业技术创新生态系统创新扩散是合理的、可行的。

3.2.2　制造业企业技术创新生态系统创新扩散的拓扑结构分析

基于上述同构性分析，本书认为，制造业企业技术创新生态系统中创新扩散的复杂网络是由系统成员（核心企业、高等院校、科研院所、供应商、销售商等）通过各种正式与非正式的联系交织而成的复杂网络，是创新扩散过程中扩散源与扩散宿、扩散宿与扩散宿之间交互关系的总和（扩散源和扩散宿均属于制造业企业技术创新生态系统中的成员）。基于制造业企业技术创新生态系统这一平台，在环境因素作用下，扩散源与扩散宿彼此之间联系程度变化决定了创新成果（即新技术或新产品）扩散的发生和演化。与此同时，扩散源和扩散宿为适应复杂的外部环境变化而不断加强合作。可见，制造业企业技术创新生态系统的创新扩散具有不断演化的动态网络特性。

制造业企业技术创新生态系统的创新扩散具有复杂网络的拓扑结构特征。表现如下：

（1）制造业企业技术创新生态系统创新扩散的点、边、度。制造业企业技术创新生态系统创新扩散被视为一个有向加权网络，系统成员是网络中的每一个节点。节点与节点之间的有向连线表示技术扩散的方向，即创新成果从某一系统成员扩散到另一系统成员。度表示系统中某一节点与邻居节点连接的边数，度数越高的节点在系统中的作用越强大，通常为核心企业。

（2）制造业企业技术创新生态系统创新扩散的网络规模与网络密度。网络规模是指网络节点总数，即已经采用创新和潜在采用创新的系统成员的数量总和。网络密度是指制造业企业技术创新生态系统中已经采用创新的连线数与可能采用创新的连线总数的比例。创新信息在高密度网络中更容易被采纳，进而扩散速度更快。

（3）制造业企业技术创新生态系统创新扩散的聚集系数。一个节点的聚集系数表示该点的邻接点之间相互连接的程度，平均聚集系数表示整个网络中节点的聚集程度。网络整体的平均聚集系数越大，网络中节点之间的紧密程度越大，创新在单位时间内所能扩散的范围越大（贵淑婷和彭爱东，2016）。因此，在聚集系数高的网络中，创新扩散的速度较快。

（4）制造业企业技术创新生态系统创新扩散的平均路径长度。平均路径长度可以用来对创新成果在扩散时所经历的平均距离进行测量。平均路径长度越小，创新扩散需要的距离越短，信息失真的可能性就越低，创新扩散的范围就越大，扩散的速度也就越快（董慧梅等，2016）。

（5）制造业企业技术创新生态系统创新扩散的网络结构。现实世界中可观察到的网络结构是小世界网络和无标度网络（Watts and Strogatz，1998；Albert and Barabasi，2000；Barabasi and Albert，1999）。小世界网络的度分布服从泊松分布，平均路径距离短，聚集系数高；而无标度网络度分布服从幂律分布规律，当网络规模充分大时，不具有明显的聚类特征。制造业企业技术创新生态系统的创新扩散是以核心企业为中心的网络，核心企业连接大量邻居节点，而其他大部分成员则只有较少邻居节点。因此，制造业企业技术创新生态系统创新扩散符合无标度网络的幂律分布特征。

（6）核心企业的网络表征。核心企业在制造业企业技术创新生态系统的创新扩散过程中扮演着重要角色。核心企业凭借其独具的创新能力和资源整合能力,使系统其他成员均倾向于采纳其创新成果,这使得核心企业与其他系统成员之间存在大量连线。核心企业具有较大的系统影响力,会进一步影响创新在系统中整体的扩散范围和扩散速度(董慧梅等,2016)。由于制造业企业技术创新生态系统创新扩散具有无标度网络特征,而中心度恰好能够反映某一节点在网络中居于核心地位的程度,所以本书选取中心度指标来表征网络中的核心企业。考虑到网络平均度与核心企业的度数正相关,网络平均度越大说明核心企业的节点度数也越大,因此,本书采用不同的网络平均度对创新扩散的影响来表征不同度数值的核心企业对创新扩散的作用。

3.2.3 制造业企业技术创新生态系统的创新扩散过程模拟

在创新扩散网络拓扑结构特征分析的基础上,本书将对创新成果在创新扩散网络中的扩散与采纳过程进行描述,进而提出制造业企业技术创新生态系统创新扩散过程的基本模型。

在制造业企业技术创新生态系统的创新扩散活动中,扩散主体包括创新扩散者(已采用创新成果并愿意继续扩散的企业)、潜在采纳者(可能采用创新成果的企业)和非扩散者(已采用创新成果但不继续扩散的企业)。初始扩散网络中仅存在创新扩散者和潜在采纳者,随着创新成果被创新扩散者不断传播,潜在采纳者变为创新扩散者的数量逐渐增多。与此同时,扩散止于个体的遗忘机制,网络中的创新扩散者可能会因为信息的时效性或创新成果不再具有扩散价值而终止扩散,进而变成为非扩散者,并将最终退出创新扩散网络。因此,在创新扩散网络中,节点的扩散状态总是随着时间在创新扩散者、潜在采纳者、非扩散者之间转变。

随着网络中不同节点的加入与退出,网络度分布会随之发生变化。由于受到邻居节点的影响,网络中采纳创新并进行扩散的节点数量随之变化,网络扩散系数也随着网络中创新扩散者、潜在采纳者和非扩散者这三类节点数量的变化而变化。考虑到创新扩散者在网络规模中所占的比率能够表征某一时刻创新扩散的范围,而创新扩散范围变化能够呈现创新扩散的过程演进,本书将参考魏静等(2015)提出的在线知识传播过程模型,在上述网络扩散过程描述的基础上构建动态的创新扩散过程模型,并由此推导出创新扩散者概率函数,进而通过数值仿真进一步分析网络初始值、网络平均度、网络扩散系数对创新扩散范围的影响。

1. 创新扩散过程模型

本书假设初始网络中仅存在创新扩散者和潜在采纳者两类节点,经过几个时间步长的扩散后，网络中将产生已采纳创新但是不具有扩散意愿的第三类节点，即非扩散者。此类节点将在下一个时间步长自动退出网络，不再参与下一轮的创新扩散行为。设网络规模为 N，网络初始度分布为 $p(k_0)$，k 为节点的度数，k_0 为初始网络的节点度数。若某一潜在采纳者的节点与创新扩散者的节点连接，则潜在采纳者变为创新扩散者的概率为 σ。同时，定义创新扩散者转化为非扩散者的转化比率为 ν，则将网络扩散系数定义为 $\lambda = \sigma / \nu$，将创新扩散者初始比率定义为 $B = k_0 \left(\dfrac{\sigma}{\nu} \right)$，即 $B = \lambda k_0$。

经过某一个时间步长之后，f 数量的节点不再具有扩散意愿，反映在网络结构上为网络的度分布发生了变化，此时的度分布为

$$p(k) = \sum_{k_0=k}^{\infty} p(k_0) C_{k_0}^{k} (1-f)^k f^{(k_0-k)} \tag{3.4}$$

基于式（3.4）可以推导出式（3.5）：

$$\langle k \rangle = \sum_{N=1}^{\infty} \langle k_0 \rangle C_1^N (1-f)^N f^{(N-1)} \tag{3.5}$$

在新的网络中，当 $N=1$ 时，代入式（3.5）得

$$\langle k \rangle = \langle k_0 \rangle (1-f) \tag{3.6}$$

当 $N=2$ 时，代入式（3.5）得

$$\langle k^2 \rangle = \langle k_0^2 \rangle (1-f)^2 + \langle k_0 \rangle f(1-f) \tag{3.7}$$

设 t 时刻度数为 k 的节点为创新扩散者节点的概率为 $\rho_k(t)$，则网络中任意选择一条边，该边指向的节点为创新扩散节点的概率为

$$\beta(t) = \frac{1}{\langle k \rangle} \sum_k k P(k) \rho_k(t) = \frac{1}{\langle k_0 \rangle (1-f)} \sum_k k \left[\sum_{k_0}^{\infty} P(k_0) C_{k_0}^{k} (1-f)^k f^{(k_0-k)} \right] \rho_k(t) \tag{3.8}$$

度为 k 的节点有 a 个邻居节点为创新扩散者节点的概率为

$$\mu_k^a(t) = C_k^a (\beta(t))^a (1-\beta(t))^{k-a} \tag{3.9}$$

若某一节点的邻居节点中有 a 个节点为创新扩散者节点，则此节点转变为创新扩散者节点的概率为

$$\gamma(t) = C(k,a) \mu_k^a(t) = C(k,a) C_k^a (\beta(t))^a (1-\beta(t))^{k-a} \tag{3.10}$$

度为 k 的节点在 t 时刻从潜在采纳者变为创新采纳者的概率为

$$H_k(\beta(t)) = \sum_{a=0}^{k} \gamma(t) = \sum_{a=0}^{k} C(k,a) C_k^a (\beta(t))^a (1-\beta(t))^{k-a} \tag{3.11}$$

由均场方法可得

$$\frac{\partial \rho_k(t)}{\partial t} = (1 - \rho_k(t))H_k(\beta(t))\sigma - \rho_k(t)v \qquad (3.12)$$

令 $\dfrac{\partial \rho_k(t)}{\partial t} = 0$，得到均衡状态下度为 k 的节点是创新扩散者的概率为

$$\rho_k(t) = \frac{H_k(\beta)}{\lambda + H_k(\beta)} \qquad (3.13)$$

可见，在度分布 $p(k)$ 的网络结构中，创新扩散者的概率可以表征创新扩散范围。因为 $B = \lambda k_0$，即 $k_0 = \dfrac{B}{\lambda}$，由式（3.8）、式（3.11）以及式（3.13）可知，创新扩散者初始比率 B 的变化会影响度为 k 的节点是创新扩散者的概率 $\rho_k(t)$。同理可知，网络平均度 $\langle k \rangle$ 的变化会通过影响 $\beta(t)$ 进而影响 $\rho_k(t)$。而式（3.13）则直接表征了扩散系数 λ 和 $\rho_k(t)$ 的相关关系。本书由此得出初步结论：创新扩散范围受创新扩散者初始比率 B、网络平均度 $\langle k \rangle$ 和扩散系数 λ 的影响。下面将基于创新扩散过程模型进一步分析不同参数取值对创新扩散范围的具体影响。

2. 数值仿真与结果分析

鉴于创新扩散的过程复杂多变，研究者多采用仿真方法模拟不同条件下扩散过程及其演化趋势。本书运用 MATLAB 7.3 软件，基于前面的创新扩散过程模型及概率推导，通过调整创新扩散者初始比率、网络平均度、扩散系数等参数值，对制造业企业技术创新生态系统的创新扩散范围进行仿真实验。

（1）创新扩散者初始比率。改变网络中创新扩散者的初始比率，得到创新扩散影响的仿真图（图 3.1）。在图 3.1 中，横坐标代表创新扩散的时间单位，纵坐标表示创新扩散范围。由图 3.1 可知，网络中创新扩散者初始比率对扩散范围的影响并不显著：无论初始比率大小，最终扩散范围都趋近于 1，即实现创新扩散均衡状态。但是，创新扩散者初始比率的不同会导致网络实现均衡状态的时间存在差异。图 3.1 显示，当创新扩散者初始比率为 $B = 0.9$ 时，实现均衡状态的时间最短。可见，网络的创新扩散者初始比率越高，会越早实现创新扩散的均衡状态。

（2）网络平均度。改变网络平均度 $\langle k \rangle$，对创新扩散网络进行仿真，得到图 3.2。图 3.2 显示，当网络平均度 $\langle k \rangle = 8$ 时，扩散速度最快，扩散范围最广。可见，平均度越高的网络越容易实现创新扩散，实现均衡状态所用的时间也越短，这可能与网络平均度高的节点所连接的邻居节点数目较多有关。原因在于，邻居扩散节点数量多，可提高潜在采纳者的数量，进而扩大创新扩散采纳者的总数量，即扩大创新扩散范围。

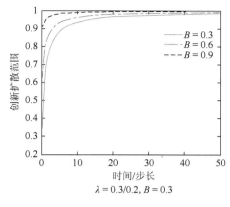 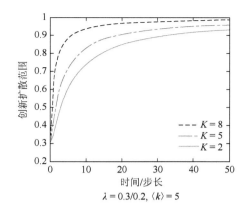

图 3.1　初始比率对创新扩散的影响　　　　图 3.2　网络平均度对创新扩散的影响

（3）网络扩散系数。改变网络扩散系数 λ，对创新扩散网络进行仿真，得到图 3.3。可以看出，在网络度数 $\langle k \rangle = 5$ 和 $\langle k \rangle = 8$ 的情况下，仿真图得到的创新扩散发展趋势大致相同，区别仅在于：当网络扩散系数 $\lambda > 1$ 时，创新扩散均衡范围变化幅度较大；当 $0 < \lambda < 1$ 时，创新扩散均衡范围的变化并不十分显著。这一结果表明，网络扩散系数越高，达到的均衡扩散范围越大，这一现象与现实状况相吻合。

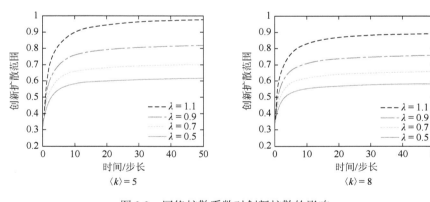

图 3.3　网络扩散系数对创新扩散的影响

3.3　基于专利引文网络的技术扩散分析

作为技术创新成果的核心内容和体现，一项专利通常引证了若干早期专利，继承和发展了早期专利中有价值的技术和知识（许琦，2013）。这种专利引证关系体现了知识遗传、继承和发展的关系，可以说，专利是发现知识起源和技术进化的独特信息源（许琦，2013），专利间的引用是一个重要且可测度的技术扩散途径（黄鲁成和王宁，2011）。

3.3.1　基于专利引用网络的技术扩散研究现状

专利文献是技术信息的重要载体，是技术研究最直接的表现形式。世界知识产权组织认为，世界上 90% 的技术都反映在专利信息中，因此，专利是反映技术发展态势的重要情报来源，而专利引文网络可以展现知识片段之间错综复杂的知识转移、流动与继承（贵淑婷和彭爱东，2016）。

专利引用包括前向引用和后向引用。前向引用是指专利申请成功之后参考过此专利的新专利列表，可以反映技术的集聚。后向引用记录的是申请该专利时参考过的已有技术专利列表，可以反映技术的扩散（Van，2010；黄晓斌和梁辰，2014）。引用网络分析通常分为两类：专利引用网络分析和专利权人网络分析。其中，专利引用网络通常用由被引专利指向施引专利的有向弧来表示关联（Lin et al.，2011），主要用于对技术演进层面进行分析，即可以利用专利引用网络来描述技术发展轨迹，识别出各个不同时期的核心专利及重要专利群（Narin，1994），分析技术扩散的路径等。

目前，一些学者借助复杂网络的理论和方法，对专利引用网络中专利的扩散规律进行研究，并得到一些有益的结论。Jaffe 等（1993）通过比较施引专利与被引证专利间的地理位置描述了知识的空间扩散，同时通过施引专利与被引专利的申请年代差计量了技术扩散速度；Li 等（2007）通过构建专利引用网络研究了纳米技术的空间转移过程；马艳艳等（2012）以中外企业对清华大学的专利引用形成的网络为分析对象，发现清华大学的专利被企业引用的网络具有小世界效应和无标度性。也有学者发现了专利引用网络具有幂律分布特征，如 Ribeiro 等（2011）在研究核磁共振技术的专利引用网络特征时，发现某些子网络的度分布符合幂律分布。此外，基于专利的技术扩散研究还关注了专利扩散对生产率的影响、专利视角下的技术扩散曲线、知识外溢与扩散分析等方面的问题（黄鲁成和王宁，2011）。

可见，专利引用数据的变化能比较客观地反映技术扩散现象，专利技术扩散的整个过程可以通过专利引用网络更加清晰地展示出来（贵淑婷和彭爱东，2016）。因此，专利引用网络是一种研究技术扩散问题较直观的方法（许琦，2013）。

3.3.2　数据来源及网络构建

近 20 年来，无线通信网络技术发展迅速。无论在"中国制造 2025"，还是在德国"工业 4.0"国家战略中，都明确提出普及无线通信技术的重要性。考虑到在这一技术领域中，手机芯片研发是各大无线通信企业激烈争夺的利益制高点，本书锁定手机芯片技术作为研究对象。

本书将基于黄鲁成等提出的专利引用动态分析流程来分析手机芯片技术的扩散路径。具体步骤如下：首先，确定检索词，进入专利数据库进行检索并下载，通过 Java 编程对数据进行提取与清洗处理；其次，划分技术发展的时间段，构建一个有向专利引用网络模型，并利用 Gephi 软件绘制扩散网络图；再次，基于扩散理论深入研究网络中心度、聚集系数等网络特征，绘制度分布曲线；最后，利用主路径分析找到技术扩散所经历的关键路径，对技术扩散发生的主要渠道进行分析。

1. 数据来源

本书通过查阅相关文献，提炼出手机芯片技术的不同表达式，再结合专家意见，确定将 Baseband、Application Processor、Radio Frequency、Power Management Unit、system on chip、high performance mobile、FinFET 3D、RFCMOS、Bipolar-CMOS-DMOS、Soft Defined Radio、CMOS、wireless connectivity、CoMP 等作为检索关键词。进入德温特专利数据库（Derwent innovation index，DII），按照 DII 数据库的检索要求，输入检索表达式，设定检索专利时间范围为 1990 年 1 月 1 日～2015 年 12 月 31 日。

本书共检索到专利 13829 项，通过 Java 程序对数据进行清洗后，获得有效专利 12756 项，由此绘制出该技术专利申请数量的逐年分布曲线（图 3.4）。

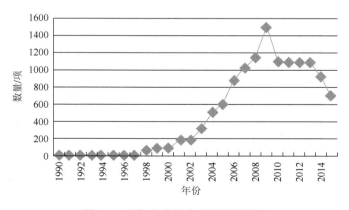

图 3.4　手机芯片技术专利申请数量

专利数量的变化情况能够从整体上反映该技术的发展脉络与扩散速度。因此，

图 3.4 能够清晰地体现出手机芯片技术的扩散阶段变化。1990～2000 年，每年申请的相关专利数不超过 100 项，10 年的申请数量累计为 359 项，这是手机芯片技术发展的起步阶段。从 2001 年起，相关专利的申请数量开始成倍增长；到了 2009 年，全年专利申请数量已达到 1495 项这一巅峰值。在此期间，累计专利申请数量达到 6409 项，实现了该领域技术专利申请的高速发展；2010～2015 年间专利申请数量累计为 5988 项，呈现稳中有降的态势，具体表现为：2010～2013 年申请数量保持平稳，从 2014 年开始申请数量略有下降。由此，本书将手机芯片技术专利申请的发展过程大体划分为三个阶段，分别是：起步期（1990～2000 年）、高速发展期（2001～2009 年）、平稳发展期（2010～2015 年）。

2. 手机芯片技术专利引用网络的构建与分析

本书对下载的原始数据进行整理、格式转换，并采用网络分析软件 Gephi 对数据进行了可视化处理，分别绘制出三个不同时间段手机芯片技术专利引用网络图（图 3.5～图 3.7）。

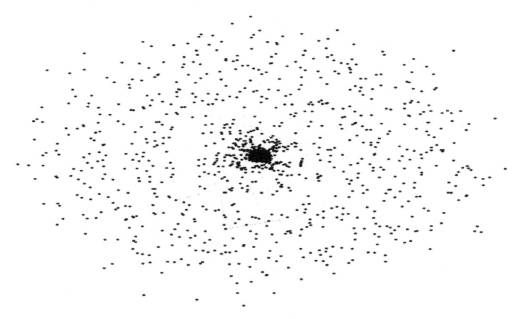

图 3.5　1990～2000 年手机芯片技术专利引用网络结构

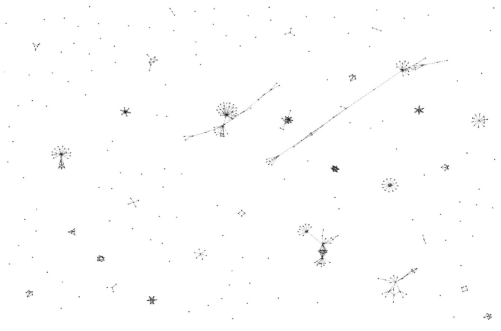

图 3.6　2001～2009 年手机芯片技术专利引用网络结构

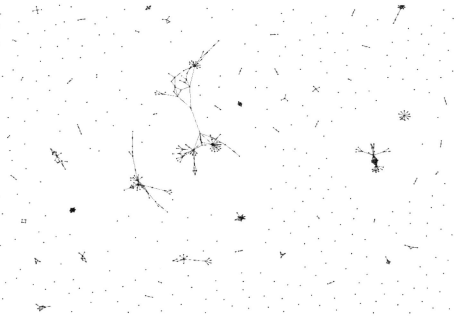

图 3.7　2010～2015 年手机芯片技术专利引用网络结构

下面将基于三个阶段中专利引用网络的测度指标，结合图 3.5～图 3.7 分别对手机芯片技术专利引用网络进行整体网络特征分析、专利引用网络的度分布特征分析以及核心专利分析，以期更全面地体现该技术领域的专利扩散情况。

1）整体网络特征分析

本书分别计算上述三个阶段中网络的基本统计指标，得到表 3.2。通过比较表 3.2 中三个网络的平均度可以看出，三个阶段的网络平均度依次增大，从 0.118 到 0.260 再增加到 0.374。网络平均度越大，创新扩散范围越广，随之扩散速度也越快。可见，手机芯片技术在 2006～2015 年实现了爆发式增长，这一情况与同一时间段内 3G、4G 技术的快速推广密切相关。这十年是智能手机迅速普及的十年，而芯片技术正是智能手机的核心技术。因此，从智能手机的市场推广速度也可以印证芯片技术在此期间的扩散速度之快。

从图 3.5～图 3.7 所呈现的网络结构来看，起步期与后两个阶段存在较大的差别。具体表现为：起步期的网络明显处于扩散初期，网络节点较少；后两个阶段网络的基本拓扑形态较近似，说明核心节点的数量相近，且后两个阶段网络的核心节点均比较突出，与其他节点的联系较显著。由于核心专利具有节点位置的特殊性，所以拥有核心专利所有权的企业能够享有更大的控制力和影响力。这样的企业通常是网络中的核心企业，它们对网络的扩散范围和扩散效果有更加显著的影响。在专利引用网络中，随着专利节点间连线的增加，整个网络中技术扩散的路径不断增加。在没有其他因素影响的前提下，技术扩散路径的增加将在一定程度上加速技术的扩散（贵淑婷和彭爱东，2016）。

另外，由于专利引用网络中往往分布着大量的散点，所以这三个阶段中网络的密度值均很低，进而导致三个阶段网络的平均路径长度、平均聚集系数等指标变化均不显著。

表 3.2　网络特征统计指标

年份	节点	边	平均度	平均路径长度	平均聚集系数	密度
1990～2000 年	359	26	0.118	1.012	0.009	0.000 404 59
2001～2009 年	6 050	715	0.260	1.103	0.009	0.000 039 07
2010～2015 年	5 988	898	0.374	1.055	0.009	0.000 050 09

2）专利引用网络的度分布特征分析

网络的度分布是描述网络整体结构特征的一个重要指标，很大程度上决定了网络的各种性质。对各种度分布形式的专利引用网络进行分析，有助于更深入地了解网络的动态形成过程。通过构建手机芯片技术专利引用网络，本书得到了该网络的节点度数值分布图和节点度概率分布图（图 3.8、图 3.9）。由图 3.8 可以看出，网络中存在节点度很大的节点，其幂律指数 $\gamma = 0.906 \sim 1.143$，此网络的度分布符合幂律分布，从而进一步从专利引用网络的角度印证了已有研究结果：文献引用网络、合作网络、万维网络等的节点度都具有幂律特征（汪小帆等，2006）。同时，虽然此网络中的大部分网络节点度的数值都很低，但也存在着网络节点度数值非常高的中枢节点，这一现象符合无标度网络所具有的度分布的自相似结构及高度弥散性的特点。因此，本书认为，手机芯片技术专利引用网络具有无标度网络特征。

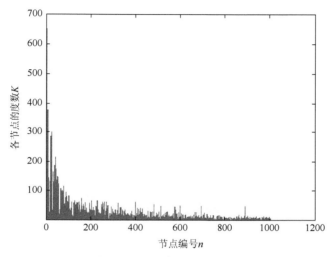

图 3.8　节点度数值分布图

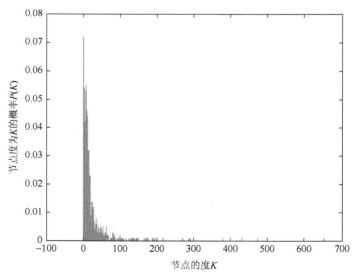

图 3.9　节点度概率分布图

3）核心专利分析

核心专利是在某一技术领域中处于关键地位，对技术发展具有突出贡献、对其他专利或技术影响重大、并具有重要经济价值的专利（韩志华，2010）。黄鲁成等认为，核心专利承载着核心技术，可以通过引用频次来测度。Narin（1994）认为，专利被引用次数是确定专利重要程度的指标；如果一项专利被许多专利引用，那么表明该专利是一项比较核心的、重要的技术。孙冰和赵健（2013）则使用中介中心度指标表征有向网络中的核心企业。鉴于此，本书基于节点的入度和中介中心度来识别专利引用网络中的核心专利。

基于 1990～2015 年的手机芯片技术专利引用数据，本书运用网络分析软件 Pajek 计算了该专利引用网络的节点度数值。结果表明，无论从节点入度数值还是节点中介中心度数值来看，专利号为 6526281 的专利都位居第一。本书由此推断，此专利是整个手机芯片技术中的核心专利。该专利的名称为 "Dynamic bandwidth allocation to transmit a wireless protocol across a code division multiple access（CDMA）radio link"，是一项通过 CDMA 无线连接传送无线信号的技术，最初归属于 Tantivy Communications 公司，后因公司收购归属于 InterDigital 公司。InterDigital 公司成立于 1972 年，是一家专门设计开发移动通信高级技术的公司，拥有近 2 万件专利（或专利申请），已经研发了大量关于无线产品及无线网络的技术，包括 2G、3G、4G 等。过去的 40 年间，该公司已经成为全球无线标准的主要贡献者之一。20 世纪 90 年代初期，该公司在资金短缺的情况下，将 CDMA 手机的核心标准 IS-95 及关键专利以 500 万美元的价格卖给了当时还默默无闻的高通公司。其后，高通公司实现了 CDMA 专利技术的市场化，开辟了韩国市场并生产出了 CDMA 的核心芯片，由此 InterDigital 为高通公司创造了宝贵的机会，奠定了高通公司成为行业巨头的基础。

3.3.3 专利引用网络主路径分析

专利引用网络可以展现知识片段之间的知识转移、继承、流动等错综复杂的关系，因此找到其中的关键技术路径就可以找到技术发展与扩散的脉络（贵淑婷和彭爱东，2016；Dosi，1988）。

专利引用网络中存在着一条或几条主要的技术路径，它们能够反映该领域中的关键文献、主要时间、关键人物间的联系，以及关键技术间的扩散演化关系（贵淑婷和彭爱东，2016），可以体现专利引用网络整体的技术扩散路径。主路径分析法便是研究专利引用网络中技术路径的重要方法之一，该方法由 Hummon 和 Doreian 于 1982 年提出。主路径分析法通常集成于常用的网络分析软件中，为研究者提供了高效快捷获取技术路径的方式（彭爱东等，2013）。

专利引用网络中主路径分析主要有三种算法：SPC（search path count）、SPLC（search path link code）、SPNP（search path node pair）。其中，SPC 是指专利引证网络中从起始节点到终止节点之间的任意路径；SPLC 是指在专利引证网络中所有的搜索路径中，查找所有从顶点发出指令指向收点的途径；SPNP 是指通过有向边连接的上游节点和下游节点组成的节点对的数目，每个顶点既是源点又是收点，因此在这个算法中，中间时期的顶点和边具有较高的值。

由于本书需要考虑网络中存在的所有路径，并计算相邻两节点之间的连线存在于所有路径中的频次，所以，采用搜寻路径连接数目的 SPLC 算法来确定专利网络中的主路径。

将 1990～2015 年间的手机芯片技术专利数据文件导入 Pajek 软件中，计算专利引用网络中每条边的 SPLC 值，删除次要节点后，得到基于 SPLC 算法的主要路径。然后，加入时间因素，结合时间序列将专利演进的脉络重新梳理，结果见图 3.10。从图 3.10 中可以看到，沿着时间轴，网络中路径的起点是专利 6526281，终点分别是专利 7165224、专利 8326651 和专利 8214503。在整个专利引用网络中，这条主要路径代表了以专利为载体的技术创新扩散过程。从 3.3.2 节中关于核心专利的分析可知，专利 6526281 是该专利引用网络的核心专利。图 3.10 的三条路径显示，CDMA 这项核心专利的扩散衍生出三个技术方向，路径一（从专利 6526281 到专利 7165224）表示从 CDMA 技术衍生出无线移动网络的成像技术，即成像技术、通过软件平台与移动终端传送图片的技术；路径二（从专利 6526281 到专利 8326651）表示从 CDMA 技术衍生出能够通过无线设备实现动态信息的管理与定位技术，进而衍生出管理用户信息以及数据的用户体验平台，如医疗数据管理、酒店订房实时信息等；路径三（从专利 6526281 到专利 8214503）表示从 CDMA 技术衍生出无线局域网的控制管理系统技术，后者能够实现通信网络数据的高效传输。可见，以上由核心专利 6526281 衍生出的三个专利所代表的技术领域都与人们现在的手机常用功能息息相关。以上分析也从一个侧面说明，专利引用网络虽然分布稀疏，节点量巨大，但研究者可以通过识别主路径的方法高效获取该网络的重要信息和关键技术节点，从而为未来技术扩散方面的预测与深入研究奠定基础。

图 3.10　基于 SPLC 的技术扩散路径

3.3.4 基于专利数据的核心企业分析

专利引用网络能客观呈现某一技术领域的创新扩散情况，并能识别出扩散过程中的关键专利以及主要扩散路径。同时，基于该专利引用网络的数据，还可以提取各专利的专利权人信息，进而构建专利权人合作网络，由此更加高效地识别出该领域的核心企业。

为此，本书将基于1990～2015年手机芯片技术的专利数据，提取每项专利的专利权人信息，并以专利权人为网络节点，构建专利权人合作网络。由于"结构洞"能够衡量网络节点处于网络中心位置的程度，所以，本书采用"结构洞"来表征核心企业的中心程度。考虑到中介中心度数值高的节点往往具有控制资源的能力，本书将通过计算"中介中心度"来衡量结构洞，以此识别出扩散网络中的核心企业。

本书运用网络分析软件Ucinet基于三种中心度测度方法绘制出专利权人合作网络，具体如图3.11所示。从图3.11可见，爱立信TELF-C和高通公司QCOM-C是占据结构洞位置的最大的两个节点，表明它们是合作网络中最重要的两个企业。本书依据三种中心度生成的专利权人合作网络，分别计算各网络中的节点中心度，

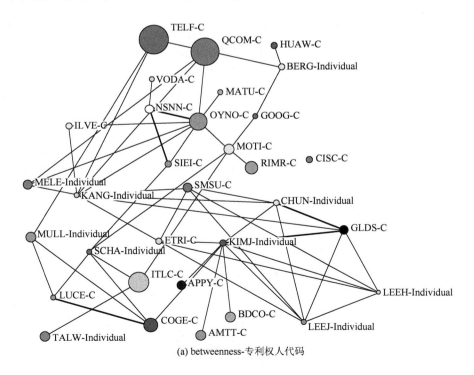

(a) betweenness-专利权人代码

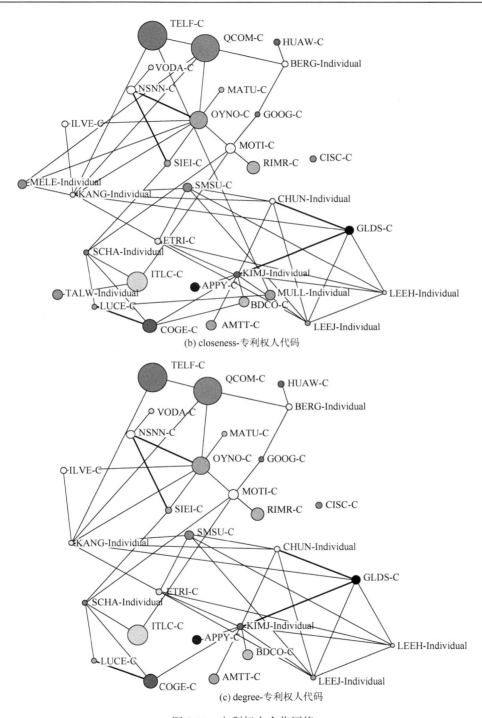

(b) closeness-专利权人代码

(c) degree-专利权人代码

图 3.11　专利权人合作网络

并分别选取各中心度数值排名在前 25 位的节点，具体信息详见表 3.3。在表 3.3 中，爱立信 TELF-C 的中介中心度最高，为 9.152；高通公司 QCOM-C 排名第二，它的中介中心度值是 7.666。由此可见，爱立信和高通公司是该技术领域的核心企业。随着技术发展的日益复杂化，核心企业之间不仅存在激烈的竞争关系，还逐渐呈现更密切的合作，以此寻求在资源、技术、市场上的互补作用，实现技术与市场的双赢。例如，爱立信与高通公司目前正在合作进行 5G 技术的研发；InterDigital 与华为公司在 2015 年之前一直在打专利战，到了 2016 年末却突然和解并宣布进行结盟合作，相互共享各自一部分技术专利。可见，核心企业之间建立高效稳定的竞合关系将为企业未来的发展战略提供新的方向。

表 3.3 专利合作权网络中心度 TOP25

专利权人	NrmDegree	nBetweenness	nCloseness
QCOM-C	0.246	7.666	0.097
GLDS-C	0.236	0.728	0.096
TELF-C	0.234	9.152	0.097
ITLC-C	0.182	5.416	0.097
BDCO-C	0.122	2.892	0.096
OYNO-C	0.119	5.456	0.096
CHEN-Individual	0.117	6.723	0.097
PARK-Individual	0.108	1.278	0.096
CHUN-Individual	0.104	0.199	0.096
RIMR-C	0.103	3.151	0.096
COGE-C	0.084	3.792	0.096
HANS-Individual	0.078	1.339	0.096
ZHAN-Individual	0.077	3.496	0.097
SMSU-C	0.077	1.364	0.096
CHOI-Individual	0.075	1.151	0.096
WANG-Individual	0.064	3.735	0.097
NSNN-C	0.064	1.307	0.096
YANG-Individual	0.062	1.977	0.096
KARA-Individual	0.061	0.363	0.096
KIMJ-Individual	0.058	1.242	0.096
APPY-C	0.054	1.748	0.096
AMTT-C	0.054	2.166	0.096
MOTI-C	0.051	3.073	0.096
CHAN-Individual	0.042	2.053	0.096
HUAW-C	0.038	1.042	0.096
SIEI-C	0.035	1.208	0.096
CISC-C	0.031	1.083	0.096

本 章 小 结

　　本章首先介绍了复杂网络理论的基本概念和基本模型，分析了制造业企业技术创新生态系统创新扩散的复杂网络特征，指出制造业企业技术创新生态系统的创新扩散具有无标度性。其次，在动态创新扩散过程模型的基础上，改变创新扩散者的初始比率、网络平均度、扩散系数等参数值，对创新扩散的范围和速度进行了仿真模拟。研究表明：创新扩散者初始比率越高，网络平均度越高，扩散系数越大，创新扩散速度越快，创新扩散范围越广。最后，基于手机芯片技术专利引用数据构建了专利引用网络，通过主路径分析方法，识别了手机芯片技术专利引用网络的技术扩散路径，通过专利权人合作网络识别出该领域的核心企业。

第 4 章　制造业企业技术创新生态系统创新
扩散动力研究

本章将基于王帮俊（2011）关于创新扩散动力的研究成果，结合第 2 章的理论基础，提出制造业企业技术创新生态系统创新扩散动力的相关假设，构建制造业企业技术创新生态系统的创新扩散动力模型，选择吉林省新能源汽车创新生态系统作为研究对象，实证检验并探讨各个动力要素与创新扩散效率之间的相关关系。

4.1　制造业企业技术创新生态系统创新扩散动力来源
及其动力要素分析

本书认同李金勇等（2015）对于创新扩散动力的定义，即创新扩散动力是导致扩散行为的最根本、最原始的动机。基于上述分析，本书进一步认为，制造业企业技术创新生态系统的创新扩散动力决定了技术创新成果的扩散速度和扩散范围，并且由于系统成员在系统中的角色和作用各异、参与扩散的目的不同，动力的表现形式也不尽相同。为此，本节旨在探索是什么原因抑或是哪些因素促使系统中各行为主体采纳技术创新成果，进而继续进行创新扩散。

通常，在新技术形成初期，扩散源企业为获得超额垄断利润，将设置种种障碍以阻止新技术扩散（Silveira，2001）。但是，扩散源企业如果对一项新技术实行全过程垄断，就必然面临着市场、财务方面的诸多风险。于是，扩散源企业又会适时推动新技术的扩散，例如，将处于衰退期的技术转移给其他企业以延长新技术的生命周期并获取超额利润。王帮俊（2011）将这类创新扩散初始者称为扩散源。从新技术采用角度，预期收益越高，企业越愿意采用新技术，从而推动创新扩散的进行。换言之，技术创新扩散的过程就是创新采用者不断递增的过程。这些采用者的创新采纳行为受某种或某些动力因素的诱导，它们通常既是创新采用者也是创新传播者，这类企业称为扩散宿。同时，王帮俊将技术创新成果本身称为扩散株，将创新扩散各要素赖以存在的内外部环境称为扩散域。

根据王帮俊的研究成果，创新扩散动力主要来源于作为创新成果的扩散株、作为扩散起点的扩散源、作为扩散行为主体的扩散宿，以及作为创新扩散各要素所在环境的扩散域。因此,本书将从这四个维度入手,对制造业企业技术创新生态系统创新扩散动力要素进行分析。

4.1.1　扩散株及其动力要素分析

1. 扩散株的定义

王帮俊借鉴传染病学和遗传学中对于病毒株的定义,将技术创新的产生与扩散类比于病毒株的产生与传播的过程,以扩散株表示处于扩散过程中、作为扩散研究对象的某项新的技术成果(苏斌,2008),因此扩散株具有 Rogers 定义的技术创新五项特征,即相对优势、复杂性、兼容性、可观察性与可试验性。

2. 扩散株动力要素分析

扩散株凭借自身的特征优势在制造业企业技术创新生态系统范围内形成的市场渗透作用是其扩散的前提与基础。从追求利益最大化的本质出发,扩散株的渗透性越强,对系统中潜在用户的吸引力越强,通过市场检验并得到系统成员认可的概率越大,扩散效率越高。这种渗透性来自系统成员对扩散株的感知优势,主要产生于扩散株优于已有技术的重叠度优势,以及扩散株区别于已有技术的进夺性优势。由此,本书认为,扩散株动力要素主要包括重叠度渗透力和进夺性渗透力。

其中,重叠度表现为扩散株在与系统成员的技术基础、过去经验、现有价值观、当前需求相互匹配的基础上,与已有技术在操作方式、功能特性、所含知识等方面的相似程度。因此,重叠度渗透力表现了因扩散株相似性而产生的渗透力。而进夺性在技术上表现为技术的先进性、适用性以及用户满意度;在经济上表现为利润收益的增长、生产成本的降低、生产效率的提高与市场份额的增加。因此,进夺性渗透力侧重于因扩散株特征优势而产生的渗透力。

4.1.2　扩散源及其动力要素分析

1. 扩散源的定义

扩散源是技术创新成果的供给者,也是创新扩散的起点,类似于传染病学中的初始病毒携带者。高等院校与科研机构是致力于科学技术发展的专门机构,是创新的发祥地,具有高度的技术创新热情。二者是技术创新成果的主要生产者,也是制造业企业技术创新生态系统当之无愧的扩散源。此外,有些制造业企业拥有内部研发部门,具备雄厚的技术基础与研发实力,也能够成为扩散源。

2. 扩散源动力要素分析

尽管在制造业企业技术创新生态系统中存在不同类型的扩散源，不同类型扩散源的利益诉求也存在差异，但无论企业、高等院校，还是科研机构作为初始扩散源，追根究底获取利润都是扩散源转让扩散株、进行创新扩散的直接动力。由此，本书认为，利润吸引力是扩散源的主要动力要素。

首先，当制造业企业作为扩散源时，技术创新成果形成初期的垄断利润、技术创新成果成熟期的转让利润等显性经济回报是扩散源进行创新扩散的直接动力。其次，当高等院校作为初始扩散源时，转让技术创新成果所获利润有利于高校提高教学水平、缓解办学资源紧缺的压力，由此推动高校进行创新扩散（黄海洋，2013）。最后，当科研机构作为初始扩散源时，其进行创新扩散的动机同时包含显性经济利润与隐性精神诉求。科研机构作为科学技术研究的专门机构，其与企业之间的技术合作、技术转让活动都是以加快科技成果转化为根本任务。而且，科研机构通过转让技术创新成果获取的经济回报，可以作为后续技术创新的科研经费。也就是说，转让技术创新成果的利润收益同样促成科研机构的创新扩散。

4.1.3　扩散宿及其动力要素分析

1. 扩散宿的定义

扩散宿类似于疾病传播过程中的宿主，是技术创新的接受方。扩散宿担当着接受与传递的双重任务，既是扩散行为的主体，也是扩散行为的客体。在扩散源向扩散宿传递扩散株的过程中，扩散宿主要进行技术创新成果的采用决策，此时扩散宿是扩散行为的客体，其主要任务是接受或拒绝扩散株。此时，若扩散宿决定接受扩散株，则转变为扩散源的一分子，将继续对下一级扩散宿产生影响。在扩散宿向下一级扩散宿传递扩散株的关系中，扩散宿是扩散行为的主体，其任务是对下一级扩散宿继续传递扩散株。对制造业企业技术创新生态系统而言，制造业企业是创新扩散的主要承担者，也是制造业企业技术创新生态系统的主要扩散宿。随着扩散株在制造业企业技术创新生态系统的逐步扩散，越来越多的制造业企业接受了扩散株，从而成为扩散宿，使扩散宿总数不断增长，直至稳定于某一水平，创新扩散过程得以最终完成。

2. 扩散宿动力要素分析

在制造业企业技术创新生态系统中，扩散宿主要通过企业家精神驱动力、预期收益驱动力、社会网络驱动力、市场竞争驱动力等四种力量产生对创新扩散的动力作用。第一，关于企业家精神驱动力。在熊彼特看来，企业家精神是技术创新的动力源泉，也是实现技术进步中创造性突破的智力基础。制造业企业的扩散行为受到企业家精神的主观驱动，因此，制造业企业技术创新生态系统的创新扩散离不开企业家精神的推动。第二，关于预期收益驱动力。这种预期产生于采用扩散株将为系统成员带来的利益和优势，可以表现为扩散株引致生产成本的降低、生产效率的提高，也可以是销售量的增长、市场份额的上升，还可能是通过接受扩散株而发现新机会、开辟新市场。因此，预期收益从心理上直接增强了系统成员的采用意愿，是推动制造业企业技术创新生态系统创新扩散的重要力量。第三，关于社会网络驱动力。依据 Hakansson（1987）的观点，制造业企业技术创新生态系统的社会网络是系统成员在主动或被动参与相关活动的过程中形成的所有关系的集合。社会网络是系统成员之间的联系纽带，既包括由长期合作发展而来的先赋性关系，又包括通过提供中间产品、资源要素、市场信息、项目合作、人员交流等方式产生的生成性关系；这些关系均促动系统成员的采用决策。第四，关于市场竞争驱动力。在制造业企业技术创新生态系统中，市场竞争压力主要产生于同质技术相互替代而造成的压力、竞争者间技术追赶造成的压力、产品自身更新换代造成的压力以及用户需求多样化造成的压力。

在上述动力中，企业家精神驱动力与预期收益驱动力产生于扩散宿的心理层面，是扩散宿接受并传播扩散株的主观驱动力；社会网络驱动力与市场竞争驱动力来源于扩散宿之间的互动作用，是扩散宿进行创新扩散的客观驱动力。

4.1.4　扩散域及其动力要素分析

1. 扩散域的定义

扩散域是指创新成果在扩散过程中所处的具体环境，它制约着扩散株的扩散轨迹与展开方向（周密，2009）。扩散株产生于技术领域，其扩散过程与扩散域之间存在一种动态的反馈机制，即扩散域对扩散株的扩散过程具有一定的影响与约束，扩散株唯有置身于具体的扩散域才能真正发挥现实作用。随着扩散宿范围不断扩大，扩散株被扩散宿接受，并得到适应性改进；与此同时，扩散株对扩散域也会产生潜移默化的影响，使之形成新的扩散源格局，继续作用于创新扩散过程。周而复始地，制造业企业技术创新生态系统的创新扩散就是在扩散株、扩散宿、扩散域的这种动态反馈机制的作用下不断延伸、扩大的。

2. 扩散域动力要素分析

扩散域使扩散株处于非均质的环境之中，制约着扩散株的扩散轨迹与展开方向（Norton and Bass，1987）。这种非均质性体现在政策环境、经济制度、市场环境、社会文化氛围、基础设施条件等与技术相关的方方面面（王志伟，2002）。鉴于此，本书认为，扩散域维度的创新扩散动力要素主要包括政策导向力、创新资源保障力和社会文化支撑力。

其中，政策导向力来源于政府层面为在制造业企业技术创新生态系统成员间推广新技术所作出的努力，包括税收优惠、补贴资助、宣传与倡导等宏观调控行为。创新资源保障力则来自制造业企业技术创新生态系统内部聚集的各类高素质人才、流动资金以及各类生产要素。人力、财力、物力的投入与富足程度是扩散株得以顺利扩散的前提与保障。社会文化支撑力是指制造业企业技术创新生态系统的社会氛围和文化价值观。大众创业、万众创新的众创氛围以及鼓励创新、提倡创新的社会文化价值观，为创新扩散营造了有利的外部环境，从根本上推动扩散株的扩散。

4.2　制造业企业技术创新生态系统创新扩散动力模型的理论框架构建

4.2.1　扩散株动力要素与创新扩散效率间关系的假设论述

1. 重叠度渗透力与创新扩散效率的关系假设

从技术的角度来看，新技术是在积累相关技术的相似技术知识、相似设计理念与操作方式的基础上，对已有技术进行综合与改进的再创造，因而与制造业企业技术创新生态系统的已有技术显然存在内在联系（吴锡英，2000）。这种内在联系保证了新技术与制造业企业技术创新生态系统的现行技术体系具备一定的匹配程度。这种内在联系越密切，新技术的重叠度则越高，其扩散效率也越高。

从企业的角度来看，制造业企业更倾向于采用与其自身的技术基础和需求结构相近的新技术。其原因在于以下两方面。第一，随着生产方式与技术构件的不断演进与完善，制造业企业被锁定于业已形成的技术体系，在选择和采用更先进、更现代化的新技术方面受到限制。换言之，新技术若不能与制造业企业技术创新生态系统的现行技术体系恰当地匹配，就注定难以迅速地融入整个系统之中（王志伟，2002）。因此，新技术的重叠度越高，越可能在系统内中获得较高的扩散效率。第二，重叠度为系统成员提供了一种共同理解和连接知识的方式，有助于制造业企业与高等院校、科研机构等系统成员的有效接洽，便于制造业企业尽快掌握新技术并将之运用于实际的生产经营活动中（Stale and Urpena，2008；李纲和刘益，2008）。同时，基于重叠度产生的共同认知使得新技术形成一定的市场需求规模（李太勇，2000），增强了系统成员的采用信心，降低了采用风险，因此加快了扩散速度（李煜华等，2012）。

综上所述,本书认为,扩散株的重叠度有利于提高其在制造业企业技术创新生态系统的扩散效率,并提出以下假设。

H1:重叠度渗透力与制造业企业技术创新生态系统的创新扩散效率正相关。

2. 进夺性渗透力与创新扩散效率的关系假设

万谦等(2006)研究发现,技术性能的显著提升可以促进创新产品的市场渗透。Dolfsma 和 Leydesdorff(2009)在关于新旧技术竞争与选择机制的研究中也得到相似结论,即新技术呈现较强的进夺性优势并得到系统成员的普遍认可时,终将打破系统成员锁定于成熟主导技术的僵局。由此可见,新技术的进夺性是决定新旧技术竞争强度的一个重要因素。它的存在和积累导致系统成员不得不继续使用制造业企业技术创新生态系统中的现行技术,维持了现行技术的主导地位,进而降低了扩散株在系统中的扩散效率(李先国和段祥昆,2011)。这种进夺性既体现为经济利益方面的显性成本,也体现为时间和精力上的隐性成本;其实质是系统成员感知到的各种实际成本,既有客观的经济成本,也有主观的心理成本(金晓彤等,2010)。若是在承担同等技术费用但采用新技术将可能获得更高收益的情况下,制造业企业怎会不采用扩散株?因此,扩散株的进夺性优势激励着制造业企业采用扩散株,即新技术的进夺性渗透力越强,越容易取得较高的扩散效率。基于此,本书提出以下假设。

H2:进夺性渗透力与制造业企业技术创新生态系统的创新扩散效率正相关。

4.2.2　扩散源动力要素与创新扩散效率间关系的假设论述

尽管作为扩散源的系统成员涉及制造业企业、高等院校和科研机构三类,但是推动其扩散新技术的动力均是转让新技术而获取的利润。刘满凤(2011)通过建立创新扩散动力成长上限基模、知识生产与搭便车者两败俱伤基模,分析了扩散源的利润与其技术创新成果扩散效率之间的关系。结果表明,制造业企业技术创新生态系统成员的搭便车行为越频繁,扩散源所获利润越低,扩散源进行创新扩散的动力越弱。其原因在于,搭便车行为可以让系统成员以非常低的成本使用扩散源的技术创新成果,或者以非常低的成本进行模仿创新;而这些均会导致扩散源的创新利润损失,导致其进行扩散的动力不足,抑制技术创新成果的扩散效率。因此,扩散源通常在技术创新成果引入期设置种种障碍以阻止其扩散(Silveira,2001),而在其向成长期、成熟期发展的后续过程中,新技术投资、产品收益、市场需求等诸多不确定性导致必然的扩散结果,因此采取相应的技术转让措施(Roshan and Viswanadham,2007)。

上述行为保证了扩散源能够同时获取技术创新成果的垄断利润和转让利润,

因此，本书认为，扩散源的垄断利润和转让利润积极作用于新技术的扩散，即利润吸引力越强，新技术的扩散效率越高。由此，本书提出以下假设。

H3：利润吸引力与制造业企业技术创新生态系统的创新扩散效率正相关。

4.2.3 扩散宿动力要素与创新扩散效率间关系的假设论述

1. 企业家精神驱动力与创新扩散效率的关系假设

区别于只顾盈利的普通商人和投机者，财富和利润只是企业家追求创新的部分动机，个人价值实现才是最突出的动机。如果将企业家的能力比喻为"术"，那么企业家精神就应该是"道"，道不通，则术不行（丁栋虹，2015）。Kontolaimou等（2015）以多个国家的实证结果证明，创新的企业家精神可以弥补技术与知识的差距，实现创新成果的商业化，并且能够促进引入阶段的快速扩散。由此可见，制造业企业采用新技术的决策，取决于企业家自身的创新意识及其对于技术创新的认可态度。丁栋虹（2015）指出，创新是企业家精神的灵魂，冒险是企业家精神的天性，学习是企业家精神的关键，合作是企业家精神的精髓。对制造业企业而言，创新采用是企业的一项风险决策；企业家精神表达了企业家对技术创新的意愿与看法，决定了不同企业在创新扩散上的不同表现（王俊峰和陈晓莉，2013）。因此，创新和冒险决定了制造业企业采用或拒绝新技术的决策结果，学习与合作驱动了制造业企业采用新技术的后续吸收和扩散行为。

鉴于此，本书认为，企业家精神在一定程度上直接驱动了新技术的扩散，并由此建立企业家精神驱动力与制造业企业技术创新生态系统的扩散效率间关系的研究假设。

H4：企业家精神驱动力与制造业企业技术创新生态系统的创新扩散效率正相关。

2. 预期收益驱动力与创新扩散效率的关系假设

所谓预期收益驱动力，是指在没有意外事件发生的前提下，制造业企业对采用新技术之后所有能产生的额外收入或节约成本的心理判断（郝祖涛，2014）。Arthur认为，随着引入市场的时间延长，新技术的市场地位不断上升，人们对它的信心会逐步加强，即人们更加相信该技术的使用范围会进一步扩大，市场地位会进一步巩固，从而也就更愿意接受它（布莱恩·阿瑟，2014）。Feder等研究显示，通常情况下，那些被认为回报率最高而风险最小的新技术推广和扩散速度最快。在制造业企业技术创新生态系统中，增加收入的需求引导着系统成员的技术选择行为，因此，系统成员倾向于采用提高产量、节约成本的新技术，这在客观上促进了新技术的扩散与普及（常向阳和韩园园，2014）。在当前市场经济条件下，追求预期收益最大化不只是企业扩大经营管理的基本目标，更是市场经济充满生机、保持活力的关键所在。新技术的采用必然受到经济利益方面的驱动，在现代社会中一项新技术如果未能使人们预期到某种程度的商业前景，将很难在社会中扩散（王志伟，2002）。

总而言之，出于对利益最大化的本能追求，系统成员对采用新技术的预期收益会对新技术的扩散效率产生一定的积极影响，即对新技术的预期收益越高，新技术的扩散效率也越高。因此，本书建立如下假设。

H5：预期收益驱动力与制造业企业技术创新生态系统的创新扩散效率正相关。

3. 社会网络驱动力与创新扩散效率的关系假设

社会网络对创新扩散的驱动作用产生于制造业企业技术创新生态系统的社会关系互动。首先，先赋性关系固有的亲缘性与信任感为创新扩散提供了得天独厚的利好条件。具有先赋性关系的系统成员彼此间认同感强，心理距离也近，在采用新技术时表现出一种从众心理（邝浩源，2013）。因此，社会网络拉近了系统成员之间的心理距离，使系统成员易于彼此亲近与信任，并引导其形成相似的心理取向，最终致使制造业企业技术创新生态系统的创新扩散呈现出成功或者失败的两极分化结果。其次，制造业企业技术创新生态系统的社会网络有利于形成生成性关系，达成系统内部的技术合作。以先赋性关系为基础、以制造业企业技术创新生态系统为边界的生成性关系为合作增添了一层信任保障。这种生成性关系较一般合作关系具有更强的人际信任与互惠意识，有利于系统成员之间的学习和交流，使其共享与传递新技术的意愿更加强烈。同时，生成性关系还能为潜在用户提供技术和信息等方面的资源支持，驱动新技术的迅速扩散。邝浩源（2013）在基于社交网络的农业创新扩散研究中指出，社交网络有利于农户之间的合作和彼此信任，为农业新技术的扩散提供技术、资金及信息等支持，同时网络成员依托社交网络关系互相介绍经验性技术，提供资金支持，传递技术信息和市场信息，有效节省了农业创新成果扩散的时间与费用。最后，先赋性关系和生成性关系的作用及互动聚集了丰富的创新资源，有利于系统内部形成内在互补与效用相依的关系（赵良杰等，2012），不断放大内部合作的交互作用。制造业企业技术创新生态系统的成员共同参与资源的汇集和传递，有利于缩短其接受扩散株的时滞，实现技术知识及经济能力的积累与反馈，推动制造业企业技术创新生态系统中资源和要素的流动，提高创新扩散效率。

总而言之，社会网络就像一块强力磁铁，使制造业企业技术创新生态系统内部的联系更加紧密，对系统成员产生一定的"提示作用"，使其更敏锐地感知扩散株的存在，进而更直接、更迅速地接受创新成果。同时，社会网络吸引了系统内部一切有利于创新扩散的资源与要素，并通过其流动达到提高扩散效率的目的。由此，本书提出以下假设。

H6：社会网络驱动力与制造业企业技术创新生态系统的创新扩散效率正相关。

4. 市场竞争驱动力与创新扩散效率的关系假设

特定区域中市场竞争的规模、程度与技术创新的采用率正相关，即竞争强度较高的市场会促使扩散宿主动吸纳扩散株（周密，2009），这表明市场竞争加剧时，新技术扩散的速度明显加快，显示出市场竞争压力对技术创新成果的扩散具有强烈的牵引作用（邝浩源，2013）。究其原因，市场竞争强度较高意味着某段时间内制造业企业技术创新生态系统中聚集着大量提供同质性产品或技术解决方案的制造业企业，它们针对相同的目标客户展开激烈竞争，并期望通过产品与技术的升级换代，不断提升自身的核心竞争能力来维系、甚至提高自己的市场份额。闫振宇（2007）指出，企业作为自主经营、自负盈亏的经济实体，在市场竞争中，如果放弃了对新技术的采用，不谋求技术上的优势，可能会面临破产倒闭的危险。换言之，在一种新技术的扩散中，该技术不仅承受来自竞争者的竞争压力，而且对其本身也有不断升级的要求。由此，本书认为，制造业企业技术创新生态系统范围内同质技术相互替代造成的压力、竞争对手造成的技术追赶压力、自身技术升级造成的技术压力均会转化为系统成员采用新技术的动力，使其保持高度的创新敏感性，以顺利地感知并采用新技术。可见，制造业企业间的竞争互动能显著影响创新扩散的最终成败（张诚和林晓，2009）。制造业企业技术创新生态系统内部的竞争氛围会迫使制造业企业主动采用新技术，以实现技术与产品升级，争取市场竞争中的优势地位。因此，本书提出如下的研究假设。

H7：市场竞争驱动力与制造业企业技术创新生态系统的创新扩散效率正相关。

4.2.4 扩散域动力要素与创新扩散效率间关系的假设论述

1. 政策导向力与创新扩散效率的关系假设

在现代社会的发展过程中，政府为了实现经济发展、技术进步等战略目标，利用其行政力量对科学技术的发展方向和速度进行调控的能力日益增强。周琴（2012）在新能源汽车扩散动力的研究中指出，政府强有力的支持和推动是实现新能源汽车技术突破的关键力量，更是实现新能源汽车产业化的根本原因。文章一并列举了国外支持新能源汽车扩散的具体政策，如激励性的财税政策、强制性的技术法规、综合性的交通管理措施、基础研究和运行实验的扶持和资助等。Erdem

等（2010）指出，新技术的产业化过程与其扩散过程是相辅相成的；并以美国和日本的成功经验说明，政府的支持和补贴是加速新技术产业化发展的重要力量，也将最终促使新技术大规模走向市场。Lopolito 等（2013）认为，政府的政策活动有利于形成关于新技术的广泛共识，引导新技术的发明和扩散，从根本上刺激了新旧技术的转换，促进了新技术的有效扩散以及创新资源的有效利用。不难看出，积极的政府干预措施发挥了保驾护航的作用，保证新技术在引入制造业企业技术创新生态系统的初期能够顺利扩散，是新技术顺利扩散的决定性因素。此外，政策导向规划下的技术创新成果扩散会冲击系统内部的既定利益格局，此时迎合政策趋势的系统成员将获得更大收益，从而更加拥护相关政策的实施，并竭力促成新技术的扩散。

综上所述，本书认为，政策导向在制造业企业技术创新生态系统中技术创新成果的扩散过程中发挥了风向标作用，积极地影响着新技术的扩散，并由此建立如下假设。

H8：政策导向力与制造业企业技术创新生态系统的创新扩散效率正相关。

2. 创新资源保障力与创新扩散效率的关系假设

人力、财力、物力等创新资源的投入是保障制造业企业技术创新生态系统中技术创新成果得以顺畅扩散的重要力量。充裕的创新资源是制造业企业技术创新生态系统中技术创新成果扩散的保障，创新资源不足则必定制约技术扩散。

首先，系统成员必须依靠各类高素质人才对新技术进行消化、吸收。扩散株的发现与甄别、市场机会的辨别与把握、对系统外部资源的选择、消化与吸收、试验与制造、市场与创新管理等技术创新的众多环节，都离不开高素质人才的专业技术与创新意识。因此，人力资源的素质水平与创新扩散的有效性直接相关。

其次，新技术的扩散还需要足够的资金投入于技术开发、购买必要的生产设备。资金短缺且难以通过有效途径筹集到所需资金，经常是制造业企业在创新扩散过程中需要面对的关键问题，这不可避免地制约了制造业企业的创新扩散行为（Derwisch et al.，2016）。由此可见，资金是技术创新成果扩散的命脉，稳定的资金供给是系统成员采用新技术的前提，有助于分散其采用新技术的风险。

最后，物质资源是创新扩散的硬件，包括新技术采用所需的基础设施、科研设备、研发仪器等。Weila 等（2014）以美国生物燃料市场为例，分析资源投入对生物燃料扩散的影响。研究指出，生物燃料生产能力的投资力度制约着新技术的扩散效率。可见，满足系统成员对各种生产资源的物质需求，是实现技术创新成果成功扩散的基础性条件。

鉴于此，本书认为，人力、财力、物力等创新资源的投入与富足程度与制造业企业技术创新生态系统的扩散效率具有正相关关系，进而得到如下假设。

H9：创新资源保障力与制造业企业技术创新生态系统中新技术的扩散效率正相关。

3. 社会文化支撑力与创新扩散效率的关系假设

社会文化可谓新技术扎根的土壤环境，为将要扩散的新技术提供相应的外在支持。制造业企业技术创新生态系统的社会文化环境主要通过两条路径推动新技术的扩散，一是通过行为导向和社会整合功能，直接影响系统成员的思想和行为模式；二是通过传递与创造文化的功能，间接影响潜在用户的思想和行为模式（赵永杰，2011）。以日本的枪炮制作技术为例，日本早在 16 世纪就已经具备了完善的枪炮制作技术，其拥有的枪炮数量也堪称世界第一；但到了 17、18 世纪，日本又重新回到了以剑为基本武器的时代；直到 19 世纪中叶，迫于西方列强的攻势才重新开始制造枪炮。这一段发展经历与日本文化中的武士道精神具有某种关联。可见，特定的社会文化环境决定着新技术的扩散轨迹和现状。此外，制造业企业技术创新生态系统的社会文化体系中包含的价值观、信仰等，也在一定程度上影响着创新扩散的过程。多元化、包容性强和崇尚创新的社会文化环境有利于新技术的产生与扩散（刘新艳和秦政强，2010）。这意味着，立足于制造业企业技术创新生态系统，一个不断更新的社会文化环境可以成为创新扩散的重要动力；相反，一个守旧、僵化甚至抵制创新的社会文化环境则会成为创新扩散的阻力（Danaher et al.，2001）。基于此，本书提出社会文化支撑力与创新扩散的相关假设。

H10：社会文化支撑力与制造业企业技术创新生态系统的创新扩散效率正相关。

4.2.5　创新扩散效率分析

本书分别运用物理学中力的作用下的运动定律、压强定律来类比分析创新扩散动力的作用速度、作用幅度，力求找到创新扩散动力的物理学解释。

一方面，从创新扩散的时间展开原理来看，创新扩散是扩散株的渗透运动。依据经典牛顿力学定律，本书将扩散株抽象理解为运动的质点，则扩散株在创新扩散动力的作用下发生受力运动，见式（4.1）。

$$F = m \cdot a \tag{4.1}$$

式中，F 表示创新扩散动力；m 表示扩散株的渗透性；a 表示创新扩散动力作用下扩散株在制造业企业技术创新生态系统中扩散速度的变化。由此表明，新技术的扩散是新技术在制造业企业技术创新生态系统内部的受力运动，扩散速度用来衡量创新扩散动力作用下新技术的扩散效率。对新技术而言，扩散速度决定其能否迅速占领市场。因此，本书认为，新技术的扩散效率与扩散速度之间具有正相关关系。由此根据 H1～H10 中动力要素与扩散效率之间关系的假设，进一步推导出四维度多元动力要素与扩散速度的正相关关系，提出如下假设。

H（a）：新技术的扩散效率与扩散速度呈正相关关系。

H1（a）：重叠度渗透力与扩散速度呈正相关关系。

H2（a）：进夺性渗透力与扩散速度呈正相关关系。

H3（a）：利润吸引力与扩散速度呈正相关关系。

H4（a）：企业家精神驱动力与扩散速度呈正相关关系。

H5（a）：预期收益驱动力与扩散速度呈正相关关系。

H6（a）：社会网络驱动力与扩散速度呈正相关关系。

H7（a）：市场竞争驱动力与扩散速度呈正相关关系。

H8（a）：政策导向力与扩散速度呈正相关关系。

H9（a）：创新资源保障力与扩散速度呈正相关关系。

H10（a）：社会文化支撑力与扩散速度呈正相关关系。

另一方面，从创新扩散的空间展开原理来看，创新扩散是由点到面的扩张。根据弹性力学的理论观点，一般来说，物体受到外力作用将会产生形变，并以单位面积承受压力的大小来比较压力产生的效果，见式（4.2）。如果将创新扩散抽象理解为技术创新成果因受力而产生的扩散效果，那么创新扩散动力产生了扩散幅度的变化。

$$P = F / S \qquad (4.2)$$

式中，P 表示扩散株的渗透性；F 表示创新扩散动力；S 表示创新扩散动力作用下的扩散范围，是指扩散株受创新扩散动力作用而产生的扩散幅度。那么这就意味着，扩散幅度的变化反映了创新扩散效率的变化。换言之，某一扩散株的扩散幅度与其所受创新扩散动力呈正相关关系，即创新扩散动力越强，扩散效率越高，扩散幅度则越大，由此本书引申出如下假设。

H（b）：新技术的扩散效率与扩散幅度呈正相关关系。

H1（b）：重叠度渗透力与扩散幅度呈正相关关系。

H2（b）：进夺性渗透力与扩散幅度呈正相关关系。

H3（b）：利润吸引力与扩散幅度呈正相关关系。

H4（b）：企业家精神驱动力与扩散幅度呈正相关关系。

H5（b）：预期收益驱动力与扩散幅度呈正相关关系。

H6（b）：社会网络驱动力与扩散幅度呈正相关关系。

H7（b）：市场竞争驱动力与扩散幅度呈正相关关系。

H8（b）：政策导向力与扩散幅度呈正相关关系。

H9（b）：创新资源保障力与扩散幅度呈正相关关系。

H10（b）：社会文化支撑力与扩散幅度呈正相关关系。

4.3　操作性定义与问卷调查

4.3.1　量表的操作性定义

开展问卷调查的宗旨是为决策者提供管理决策所需的信息，因此问卷设计者必须透彻了解调研项目的研究目的和研究方案，参考能够获得的全部相关信息资料，合理规划问卷结构并拟出量表题项。因此，一份设计成功的问卷，应从实际出发拟题，调研重点突出，涉及题项具有指向性，题项排序具有内在逻辑联系，符合答题者思维方式。

在对国内外学者的相关研究成果进行整理与汇总的基础上，根据前述研究假设与理论框架，本书对扩散株动力、扩散源动力、扩散宿动力、扩散域动力等四维度动力要素进行操作性定义，围绕本书的研究目的和实际情境对所列题项进行适应性调整，结合创新扩散动力的现实表现形式与对应的时空特征，最终形成各研究变量的调查量表。

关于潜变量扩散株动力的测量，其量表涉及重叠度渗透力与进夺性渗透力等 2 个观测变量，各含 3 个题项。关于潜变量扩散源动力的测量，其量表涉及利润吸引力 1 个观测变量，设置 3 个题项。关于潜变量扩散宿动力的测量，其量表包括企业家精神驱动力、预期收益驱动力、社会网络驱动力及市场竞争驱动力等 4 个观测变量，共计 18 个题项。关于潜变量扩散域动力的测量，其量表涉及政策导向力、创新资源保障力、社会文化支撑力等 3 个观测变量，共 8 个题项。关于潜变量扩散效率的测量则涉及扩散速度与扩散幅度 2 个观测变量，共计 5 个题项。

表 4.1 列出了上述量表的具体题项内容及参考的成熟量表。题项均采用通用的 Likert 五级评分形式，其中"1"代表影响很小，"5"代表影响很大。

表 4.1　创新扩散动力要素的题项及参考来源

题项	参考来源
重叠度渗透力 A_1 　A_{11} 新旧技术操作方式的相似程度 　A_{12} 新旧技术功能特性的相似程度 　A_{13} 新旧技术所含技术知识的相似程度	Stale 和 Urpena（2008） 李纲和刘益（2008）

题项	参考来源
进夺性渗透力 A_2 A_{21} 新技术的学习成本 A_{22} 新技术的信息搜寻和评估成本 A_{23} 新技术的建置成本	李先国和段祥昆（2011） 金晓彤等（2010）
利润吸引力 B_1 B_{11} 垄断新技术而获得的市场占有率 B_{12} 垄断新技术而获得的超额利润 B_{13} 转让新技术而获得的超额利润	Silveira（2001） 刘满凤（2011）
企业家精神驱动力 C_1 C_{11} 企业高层领导表现出强烈的创新欲望 C_{12} 企业高层领导表现出强烈的新技术投资意愿 C_{13} 企业高层领导敏锐地感知到创新和科技发明 C_{14} 企业高层领导勇于面对不确定性与风险 C_{15} 企业高层领导支持企业的创新活动	王俊峰和陈晓莉（2013） Kontolaimou 等（2015）
预期收益驱动力 C_2 C_{21} 利润收益预期 C_{22} 市场份额预期 C_{23} 生产成本预期 C_{24} 生产效率预期	郝祖涛（2014）
社会网络驱动力 C_3 C_{31} 企业与供应链上下游之间的联系 C_{32} 企业与其他系统成员之间的经验交流 C_{33} 企业与其他系统成员之间的资源交换 C_{34} 企业与其他系统成员之间的技术合作	邝浩源（2013） 郝祖涛（2014）
市场竞争驱动力 C_4 C_{41} 同质技术的替代型竞争压力 C_{42} 技术追赶型竞争压力 C_{43} 产品升级型竞争压力 C_{44} 满足多样化需求的市场变化型竞争压力	张诚和林晓（2009）
政策导向力 D_1 D_{11} 政府层面的税收优惠 D_{12} 政府层面的补贴资助 D_{13} 政府层面的宣传与倡导	冯云生和李建昌（2012） 段存广和赖小东（2012）

续表

题项	参考来源
创新资源保障力 D_2 　　D_{21} 大量的高素质人才 　　D_{22} 丰富的各类生产要素 　　D_{23} 充足的活动资金	冯云生和李建昌（2012） 段存广和赖小东（2012）
社会文化支撑力 D_3 　　D_{31} 大众创业、万众创新的众创氛围 　　D_{32} 鼓励创新、提倡创新的社会文化价值观	冯云生和李建昌（2012） 段存广和赖小东（2012）
扩散效率——扩散速度 Y_1 　　Y_{11} 新技术的市场化速度较快 　　Y_{12} 采用新技术的产品产值增长迅速	周密（2009）
扩散效率——扩散幅度 Y_2 　　Y_{21} 采用新技术的企业数量随着新技术的推广而增加 　　Y_{22} 采用新技术的产品具有较高的市场占有率 　　Y_{23} 采用新技术的产品具有较高的用户接受度	周密（2009）

4.3.2　数据收集与描述性统计分析

综合考虑研究对象特征、实际运行情况以及调研可行性等多方面因素，本书选取吉林省新能源汽车制造企业技术创新生态系统作为研究对象。近年来，吉林省新能源汽车产业凭借雄厚的技术基础和卓越的科研能力，在不断的演化发展中形成了成熟稳定的创新生态系统。该创新生态系统中既有贯穿供应链的纵向合作，又有迈向国际的横向合作，呈现稳定的发展态势，符合本书涉及的变量特征。

本书综合采用了二手数据、非正式交流、电话访谈、实地调研和问卷调查等多种方式以获得真实有效的数据。首先通过统计数据、互联网、文献资料等途径初步确定吉林省新能源汽车制造业企业技术创新生态系统的主要成员；其次根据国家知识产权局公布的专利数据进一步挖掘吉林省新能源汽车制造业企业技术创新生态系统中以专利形式联系、非正式合作的系统成员；最后对上述涉及的成员企业开展非正式交流、电话访谈、实地调研和问卷发放，并对其创新生态系统现状形成基本的判断。研究期间共发放问卷 380 份，回收有效问卷 305 份，回收有效率为 80.26%。其中，通过现场填写和电话访谈完成问卷 60 份，有效回收 49 份；通过校友和 MBA（master of business administration）学员发放问卷 120 份，有效回收 103 份；通过互联网等线上调查网站发放问卷 200 份，有效回收 153 份。从图 4.1～图 4.3 可以看出，被调查企业的性质类别、规模与所处发展阶段的分布较为合理，保证了问卷调查的代表性和有效性。

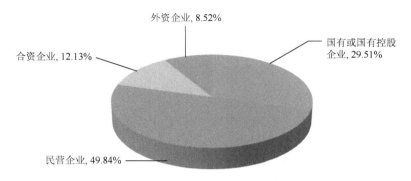

图 4.1　企业性质

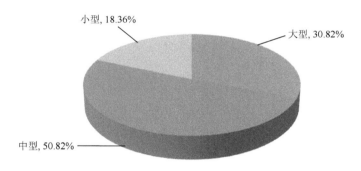

图 4.2　企业规模

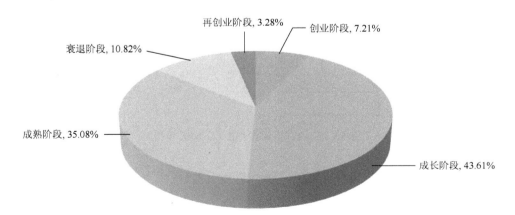

图 4.3　企业所处阶段

4.3.3　信度效度检验

1. 验证性因子分析与效度分析

效度检验包含两层意义，一是检验量表能否测量所需研究的潜变量，而非其他无关变量；二是检验量表能否正确测量所需研究的潜变量。不难看出，效度是正确性的问题。

本书首先根据上述量表的题项，采用 AMOS 17.0 建立测量模型，完成验证性因子分析。测量模型分析所验证的是假设模型的内在模型适配度，主要评估观测变量和潜变量的信度与效度。为此，本书建立了图 4.4～图 4.8 所示的测量模型。

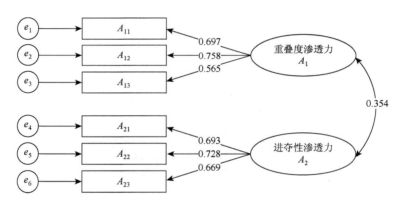

图 4.4　扩散株维度动力要素的测量模型

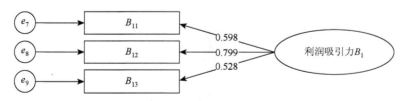

图 4.5　扩散源维度动力要素的测量模型

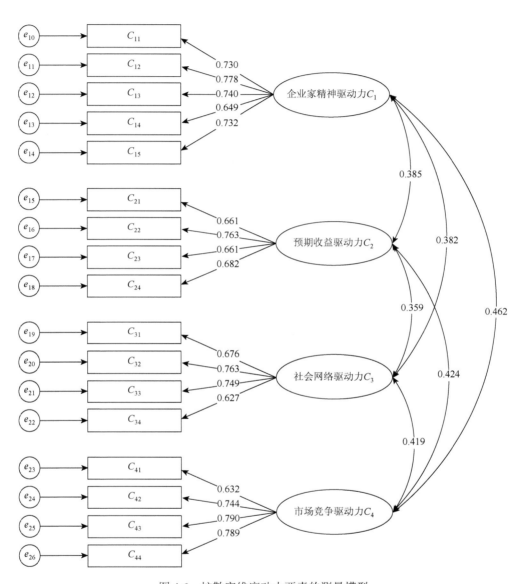

图 4.6　扩散宿维度动力要素的测量模型

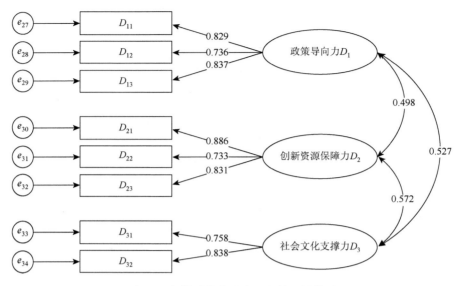

图 4.7　扩散域维度动力要素的测量模型

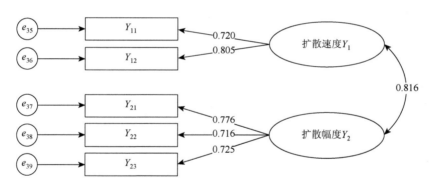

图 4.8　扩散效率的测量模型

适配度指标用于评价假设模型与实际数据的一致性程度。本书主要选取了 RMSEA、GFI、NFI 等适配度指标对模型适配程度进行判断，具体见表 4.2。可见，各模型对应的适配度指标数据满足适配标准，表明上述扩散株、扩散源、扩散宿、扩散域动力的测量模型与数据具有较高契合度。

表 4.2　验证性因子分析的适配度指标

指标名称		适配标准	扩散株	扩散源	扩散宿	扩散域	扩散效率
绝对适配度指标	RMSEA	<0.08	0.058	0.048	0.024	0.000	0.072
	GFI	>0.9	0.987	0.978	0.962	0.992	0.990

续表

指标名称		适配标准	扩散株	扩散源	扩散宿	扩散域	扩散效率
增值适配度指标	NFI	>0.9	0.978	0.966	0.965	0.993	0.985
	RFI	>0.9	0.945	0.941	0.946	0.984	0.950
简约适配度指标	χ^2/df	<3	2.036	1.701	1.179	0.752	2.570
	critical N	>200	314	294	325	696	309

其次，本书运用 SPSS 19.0 进行 KMO 和 Bartlett 球型检验，具体结果如表 4.3 所示。可以看到，所有观测变量的因子载荷及 KMO 值均在 0.5 以上，并且通过了 Bartlett 球型检验。上述结果表明，本书所构建的量表具有良好的效度水平，所涉及的观测变量能有效反映出其测量的潜变量。

表 4.3　效度分析结果

创新扩散动力要素	变量	因子载荷	KMO	Bartlett 球型检验卡方值	显著性水平
重叠度渗透力 A_1	A_{11}	0.697	0.677	186.914	0.000
	A_{12}	0.758			
	A_{13}	0.565			
进夺性渗透力 A_2	A_{21}	0.693	0.673	192.557	0.000
	A_{22}	0.728			
	A_{23}	0.669			
利润吸引力 B_1	B_{11}	0.598	0.638	143.806	0.000
	B_{12}	0.799			
	B_{13}	0.528			
企业家精神驱动力 C_1	C_{11}	0.743	0.843	618.396	0.000
	C_{12}	0.779			
	C_{13}	0.763			
	C_{14}	0.628			
	C_{15}	0.724			
预期收益驱动力 C_2	C_{21}	0.646	0.725	326.741	0.000
	C_{22}	0.766			
	C_{23}	0.632			
	C_{24}	0.649			
社会网络驱动力 C_3	C_{31}	0.725	0.741	414.460	0.000
	C_{32}	0.765			
	C_{33}	0.788			
	C_{34}	0.646			

续表

创新扩散动力要素	变量	因子载荷	KMO	Bartlett 球型检验卡方值	显著性水平
市场竞争驱动力 C_4	C_{41}	0.663	0.781	424.565	0.000
	C_{42}	0.726			
	C_{43}	0.763			
	C_{44}	0.788			
政策导向力 D_1	D_{11}	0.829	0.711	309.929	0.000
	D_{12}	0.736			
	D_{13}	0.837			
创新资源保障力 D_2	D_{21}	0.886	0.715	331.704	0.000
	D_{22}	0.733			
	D_{23}	0.831			
社会文化支撑力 D_3	D_{31}	0.758	0.500	151.328	0.000
	D_{32}	0.838			
扩散速度 Y_1	Y_{11}	0.720	0.500	123.834	0.000
	Y_{12}	0.805			
扩散幅度 Y_2	Y_{21}	0.776	0.624	209.686	0.000
	Y_{22}	0.716			
	Y_{23}	0.725			

2. 信度分析

若用某一量表测量某一潜变量，测量值不因形式或时间的变化而有所改变，则称这个量表具有信度。因此，信度是一致性的问题。

任何测量值都包括实际值与误差值两部分，信度越高，其误差值越低。学者普遍认为，信度系数 Cronbach's α 值在 0.90 以上是最佳的，0.80 附近是非常好的，0.70 附近则是适中的，0.50 以上是最小可以接受的范围；若信度低于 0.50，则表示有一半以上的观察变异来自于随机误差，此时的信度不足，最好不接受。

除了个别观测变量的 Cronbach's α 值，尚需检验潜变量的组合信度。组合信度用于评价潜变量的观测变量之间的一致性程度，是模型内在质量的判别准备；组合信度高，表示观测变量间具有较高的内在关联度。相关研究显示，当量表包含多个分量表或子维度时，用 Cronbach's α 系数计算信度并不合适，在验证性因子分析框架下可以采用更合适的组合信度计算内部一致性信度（见式（4-3）），且组合信度的要求相对较高，最好在 0.6 以上，此时认为模型的内在质量理想。组合信度的计算公式如下：

$$\alpha_{CR} = \frac{\left(\sum \lambda\right)^2}{\left[\left(\sum \lambda\right)^2 + \sum \theta_{ij}\right]} \qquad (4.3)$$

式中，α_{CR} 表示潜变量的组合信度；λ 表示标准化路径系数；θ_{ij} 表示测量误差方差。

通过上述公式计算出各个潜变量的组合信度，结果如表 4.4 所示。可以看出，观测变量的 Cronbach's α 值均在 0.6 以上，且各个潜变量的组合信度也全部高于 0.6。因此，上述量表具有良好的信度水平，模型的内在质量理想。

表 4.4　问卷的信度

动力要素	题项数	Cronbach's α 值	组合信度
重叠度渗透力 A_1	3	0.727	0.716
进夺性渗透力 A_2	3	0.730	0.739
利润吸引力 B_1	3	0.672	0.682
企业家精神驱动力 C_1	5	0.853	0.850
预期收益驱动力 C_2	4	0.767	0.769
社会网络驱动力 C_3	4	0.804	0.822
市场竞争驱动力 C_4	4	0.813	0.825
政策导向力 D_1	3	0.813	0.843
创新资源保障力 D_2	3	0.824	0.859
社会文化支撑力 D_3	2	0.771	0.779
扩散速度 Y_1	2	0.734	0.736
扩散幅度 Y_2	3	0.727	0.783

4.4　假 设 检 验

4.4.1　模型构建

根据前述理论推导与量表测量，本书运用 AMOS 17.0 对变量间关系进行分析。首先，建立各潜变量的饱和模型，即在重叠度渗透力 A_1、进夺性渗透力 A_2、利润吸引力 B_1、企业家精神驱动力 C_1、预期收益驱动力 C_2、社会网络驱动力 C_3、市场竞争驱动力 C_4、政策导向力 D_1、创新资源保障力 D_2、社会文化支撑力 D_3 与扩散速度 Y_1、扩散幅度 Y_2 之间建立两两的因果路径（图 4.9），以检验各动力要素与扩散速度、扩散幅度之间的正相关关系。

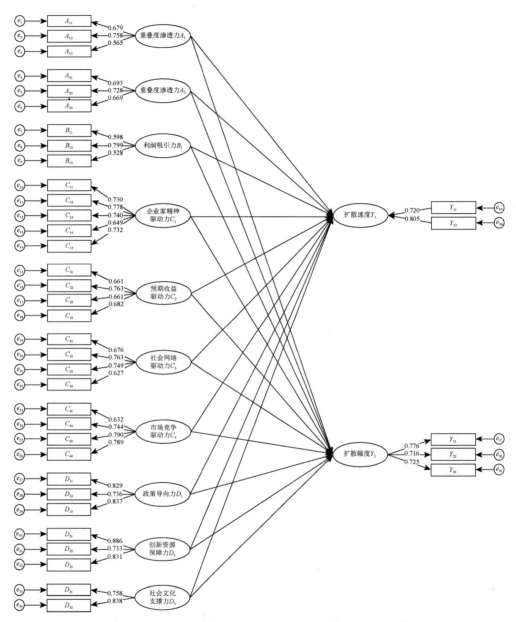

图 4.9　制造业企业技术创新生态系统创新扩散动力的假设模型

该假设模型的自由度为 684，整体适配的卡方值为 4018.166，卡方自由度比为 5.875，卡方检验的显著性概率值为 0，达到显著水平，拒绝虚无假设，表明假设模型与数据拟合不够理想。进一步考察其他适配度指标，RMSEA = 0.127，大于 0.08；GFI = 0.441，NFI = 0.480，RFI = 0.436，IFI = 0.526，CFI = 0.522，均小于 0.9；样本临界值为 57，小于建议值 200。上述各项指标均未达到适配标准，因此，尽管假设模型可以识别，但此时模型适配度不高，无法反映实际样本的性质，需要进行模型修正，以改善模型适配度。

4.4.2　模型修正与路径分析

从表 4.5 所示的路径系数估计结果可以看出，假设模型中共有 20 条待估计的因果路径，其中 6 条因果路径的系数未通过统计意义的显著性检验，因此，需对初始假设模型进行限制性修正，释放上述不显著的因果路径，即删除"进夺性渗透力 $A_2 \rightarrow$ 扩散速度 Y_1""企业家精神驱动力 $C_1 \rightarrow$ 扩散速度 Y_1""市场竞争驱动力 $C_4 \rightarrow$ 扩散速度 Y_1""政策导向力 $D_1 \rightarrow$ 扩散速度 Y_1""预期收益驱动力 $C_2 \rightarrow$ 扩散幅度 Y_2""社会网络驱动力 $C_3 \rightarrow$ 扩散幅度 Y_2"等因果路径。

表 4.5　假设模型的参数估计结果

因果路径			标准化路径系数	显著性
重叠度渗透力 A_1	$\rightarrow$	扩散速度 Y_1	0.265	***
进夺性渗透力 A_2	$\rightarrow$	扩散速度 Y_1	0.061	0.303
利润吸引力 B_1	$\rightarrow$	扩散速度 Y_1	0.464	***
企业家精神驱动力 C_1	$\rightarrow$	扩散速度 Y_1	0.051	0.357
预期收益驱动力 C_2	$\rightarrow$	扩散速度 Y_1	0.192	0.001
社会网络驱动力 C_3	$\rightarrow$	扩散速度 Y_1	0.275	***
市场竞争驱动力 C_4	$\rightarrow$	扩散速度 Y_1	0.045	0.420
政策导向力 D_1	$\rightarrow$	扩散速度 Y_1	0.012	0.825
创新资源保障力 D_2	$\rightarrow$	扩散速度 Y_1	0.148	0.044
社会文化支撑力 D_3	$\rightarrow$	扩散速度 Y_1	0.764	***
重叠度渗透力 A_1	$\rightarrow$	扩散幅度 Y_2	0.327	***
进夺性渗透力 A_2	$\rightarrow$	扩散幅度 Y_2	0.221	0.018
利润吸引力 B_1	$\rightarrow$	扩散幅度 Y_2	0.316	***
企业家精神驱动力 C_1	$\rightarrow$	扩散幅度 Y_2	0.484	***
预期收益驱动力 C_2	$\rightarrow$	扩散幅度 Y_2	0.008	0.885
社会网络驱动力 C_3	$\rightarrow$	扩散幅度 Y_2	0.030	0.585
市场竞争驱动力 C_4	$\rightarrow$	扩散幅度 Y_2	0.362	***
政策导向力 D_1	$\rightarrow$	扩散幅度 Y_2	0.371	***
创新资源保障力 D_2	$\rightarrow$	扩散幅度 Y_2	0.120	0.032
社会文化支撑力 D_3	$\rightarrow$	扩散幅度 Y_2	0.628	***

*** 表示 $p < 0.001$

　　在此基础上，参照 M.I.修正指数，进一步进行模型修正，即对 M.I.修正指数大于 4 的修正指标从大到小逐一进行修正。根据数据运行结果，本书首先根据回归系数的 M.I.修正指数，对初始假设模型进行扩展性修正，即建立更多的因果路径。其次，根据协方差的 M.I.修正指数，依次建立外因或内因观测变量的误差方差的共变关系。经过多次修正，最终得到自由度为 557、卡方值为 593.884 的修正模型。此时修正模型的卡方自由度比等于 1.066，小于 3，未通过统计意义的卡方检验（$p = 0.135 > 0.05$），因此接受虚无假设，表示修正模型能够与实际数据契合。同时，如表 4.6 所示，模型适配度指标中，RMSEA = 0.015，小于 0.05；GFI = 0.914，NFI = 0.923，IFI = 0.995，CFI = 0.995，TLI = 0.993，均大于 0.9；PNFI = 0.694，PCFI = 0.748，均大于 0.6；critical N = 314，大于建议值 200，这些指标全部达到可接受标准，表明修正模型与实际数据十分适配。修正模型的最终因果路径、路径系数以及显著性水平如表 4.7 所示。

表 4.6　修正模型的适配度指标检验

指标名称	统计检验量	适配标准	检验结果	是否符合
绝对适配度指标	RMSEA	<0.08	0.015	是
	GFI	>0.9	0.914	是
增值适配度指标	NFI	>0.9	0.923	是
	CFI	>0.9	0.987	是
	IFI	>0.9	0.995	是
	CFI	>0.9	0.995	是
	TLI	>0.9	0.993	是
简约适配度指标	χ^2/df	<3	1.066	是
	critical N	>200	314	是
	PNFI	>0.6	0.694	是
	PCFI	>0.6	0.748	是

表 4.7　修正模型的参数估计结果与假设检验汇总

因果路径			标准化路径系数	显著性	假设
重叠度渗透力 A_1	→	扩散速度 Y_1	0.387	***	H1（a）成立
利润吸引力 B_1	→	扩散速度 Y_1	0.175	***	H3（a）成立
预期收益驱动力 C_2	→	扩散速度 Y_1	0.422	***	H5（a）成立
社会网络驱动力 C_3	→	扩散速度 Y_1	0.644	***	H6（a）成立
创新资源保障力 D_2	→	扩散速度 Y_1	0.452	0.023	H9（a）成立
社会文化支撑力 D_3	→	扩散速度 Y_1	0.357	***	H10（a）成立

续表

因果路径			标准化路径系数	显著性	假设
重叠度渗透力 A_1	→	扩散幅度 Y_2	0.173	0.001	H1（b）成立
进夺性渗透力 A_2	→	扩散幅度 Y_2	0.536	***	H2（b）成立
利润吸引力 B_1	→	扩散幅度 Y_2	0.239	0.006	H3（b）成立
企业家精神驱动力 C_1	→	扩散幅度 Y_2	0.760	***	H4（b）成立
市场竞争驱动力 C_4	→	扩散幅度 Y_2	0.123	0.011	H7（b）成立
政策导向力 D_1	→	扩散幅度 Y_2	0.677	***	H8（b）成立
创新资源保障力 D_2	→	扩散幅度 Y_2	0.333	0.041	H9（b）成立
社会文化支撑力 D_3	→	扩散幅度 Y_2	0.615	0.003	H10（b）成立
	扩散幅度 Y_2	→ A_{13}	0.401	***	
	扩散幅度 Y_2	→ A_{21}	0.727	***	
	扩散幅度 Y_2	→ A_{22}	0.785	***	
	扩散幅度 Y_2	→ A_{23}	0.811	***	
	Y_2	→ B_{11}	0.582	***	
扩散幅度	Y_{21}	→ A_{11}	0.310	***	
	Y_{21}	→ A_{12}	0.237	***	
	Y_{23}	→ B_{12}	0.209	***	
	Y_{23}	→ C_{31}	−0.178	***	
重叠度渗透力 A_1	→	C_{31}	−0.197	0.004	
重叠度渗透力 A_1	→	C_{33}	0.187	***	
	A_1	→ C_{34}	0.259	***	
	A_{21}	→ A_{13}	0.217	***	
	A_{23}	→ A_{11}	0.131	0.008	
重叠度渗透力	A_{22}	→ C_{24}	0.219	***	
	A_{23}	→ C_{22}	0.128	0.018	
	B_{12}	→ A_{13}	0.200	***	
	B_{13}	→ A_{11}	0.291	***	
	C_1	→ D_{11}	0.707	***	
	C_{13}	→ C_{41}	0.237	***	
企业家精神驱动力	C_{13}	→ D_{13}	0.289	***	
	C_{14}	→ C_{24}	0.580	***	
	C_{15}	→ C_{42}	0.159	0.004	
社会网络驱动力	C_3	→ D_{21}	0.734	***	
	C_{32}	→ C_{42}	0.641	***	

续表

因果路径			标准化路径系数	显著性	假设
	C_{32}	$\rightarrow$ D_{31}	0.154	0.001	
	C_{33}	$\rightarrow$ C_{43}	0.770	***	
	C_{33}	$\rightarrow$ D_{22}	0.786	***	
社会网络驱动力	C_{33}	$\rightarrow$ D_{32}	0.178	***	
	C_{34}	$\rightarrow$ C_{41}	0.343	***	
	C_{34}	$\rightarrow$ C_{44}	0.115	0.025	
	C_{34}	$\rightarrow$ D_{23}	0.145	0.004	
	C_{34}	$\rightarrow$ D_{31}	0.204	***	
	C_4	$\rightarrow$ A_{13}	−0.138	0.010	
	C_{43}	$\rightarrow$ A_{12}	0.174	0.001	
	D_{11}	$\rightarrow$ A_{12}	0.381	***	
市场竞争驱动力	D_{13}	$\rightarrow$ A_{11}	0.157	0.001	
	D_{21}	$\rightarrow$ D_{31}	0.279	***	
	D_{21}	$\rightarrow$ D_{32}	0.475	***	
	D_{23}	$\rightarrow$ D_{31}	0.196	***	
	A_1	$\rightarrow$ A_{21}	0.338	***	
重叠度渗透力	A_{22}	$\rightarrow$ C_{41}	0.141	0.004	
	A_{23}	$\rightarrow$ C_{11}	0.206	***	
	B_{11}	$\rightarrow$ D_{13}	0.109	0.009	
	C_1	$\rightarrow$ B_{13}	0.589	***	
企业家精神驱动力	C_{11}	$\rightarrow$ D_{32}	0.180	***	
	C_{12}	$\rightarrow$ D_{23}	0.782	***	
社会网络驱动力	C_3	$\rightarrow$ D_{12}	0.593	***	
	C_{32}	$\rightarrow$ B_{12}	0.247	***	
市场竞争驱动力 C_4		$\rightarrow$ C_{11}	0.216	***	
市场竞争驱动力 C_4		$\rightarrow$ C_{24}	0.256	***	
	C_4	$\rightarrow$ Y_{23}	−0.193	0.001	
	C_{41}	$\rightarrow$ Y_{22}	0.123	0.011	
	C_{42}	$\rightarrow$ Y_{22}	−0.185	***	
市场竞争驱动力	D_{11}	$\rightarrow$ C_{44}	0.805	***	
	D_{13}	$\rightarrow$ A_{21}	0.120	0.020	
	D_{13}	$\rightarrow$ C_{15}	0.188	***	
	D_{21}	$\rightarrow$ D_{13}	0.387	***	

因果路径			标准化路径系数	显著性	假设
社会文化支撑力 D_3	→	C_{12}	0.229	***	
社会文化支撑力 D_3	→	B_{13}	0.159	0.012	
扩散幅度 Y_2	→	C_{21}	0.725	***	
扩散幅度 Y_2	→	C_{22}	0.708	***	
扩散幅度 Y_2	→	C_{23}	0.742	***	

*** 表示 $p<0.001$

4.4.3　结果讨论

表 4.7 汇总了前述假设的检验结果以及修正模型的标准化路径系数与显著性水平。基于此，本书对扩散株维度的重叠度渗透力、进夺性渗透力，扩散源维度的利润吸引力，扩散宿维度的企业家精神驱动力、预期利润驱动力、社会网络驱动力和市场竞争驱动力，以及扩散域维度的政策导向力、创新资源保障力和社会文化支撑力等四维度多元动力要素与制造业企业技术创新生态系统新技术的扩散效率之间的关系加以讨论。

（1）对于扩散株来说，重叠度渗透力 A_1 同时作用于扩散速度 Y_1 和扩散幅度 Y_2（$\beta = 0.387$，$p<0.001$；$\beta = 0.173$，$p<0.01$），进夺性渗透力 A_2 仅影响扩散幅度 Y_2（$\beta = 0.536$，$p<0.001$），表明 H1 完全成立，H2 部分成立。同时，上述关系意味着重叠度渗透力对创新扩散的促进作用超过进夺性渗透力。究其原因，重叠度是新技术引入制造业企业技术创新生态系统的初始优势，使新技术易于被系统成员接受，从而打开市场缺口并形成市场需求，推动其更快更广地应用与普及；新技术成功引入系统之后，通过进夺性渗透力进一步扩大其应用范围。可见，重叠度渗透力可以通过多个途径促进技术创新成果的扩散，因此其作用更显著。

（2）对扩散源来说，利润吸引力与扩散速度、扩散幅度的正相关关系均达到统计意义的显著性水平（$\beta = 0.175$，$p<0.001$；$\beta = 0.239$，$p<0.01$），实证数据表明 H3 完全成立，说明创新利润既能加快新技术的扩散速度，又能扩大新技术的扩散范围。这意味着，创新利润直接影响高等院校、科研机构或者制造业企业等扩散源的扩散决策，利润越高，其扩散新技术的意愿越强烈，对扩散速度和扩散幅度的积极影响越显著。

（3）对扩散宿来说，预期收益驱动力、社会网络驱动力显著提高扩散速度（$\beta = 0.422$，$p<0.001$；$\beta = 0.644$，$p<0.001$），企业家精神驱动力、市场竞争驱动力显著扩大扩散幅度（$\beta = 0.760$，$p<0.001$；$\beta = 0.123$，$p<0.05$），因而 H4、H5、

H6、H7 均得到部分支持。这一结果表明，制造业企业的企业家精神、对新技术的预期收益、所处的社会网络与面对的市场竞争压力均有利于新技术在制造业企业技术创新生态系统的扩散。与此同时，这些动力要素也存在内在联系，彼此间具有相互作用关系。例如，企业家精神驱动力对于同属于扩散宿维度的预期收益驱动力和市场竞争驱动力具有显著的促进作用；又如，社会网络驱动力对同一维度的市场竞争驱动力以及不同维度的创新资源保障力、社会文化支撑力均具有促进作用。

（4）对扩散域来说，政策导向力与扩散幅度（$\beta = 0.677$，$p < 0.001$），创新资源保障力与扩散速度、扩散幅度（$\beta = 0.452$，$p < 0.05$；$\beta = 0.333$，$p < 0.05$），社会文化支撑力与扩散速度、扩散幅度（$\beta = 0.357$，$p < 0.001$；$\beta = 0.615$，$p < 0.01$）均具有显著的正相关关系，即 H8 部分成立，H9、H10 完全成立。这说明政策导向力、创新资源保障力、社会文化支撑力能够共同为制造业企业技术创新生态系统中技术创新扩散提供宏观支持，有利于新技术在制造业企业技术创新生态系统的全面渗透与迅速普及。

最后，表 4.7 的实证结果还显示出，扩散幅度 Y_2 与 A_{13}、A_{21}、A_{22}、A_{23}、B_{11}，扩散幅度的观测变量 Y_{21} 与 A_{11}、A_{12}、Y_{23} 与 B_{12} 等因果路径均以 0.1%的显著性水平通过检验，意味着扩散幅度对于重叠度渗透力、进夺性渗透力、利润吸引力具有正向促进作用。H1 和 H3 的完全成立以及 H2 的部分成立共同说明了制造业企业技术创新生态系统创新扩散的扩散幅度随着重叠度渗透力、进夺性渗透力与利润吸引力的增强而逐渐增强，同时扩散幅度又将积极作用于重叠度渗透力、进夺性渗透力与利润吸引力。换言之，扩散幅度与重叠度渗透力、进夺性渗透力、利润吸引力之间呈现螺旋式上升的同向相关关系。

综合上述研究，本书对"创新扩散为什么会发生"这一关键问题的阐释如下：将物理学研究中"力是物体运动的原因"这一结论推及创新扩散的形成原因，本书认为，创新扩散动力是创新扩散得以发生的根本原因。结合上述实证研究结果，具体可表述为：制造业企业技术创新生态系统的四维度多元创新扩散动力要素与创新扩散效率之间具有显著的正相关关系，这些动力要素共同组成制造业企业技术创新生态系统创新扩散的重要引擎。

本 章 小 结

本章首先明确了制造业企业技术创新生态系统的创新扩散受到扩散株、扩散源、扩散宿与扩散域的四维驱动，分析了各个创新扩散动力要素与创新扩散效率之间的关系，提出了创新扩散动力的相关假设，构建了制造业企业技术创新生态系统的创新扩散动力模型。其次，以吉林省新能源汽车制造企业技术创新生态系统为研究对象，借鉴国内外现有研究成果，对四维度创新扩散动力进行了操作性定义，最终形成了测度所有动力要素时空特征的调查量表。最后，基于访谈、调研等质性数据，进一步采用验证性因子分析与路径分析等定量研究方法，实证检验了前述研究假设，并根据实证结果进一步讨论了扩散株、扩散源、扩散宿、扩散域等四维度创新扩散动力及其动力要素和创新扩散效率之间的正相关关系，进而阐释了"创新扩散为什么会发生"这一关键问题。

第 5 章　基于系统动力学的制造业企业技术创新生态系统创新扩散动力演化研究

　　系统动力学致力于挖掘问题所呈现现象的内生性解释，其研究聚焦于模型内部，重点分析系统内部的反馈结构、相互作用规则对模型整体动态变化的影响（邱昭良，2009）。创新扩散动力模型的动态演化反映了创新扩散动力重要状态的时间序列图。因此，本章将基于系统思考者的研究视角，引入反馈回路、原因树、结果树等系统动力学分析工具，理顺模型中各动力要素间的相互作用规则，探索动力要素变化条件下动力模型演化规律的内生性解释。

5.1　研究方案设计

　　本章将按照图 5.1 所示的技术路线展开相应的研究。首先，以原因树和结果树为研究工具，设定模型边界，构建高层结构图，对制造业企业技术创新生态系统创新扩散动力的成长上限基模进行操作性定义。其次，从高层结构图的高级视角，按照扩散株动力维度、扩散源动力维度、扩散宿动力维度、扩散域动力维度

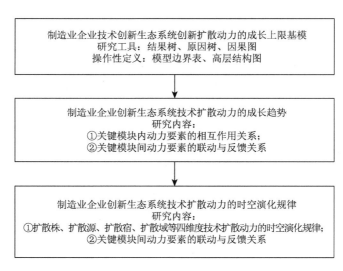

图 5.1　本章的技术路线图

等关键模块，运用反馈回路分析方法，解构分析各维度创新扩散动力的成长趋势，摸索各模块中动力要素间的相互作用规则。最后，基于技术生命周期的时序进展与动力作用效果的变化，探讨制造业企业技术创新生态系统创新扩散动力的时空演化规律，为如何真实有效地促进创新扩散提供理论基础。

5.2　操作性定义与高层结构图

区分内生变量与外生变量，设定模型边界，是系统动力学研究的基础和前提。因此，本书对制造业企业技术创新生态系统创新扩散动力的系统动力学模型作出如下的操作性定义：首先，以原因树和结果树为研究工具，对内生变量与外生变量进行区分，建立相应的模型边界表；其次，基于模型边界与路径系数的实证数据，构建模型的高层结构。

5.2.1　模型边界表

本书主要根据原因树分析和结果树分析形成模型边界表。所谓原因树分析，是指对于选定的潜变量，列举作用于其上的变量；然后对于这些起作用的变量，再列举作用于其上的变量；以此类推，逐级逆向递推，一直追溯到不再有其余的起作用变量（王为，2011）。至此，所有起作用变量构成了选定潜变量的原因树。其中，最末一级变量是模型的外生变量，由此划定了模型边界。所谓结果树分析，是采用正向逐级追溯的方式，对于选定的观测变量，列举其影响的变量；然后对于这些变量，再列举其影响的变量；跟踪起作用变量的影响路径，直到不再出现其他起作用变量（王为，2011）。类似地，所有起作用变量构成了选定观测变量的结果树，且最末一级变量是模型的内生变量，由此确定了模型的另一边界。

首先，本书以"新技术的用户人数"为切入点，运用原因树分析，确定模型的内生变量。具体采取如下做法：先列举作用于"新技术的用户人数"的变量，再列举作用于这些起作用变量的变量，接着逐级反向追溯，直到出现模型的观测变量。图5.2所示即为原因树，其中最末一级变量是本书研究的内生变量，构成了模型边界。

其次，本书以各个观测变量为切入点，运用结果树分析，确定模型的外生变量。具体做法为：先列举重叠度渗透力、进夺性渗透力、利润吸引力、企业家精神驱动力、预期收益驱动力、社会网络驱动力、市场竞争驱动力、政策导向力、创新资源保障力、社会文化支撑力等动力要素的观测变量，再逐级列举动力要素间的相互作用关系，直至达到各个创新扩散动力要素，以此确定所有创新扩散动力要素的最终作用效果，即图5.3所示的结果树。

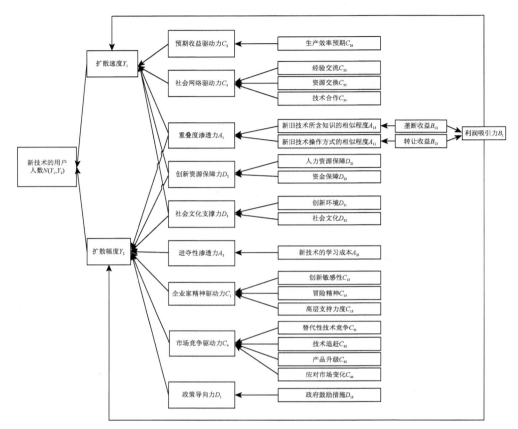

图 5.2　影响制造业企业技术创新生态系统创新扩散的原因树

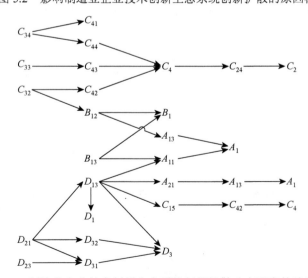

图 5.3　制造业企业技术创新生态系统创新扩散动力要素的结果树

最后，本书对原因树分析确定的内生变量与结果树分析确定的外生变量进行汇总，建立表 5.1 所示的模型边界表。

表 5.1　模型边界表

内生变量	外生变量
重叠度渗透力 A_1	新旧技术功能特性的相似程度 A_{12}
	新旧技术所含知识的相似程度 A_{13}
进夺性渗透力 A_2	新技术的学习成本 A_{21}
利润吸引力 B_1	垄断利润 B_{12}
	转让利润 B_{13}
企业家精神驱动力 C_1	创新敏感性 C_{13}
	冒险意识 C_{14}
	创新支持力度 C_{15}
预期收益驱动力 C_2	生产效率预期 C_{24}
社会网络驱动力 C_3	经验交流 C_{32}
	资源交换 C_{33}
	技术合作 C_{34}
市场竞争驱动力 C_4	同质技术的替代型竞争 C_{41}
	技术追赶型竞争 C_{42}
	产品升级型竞争 C_{43}
	市场变化型竞争 C_{44}
政策导向力 D_1	倡导与宣传 D_{13}
创新资源保障力 D_2	人力资源保障 D_{21}
	资金保障 D_{23}
社会文化支撑力 D_3	社会氛围 D_{31}
	文化价值观 D_{32}
扩散速度 Y_1	
扩散幅度 Y_2	
新技术的用户人数 $N(Y_1, Y_2)$	

5.2.2　高层结构图

在确定模型边界的前提下，进一步建立模型的高层结构图，以明确模型的框架结构。所谓高层结构图，就是站在更高层次上观察的、由关键模块及各关键模块之间的物质流和信息流组成的大体框架，是帮助研究者更加清楚地绘制模型整体结构的基础工具（邱昭良，2009）。

图 5.4 所示的各模块及其连线共同构成了制造业企业技术创新生态系统创新扩散动力模型的高层结构图。可以看出，制造业企业技术创新生态系统创新扩散动力模型主要涉及扩散株维度动力、扩散源维度动力、扩散宿维度动力、扩散域维度动力等四个关键模块。其中，扩散株维度动力模块主要考察重叠度渗透力与进夺性渗透力两大动力要素对扩散效率的影响，扩散源维度动力模块主要考察利润吸引力对扩散效率的动力效果，扩散宿维度动力模块主要考察企业家精神驱动力、预期收益驱动力、社会网络驱动力及市场竞争驱动力与扩散效率之间的关系，扩散域维度动力模块则主要分析政策导向力、创新资源保障力、社会文化支撑力对扩散效率的影响。

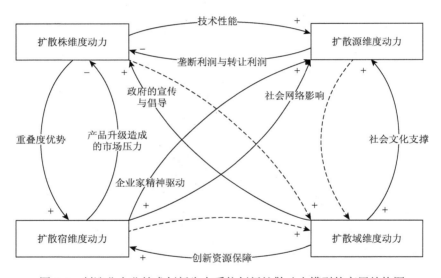

图 5.4　制造业企业技术创新生态系统创新扩散动力模型的高层结构图

如图 5.4 所示，四个关键模块通过起作用变量形成相互连接，回路中的变量基本维持稳定。其中，"+" 所在的同向连接意味着正相关关系，"−" 所在的反向连接意味着负相关关系；若某一回路中存在奇数个反向链接，则该回路是调节回路；反之，若反向链接个数为偶数，则为增强回路，具有彼此因果、相互增强的影响关系，即随着此回路的运行，回路上所有变量均得到相应地提高。图 5.4 中，实线表示系统内不断循环的物质流，反映了技术创新成果不断扩散的过程中创新资源、生产要素等物质在关键成员之间的可视化流动；虚线表示信息流，既包括制造业企业技术创新生态系统成员间有意识的正式与非正式交流，也包括知识溢出、技术溢出等无意识外部性效应。这些回路共同反映了扩散株、扩散源、扩散宿、扩散域等多维创新扩散动力要素的动态变化及其相互作用关系。

5.3　制造业企业技术创新生态系统创新扩散动力的成长上限基模分析

5.3.1　制造业企业技术创新生态系统创新扩散动力的成长上限基模

成长上限是彼得·圣吉（2005）在《第五项修炼》中提出的一个系统基模，它告诉人们的是：事物的成长是某种因素的推动和影响使其逐渐发展壮大的，但这种发展是有限度的，当它发展到一定程度时，总有其他因素限制或抑制事物的成长，使其成长逐步减缓，甚至停止。本书认为，可以运用系统基模来考察制造业企业技术创新生态系统创新扩散动力的成长趋势，其最初的成长来自于系统的"增强反馈"，而各个动力要素的快速成长在不知不觉中触发了另一个抑制成长的"调节反馈"，从而形成创新扩散动力的成长上限。因此，在完成模型边界表与高层结构图的操作性定义之后，本书以原因树为研究工具，建立制造业企业技术创新生态系统创新扩散动力的成长上限基模（图 5.5），通过列举扩散株、扩散源、扩散宿、扩散域等四维度动力的反馈回路，揭示企业、高等院校与科研院所、政府、科技中介机构等在创新扩散过程中的相互作用关系，进而分析其对制造业企业技术创新生态系统创新扩散整体的增强或稳定作用。

创新扩散动力间复杂的耦合关系决定了制造业企业技术创新生态系统创新扩散动力的成长上限基模必然包含众多回路，并且回路之间存在着交叉与重叠。各维度创新扩散动力之间的反馈与联动关系具体表现如下。首先，扩散株维度动力接受来自扩散域维度动力的政策导向、创新资源保障、社会文化支撑等动力要素的宏观支持的促进作用，从而与扩散域动力产生协同演化作用。其次，扩散源维度动力分别受到来自扩散宿动力要素——预期利润的促进作用，以及来自扩散域动力要素——政策导向的促进作用，从而与扩散宿动力、扩散域动力形成联动发展的演化关系。最后，扩散域动力的宏观支持力量激发了扩散宿动力，加之扩散源动力对后者的推动作用，共同影响扩散宿动力与新技术的扩散效率之间的关系。

综上所述，本书认为，扩散株、扩散源、扩散宿与扩散域四维度动力间具有多层嵌套、多向因果的联动关系。在四个维度的动力中，扩散域动力是技术创新成果能够进行扩散的前因动力，另外三维度创新扩散动力均在扩散域动力的激发与支持下增强。扩散宿动力的成长是扩散源动力和扩散域动力共同作用的结果，显示出各维度动力要素相互嵌套的反馈结构与相互影响的联动关系。同时，扩散株动力与扩散宿动力、扩散源动力之间呈现"荣辱与共"的联动发展趋势，且扩

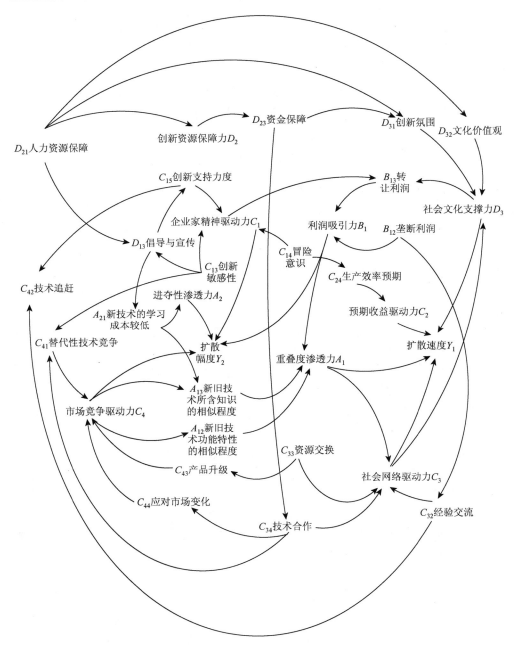

图 5.5　制造业企业技术创新生态系统的创新扩散动力成长上限基模

散株动力在三者之间起到方向性主导作用，具体表现为：扩散株动力作用率先增强时，扩散宿与扩散源动力的作用也随之增强；扩散株动力的作用达到饱和时，扩散宿与扩散源动力作用的增长趋势也随之放缓。下面将分别介绍各个维度动力要素内部的作用关系以及各个维度之间的外部交互关系。

5.3.2　扩散株动力的主要方程与因果关系分析

扩散株维度包含了两个动力要素：一是由重叠度提高而产生的扩散渗透力；二是由进夺性优化而产生的扩散渗透力。基于图 5.4 所示的原因树，扩散株主要从以下两个方面对制造业企业技术创新生态系统的创新扩散产生积极影响。其一，提高新旧技术在功能特性与所含知识方面的相似程度，建立制造业企业技术创新生态系统内部的共同认知，从而增强新技术的重叠度渗透力，达到提高新技术的扩散速度与扩散幅度的目的。其二，节省系统成员掌握新技术所需的时间与精力，从而增强新技术的进夺性渗透力，进一步激发系统成员对新技术的兴趣与采用意愿，积极推动新技术的扩散。与此同时，重叠度渗透力与进夺性渗透力还通过制造业企业技术创新生态系统的市场竞争产生交互作用，进而通过增强回路的运行不断放大重叠度渗透力与进夺性渗透力对扩散速度与扩散幅度的积极影响，从而共同推动新技术的快速扩散，显著扩大新技术的用户人群。

根据表 4.7 所示的标准化路径系数，可将图 5.2 中扩散株动力的两条分支路径整理为如下的线性关系：

$$Y_1 = 0.387 A_1 \tag{5.1}$$

$$Y_2 = 0.173 A_1 + 0.536 A_2 \tag{5.2}$$

式中，式（5.1）表示重叠度渗透力对扩散速度的影响，式（5.2）表示重叠度渗透力与进夺性渗透力对扩散幅度的双重影响。

由于扩散速度与扩散幅度均影响新技术的用户人数，本书通过新技术的用户人数 $N(Y_1, Y_2)$ 衡量各个动力要素的作用效果，即

$$N(Y_1, Y_2) = i \cdot Y_1 \cdot t + i \cdot Y_2 \cdot S = i \cdot t \cdot 0.387 A_1 + i \cdot S(0.173 A_1 + 0.536 A_2) \tag{5.3}$$

式中，t 表示新技术进行扩散的时间；S 表示新技术的扩散范围；i 表示采用新技术的可能性。因此，式（5.3）是重叠度渗透力与进夺性渗透力关于扩散时间与扩散范围的函数表达式。换言之，式（5.3）是扩散株动力要素的时空演化方程。

表 4.7 中 A_2 与 A_1 之间的标准化路径系数表明，重叠度渗透力的增强对进夺性渗透力具有显著的促进作用，即 $A_2 = 0.338 \cdot 0.693 \cdot A_1 = 0.234 A_1$，本书进一步推导得到重叠度渗透力和进夺性渗透力等两个动力要素分别关于扩散时间 t 与扩散范围 S 的函数表达式，即重叠度渗透力和进夺性渗透力的时空演化方程。

$$N(Y_1, Y_2) = A_1(0.387 \cdot i \cdot t + 0.298 \cdot i \cdot S) \tag{5.4}$$

$$N(Y_1, Y_2) = A_2(1.654 \cdot i \cdot t + 1.274 \cdot i \cdot S) \tag{5.5}$$

5.3.3 扩散源动力的主要方程与因果关系分析

利润吸引力是扩散源进行创新扩散的根本动力。扩散源通过创新扩散获得的利润越丰厚，转让新技术的意愿越强烈，新技术的扩散效率越高。换言之，由于利润吸引力与扩散源通过扩散新技术获得的利润密切相关，所以利润吸引力是推动扩散源进行创新扩散的直接原因，是扩散源的根本性创新扩散动力。从图 5.2 中利润吸引力所在分支的作用路径可以看出，利润吸引力在对扩散速度与扩散幅度产生直接作用的同时，还经由重叠度渗透力对扩散速度与扩散幅度产生间接作用。根据以上分析，参照表 4.7 中的实证数据，本书进一步将原因树图中的因果关系整理为函数表达式，具体见式（5.6）和式（5.7）。这两个函数表达式分别表示了利润吸引力与扩散速度、扩散幅度的正相关关系。

$$Y_1 = (0.175 + 0.491 \cdot 0.387)B_1 = 0.365B_1 \tag{5.6}$$
$$Y_2 = (0.239 + 0.491 \cdot 0.173)B_1 = 0.324B_1 \tag{5.7}$$

依照前面式（5.4）和式（5.5）的推算过程，本书由式（5.6）、式（5.7）进一步推导出扩散源动力要素的时空演化方程，即式（5.8）。该公式说明利润吸引力的作用效果随扩散时间与扩散范围的变化而发生变化。

$$N(Y_1, Y_2) = i \cdot Y_1 \cdot t + i \cdot Y_2 \cdot S = B_1(0.365 \cdot i \cdot t + 0.324 \cdot i \cdot S) \tag{5.8}$$

5.3.4 扩散宿动力的主要方程与因果关系分析

制造业企业是最主要的扩散宿，其驱动技术创新成果扩散的力量不仅产生于内在的企业家精神与预期收益，还来源于参与创新扩散而形成的社会网络关系与市场竞争压力。因此，扩散宿维度动力要素间的相互作用关系较为复杂，以此形成的反馈回路更是错综复杂。

综合分析图 5.3、图 5.4，企业家精神驱动力、预期收益驱动力、社会网络驱动力与市场竞争驱动力等四个动力要素分别与扩散速度、扩散幅度形成增强回路，表明企业家精神驱动力、预期收益驱动力、社会网络驱动力与市场竞争驱动力均有利于制造业企业技术创新生态系统的创新扩散。根据第 4 章实证检验的因果路径与标准化路径系数，可以得到企业家精神驱动力、预期收益驱动力、社会网络驱动力与市场竞争驱动力对扩散速度与扩散幅度作用效果的表达式。

$$Y_1 = 0.422C_2 + 0.644C_3 \tag{5.9}$$
$$Y_2 = 0.760C_1 + 0.123C_4 \tag{5.10}$$

与此同时，企业家的创新敏感性 C_{13} 与替代性技术产生的市场竞争压力 C_{41}，企业家精神的冒险成分 C_{14} 与采用新技术的生产效率预期 C_{24}，社会网络激发的技

术合作 C_{32} 与市场竞争驱动的技术赶超 C_{42}，社会网络激发的资源交换 C_{33} 与市场竞争驱动的产品升级 C_{43}，社会网络产生的经验交流 C_{34} 分别与替代性技术产生的市场竞争压力 C_{41}、市场竞争产生的快速市场变化 C_{44}，市场竞争驱动的技术赶超 C_{42} 与企业高层对技术创新的支持 C_{15} 等变量之间还存在正向连接的层层作用关系（图 5.5）。这些关系也显示出企业家精神驱动力、预期收益驱动力、社会网络驱动力与市场竞争驱动力等四个动力要素在促进制造业企业技术创新生态系统创新扩散过程中具有相互影响、相互耦合的联动作用，它们共同影响制造业企业的技术采用决策与行为。

参照前面的推算过程，可得到扩散宿动力要素的时空演化方程。

$$N(Y_1, Y_2) = i \cdot Y_1 \cdot t + i \cdot Y_2 \cdot S = i \cdot t(0.422C_2 + 0.644C_3) + i \cdot S(0.760C_1 + 0.123C_4)$$

$$(5.11)$$

根据图 5.5 中的扩散宿动力要素相关的反馈回路，还能分别整理出企业家精神驱动力、预期收益驱动力、社会网络驱动力、市场竞争驱动力与其余三个动力要素间的因果路径系数，因而可进一步推导出用各个动力要素分别表示的扩散宿动力时空演化方程。其中，式（5.12）、式（5.13）、式（5.14）、式（5.15）分别表示企业家精神驱动力 C_1、预期收益驱动力 C_2、社会网络驱动力 C_3、市场竞争驱动力 C_4 与扩散时间 t、扩散范围 S 的函数关系。

$$\begin{cases} C_2 = 0.101C_1 \\ C_3 = 1.741C_1 \\ C_4 = 0.396C_1 \\ N(Y_1, Y_2) = C_1(1.164 \cdot i \cdot t + 0.809 \cdot i \cdot S) \end{cases} \quad (5.12)$$

$$\begin{cases} C_1 = 9.8C_2 \\ C_3 = 17.2C_2 \\ C_4 = 3.9C_2 \\ N(Y_1, Y_2) = C_2(11.5 \cdot i \cdot t + 7.9 \cdot i \cdot S) \end{cases} \quad (5.13)$$

$$\begin{cases} C_1 = 0.571C_3 \\ C_2 = 0.058C_3 \\ C_4 = 0.226C_3 \\ N(Y_1, Y_2) = C_3(0.668 \cdot i \cdot t + 0.462 \cdot i \cdot S) \end{cases} \quad (5.14)$$

$$\begin{cases} C_1 = 2.5C_4 \\ C_2 = 0.256C_4 \\ C_3 = 4.4C_4 \\ N(Y_1, Y_2) = C_4(2.9 \cdot i \cdot t + 2.0 \cdot i \cdot S) \end{cases} \quad (5.15)$$

5.3.5 扩散域动力的主要方程与因果关系分析

分析扩散域动力维度可以发现，扩散域动力要素，即政策导向力、创新要素保障力与社会文化支撑力分别从政治、经济、文化等宏观层面发挥对创新扩散的支持与驱动作用。根据图 5.5 显示的因果关系，扩散速度的提高产生于创新资源保障力与社会文化支撑力所在的增强回路。扩散域动力的分析原理与前三个维度相同，由此得到如下关系式：

$$Y_1 = 0.452D_2 + 0.357D_3 \tag{5.16}$$

$$Y_2 = 0.677D_1 + 0.333D_2 + 0.615D_3 \tag{5.17}$$

考虑到扩散效率的提高取决于政策导向、创新要素保障与社会文化支撑的共同作用，可以用式（5.18）表示扩散域动力的作用效果。

$$N(Y_1, Y_2) = i \cdot Y_1 \cdot t + b \cdot Y_2 \cdot S = i \cdot t(0.452D_2 + 0.357D_3) + i \cdot S(0.677D_1 + 0.333D_2 + 0.615D_3) \tag{5.18}$$

根据图 5.3 中所示的反馈关系，进一步推导得到各动力要素关于扩散时间 t 与扩散范围 S 的函数关系。

$$\begin{cases} D_2 = 6.387D_1 \\ D_3 = 1.882D_1 \\ N(Y_1, Y_2) = D_1(3.559 \cdot i \cdot t + 3.961 \cdot i \cdot S) \end{cases} \tag{5.19}$$

$$\begin{cases} D_1 = 0.157D_2 \\ D_3 = 0.295D_2 \\ N(Y_1, Y_2) = D_2(0.557 \cdot i \cdot t + 0.621 \cdot i \cdot S) \end{cases} \tag{5.20}$$

$$\begin{cases} D_1 = 0.532D_3 \\ D_2 = 3.394D_3 \\ N(Y_1, Y_2) = D_3(1.891 \cdot i \cdot t + 2.105 \cdot i \cdot S) \end{cases} \tag{5.21}$$

5.4 制造业企业技术创新生态系统创新扩散动力的时空演化研究

演化所考察的是系统沿时间轨迹的一个自我变化过程，通俗地讲，演化就是渐进的变化和发展过程，其深层含义是为适应外部环境变化而自然发生的相应变化，因此时空特定性是演化的重要特征（陈劲和王焕祥，2008）。在此，本书以技术生命周期和动力作用效果为坐标轴，绘制创新扩散动力的时空演化曲线，描述创新扩散动力强弱随扩散时间和扩散范围变化而变化的趋势，进而讨论上述动力要素的时空演化规律。

根据 Rogers 的研究，创新者、早期采用者、早期大众、晚期大众和落伍者分别占新技术用户人数的 2.5%、12.5%、34%、34% 和 16%，因此，本书按此比例将 t_1 至 t_5 之间各个时段的扩散范围赋值为 0.025S、0.125S、0.34S、0.34S 和 0.16S。同时，根据各个动力要素的时空演化方程[式（5.4）、式（5.5）、式（5.8）、式（5.12）、式（5.13）、式（5.14）、式（5.15）、式（5.19）、式（5.20）、式（5.21）]，采用结果树分析方法，分别研究扩散株、扩散源、扩散宿与扩散域等四维度动力要素随扩散时间、空间变化的演化趋势以及动力要素变化情况下相应维度创新扩散动力的时空演化趋势。

5.4.1　制造业企业技术创新生态系统创新扩散的时空展开原理

创新扩散是技术创新成果逐步传播和运动的过程，体现了技术创新的时空展开（吕友利，2010）。根据哲学、物理学的理论，时间和空间是物质运动的存在形式，物质运动是时间和空间的具体内容。因此，时空是对物质运动及相互作用的抽象描述，时间、空间与物质运动具有不可分割的联系，其依存关系表达着事物的演化秩序。基于上述观点，分析制造业企业技术创新生态系统创新扩散的时空展开原理，就是分析制造业企业技术创新生态系统创新扩散分别在时间维度和空间维度的运动形式。

1. 制造业企业技术创新生态系统创新扩散的时间展开原理

物理学中的时间表达了物质运动的持续性和顺序性，具有一维性。"花有重开日，人无再少年"，恰是表达了时间的不可逆性。在哲学中，时间是表达事物的生灭排列的抽象概念，往往用"无尽"和"永前"两个词来概括时间的内涵。"无尽"意指时间没有起始，也没有终结；"永前"则是说时间的增量总是正数。随着对时间内涵的深入理解，人们开始将时间作为一切事件过程长度和发生顺序的度量工具。

Rogers 是最早运用时间观点来理解创新扩散的学者。他在《创新的扩散》（Diffusion of Innovations）一书中，首次对创新扩散进行了系统性阐述。他指出，新技术从产生到被用户感知，再到最后被用户接受，需要一个循序渐进的过程，并将该过程描述为了解、兴趣、评估、试验和采纳等五个阶段。他认为，社会系统的成员在采纳同一技术创新的时间上存在时序差异，并根据技术创新采用的先后顺序，将用户划分为创新者（innovators）、早期采用者（early adopters）、早期大众（early majority）、晚期大众（late majority）和落伍者（laggards）等五种类型，进一步总结出创新事物在一个社会系统中扩散的基本规律，即著名的创新扩散 S 型曲线理论。

因此，时间是创新扩散的重要因素，创新扩散在时间维度上呈现出类似于生物成长、成熟、衰退的完整生命周期过程。因此，制造业企业技术创新生态系统创新扩散的时间展开原理既客观地描述了潜在用户从获知创新的存在到作出采纳或者拒绝的决策过程，又体现某个技术创新采用者相比系统中其他潜在采用者采纳技术创新成果的先后次序，此外它还刻画了技术创新成果在系统中的扩散速度。

2. 制造业企业技术创新生态系统创新扩散的空间展开原理

物理学中的空间是指物质运动的广延性和伸张性，具有三维性。哲学中运用空间表达事物生灭范围的抽象概念，其内涵是"无界"与"永在"，"无界"指空间里任一点都居中，"永在"指空间永现于当前时刻。而后空间的外延含义是对一切物质占位大小和相对位置的度量。

基于空间维度的制造业企业技术创新生态系统创新扩散表现为技术创新成果在空间上的分布状况，从单个点的创新源到实现商业化并且被众多采用者所运用。制造业企业技术创新生态系统创新扩散的空间展开原理反映的是技术创新采用者由孤立的"点"到"面"再到"空间"的聚集过程，表现为技术创新采用人数的累积。

5.4.2　扩散株动力时空演化分析

遵循上述赋值方式，本书将重叠度渗透力与进夺性渗透力整合于扩散株维度的同一框架中，得到图 5.6 所示的扩散株动力要素的时空演化示意图。

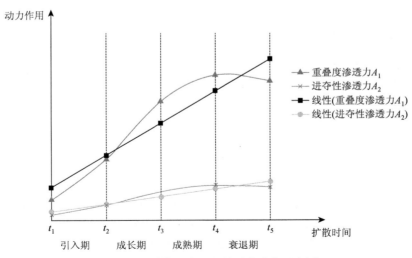

图 5.6　扩散株动力要素的时空演化示意图

分析扩散株动力要素的时空演化趋势，可以得到以下三点结论。

首先，扩散株动力要素呈现整体性成长趋势。随着时间的推移，新技术的发展经历引入期、成长期、成熟期，在此期间新技术的各方面性能不断完善，显现出更为突出的重叠度优势与进夺性优势。因此，当新技术发展至成熟期时，重叠度渗透力与进夺性渗透力的作用效果也随之达到峰值，此后随着技术生命周期向衰退期发展而有所下降。

其次，增强回路的放大作用使重叠度渗透力的作用强度远高于进夺性渗透力。图 5.7 表示重叠度渗透力对扩散速度与扩散幅度的作用效果，括号中的数字表示重叠度渗透力对扩散速度与扩散幅度的直接作用，箭头上的数字表示重叠度渗透力介于进夺性渗透力而对扩散幅度产生的间接影响。这意味着，重叠度渗透力在直接促进创新扩散的同时，还经由进夺性渗透力的增强回路进一步对扩散幅度产生间接促进作用，从而造成重叠度渗透力随扩散时间与扩散范围的成长趋势远强于进夺性渗透力。

图 5.7　重叠度渗透力作用效果的结果树

最后，进夺性渗透力的增强将导致重叠度渗透力的增长趋势有所减缓。图 5.8 列出了对扩散株动力演化分析起作用的有意义回路。可以看出，掌握新技术所需的时间和精力越少，新技术的进夺性渗透力越强，对于扩散幅度的推动作用也越强，新技术的用户人数因此不断增加，同样使新旧技术之争更加激烈。在此情况下，旧技术在注重提高相似功能特性的同时，更强调发展技术的差异性，使新旧技术所含技术知识的相似程度有所降低，新技术的重叠度渗透力因此减弱，进而使创新采用者花费更多时间与精力来学习和掌握新技术。市场竞争压力与新旧技术所含知识的相似程度之间的关系是该回路中唯一的反向连接（见表 4.7 的标准化路径系数），对其中涉及的所有变量产生稳定性调节。因此，经此回路作用，进夺性渗透力的增强最终导致重叠度渗透力的增长趋势有所减缓。

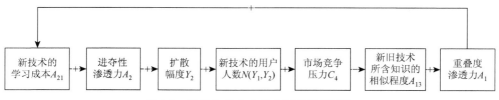

图 5.8　扩散株动力成长上限的调节回路

5.4.3　扩散源动力时空演化分析

作为扩散源维度的唯一动力要素，图 5.9 展示的利润吸引力的时空演化趋势为扩散源动力的时空演化趋势。它描述了扩散源动力的作用随着技术生命周期发展、扩散范围扩大而逐步变化的趋势。

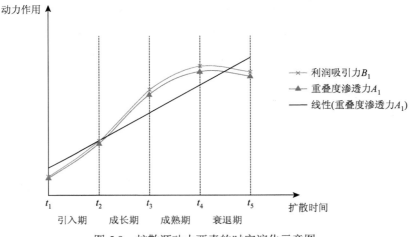

图 5.9　扩散源动力要素的时空演化示意图

从图 5.9 中曲线的变化趋势不难看出，自新技术引入制造业企业技术创新生态系统，扩散源动力便存在并持续作用于新技术的扩散。随着时间推移，新技术跨过引入期、迈向成长期，此时扩散源动力效果曲线的斜率变化最大，表明扩散源动力成长迅速，大大提高了新技术的扩散效率。进入衰退期的新技术，其扩散源动力作用效果呈现下降的变化趋势。原因在于，新技术成熟后，其利润空间大不如前，此时制造业企业、高等院校以及科研机构等扩散源推广此技术的热情远不如重新开发一项新技术，因此扩散源动力表现出逐渐减弱的变化趋势。

从图 5.9 中还可以发现，利润吸引力与重叠度渗透力的作用效果曲线具有相同的起点，并且利润吸引力的作用效果曲线位于重叠度渗透力的作用效果曲线之上。这一情况意味着，在新技术引入初期，利润吸引力与重叠度渗透力对新技术扩散的促进程度相近，但是在此后的扩散过程中，利润吸引力的促进作用超越了重叠度渗透力的促进作用。

本书通过建立利润吸引力作用效果的结果树（图 5.10），对产生以上变化的原因进行分析。图 5.10 显示了利润吸引力对扩散速度、扩散幅度的直接作用（$B_1 \rightarrow Y_1$，$\beta = 0.175$，$p < 0.001$；$B_1 \rightarrow Y_2$，$\beta = 0.239$，$p < 0.05$），另外两条路径则表示重

叠度渗透力对利润吸引力产生的间接放大作用（$B_{12} \rightarrow A_{13}$，$\beta = 0.200$，$p < 0.001$；$B_{13} \rightarrow A_{11}$，$\beta = 0.291$，$p < 0.001$）。可见，利润吸引力通过对扩散效率的直接影响和重叠度渗透力对扩散效率的间接影响，共同促进制造业企业、高等院校以及科研机构进行新技术的扩散。也正是重叠度渗透力的间接影响，使得利润吸引力对新技术扩散效率的直接影响经由重叠度渗透力所在增强回路得到进一步放大，最终导致利润吸引力与扩散效率的正相关关系超过重叠度渗透力与扩散效率关系。

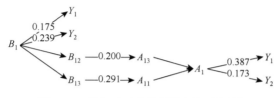

图 5.10　利润吸引力作用效果的结果树

5.4.4　扩散宿动力时空演化分析

参照前面的赋值方式，企业家精神驱动力、预期收益驱动力、社会网络驱动力和市场竞争驱动力随扩散时间与扩散范围变化的动力作用效果曲线构成了扩散宿维度动力的时空演化示意图，见图 5.11。图中曲线的变化趋势说明了以下两点。第一，扩散宿动力要素随创新扩散的持续进行呈现整体上升趋势，其中制造业企业技术创新生态系统的社会网络驱动力对新技术的扩散具有关键影响，企业家精神驱动力次之，市场竞争驱动力再次之，预期收益驱动力最弱。第二，图中曲线

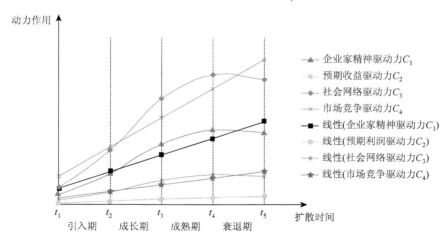

图 5.11　扩散宿动力要素的时空演化示意图

在成长期的斜率变化最快，说明随着技术生命周期的发展，动力成长的速度越来越快，在成熟期达到动力效果峰值，此后随着新技术的衰退，四个动力要素对创新扩散的推动作用随之减弱。

　　为解释图 5.11 呈现的演化趋势，本书采用结果树分析绘制出社会网络驱动力作用效果的结果树（图 5.12），以逐级追溯企业家精神驱动力、预期收益驱动力、社会网络驱动力、市场竞争驱动力的相互作用。

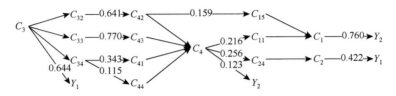

图 5.12　社会网络驱动力作用效果的结果树

　　图 5.12 显示了社会网络驱动力的作用，既包括了它对扩散速度的直接作用，又包括了它通过企业家精神驱动力、预期收益驱动力、市场竞争驱动力对扩散速度与扩散幅度产生的间接影响。社会网络驱动力借助上述三个动力要素的反馈回路，不断放大其动力作用，最终促成社会网络驱动力在扩散宿动力要素中的主导性作用。本书据此指出，社会网络对其余三个动力要素的驱动作用是图 5.11 中演化趋势的主要形成原因。一方面，在新技术以制造业企业技术创新生态系统为载体进行扩散的过程中，社会网络为系统成员间的技术合作创造了条件，提高了系统内部经验交流、资源交换和信息传递的频率与效率，有助于多元动力要素的有机结合，促进了创新扩散的运行。另一方面，随着新技术由最初采用新技术的制造业企业向其他制造业企业的逐步扩散，系统成员间的交往更为频繁，使得社会网络的强度不断加强，社会网络对创新扩散所需资源的配置与整合能力、对其余动力要素的影响效果也会增强，反过来，这又会进一步增强社会网络驱动力的强度。可见，社会网络驱动力对创新扩散的促进过程是一个互动增"强"的过程。

5.4.5　扩散域动力时空演化分析

　　本书继续沿用前述赋值方式，得到图 5.13 所示的扩散域动力要素的时空演化示意图，进而分析政策导向力、创新资源保障力、社会文化支撑力等扩散域动力要素作用效果变化的趋势。

　　整体来说，扩散域动力随扩散进程的发展呈现快速增强、缓慢减弱的变化趋势。图中曲线的变化表示了新技术以 t_1 时刻为扩散起点被引入制造业企业技术创新生态系统，与此同时，政策导向力、创新资源保障力与社会文化支撑力共同作

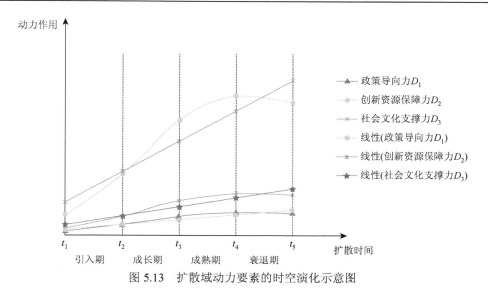

图 5.13　扩散域动力要素的时空演化示意图

用于新技术。此后，随着技术扩散的时空展开，新技术逐步发展至成熟期，扩散域各方面条件趋于完善，扩散域动力作用随之达到峰值。t_4 时刻之后，新技术的发展步入衰退期，此时政策支持、创新资源与社会文化开始转向创新生态系统中的新兴技术，扩散域动力故此呈下降趋势。

　　本书通过政策导向力、创新资源保障力、社会文化支撑力等动力要素对新技术的扩散效率的影响路径进行结果树分析（图 5.14），认为创新资源保障力直接影响了扩散域维度其他动力要素与扩散效率之间的关系，是扩散域维度最重要的动力因素。图 5.14 显示了创新资源保障力的作用方向及对应作用系数，其中包括创新资源保障力对扩散速度与扩散幅度的直接影响（$D_2 \rightarrow Y_1$，$\beta = 0.452$，$p < 0.05$；$D_2 \rightarrow Y_2$，$\beta = 0.333$，$p < 0.05$），以及创新资源保障力通过政策导向力、社会文化支撑力而对扩散速度与扩散幅度产生的间接影响。可以看出，以创新资源保障力为出发点的直接与间接作用关系表明，人、财、物等创新资源的充足是推动制造业企业技术创新生态系统创新扩散的关键力量。同时，图 5.13 的曲线趋势反映出创新资源保障力的作用效果最强，且随着技术生命周期的发展，动力变化的速度最快。上述关系意味着创新资源保障力对政策导向力、社会文化支撑力产生一定的带动作用，进而影响扩散速度与扩散幅度。因此，本书认为，创新资源保障力可

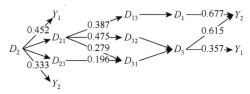

图 5.14　创新资源保障力作用效果的结果树

谓是扩散域动力的主导性要素，在其作用下扩散域维度的动力要素彼此作用、互相影响，共同形成了图 5.13 的曲线变化形势。

5.4.6　制造业企业技术创新生态系统创新扩散动力的时空演化分析

创新扩散动力产生于参与创新扩散的行为主体及相关活动，在过去、现在和未来的一段时间内存在并作用于制造业企业技术创新生态系统的创新扩散过程（韩裕光等，2015）。与新技术经历着生命周期的时序发展相应，推动其创新扩散的动力也会发生演化。在前面基础上，本书继续以技术生命周期和动力作用效果为坐标轴，将重叠度渗透力、进夺性渗透力、利润吸引力、企业家精神驱动力、预期收益驱动力、社会网络驱动力、市场竞争驱动力、政策导向力、创新资源保障力、社会文化支撑力等四维度多元动力要素整合其中，进一步分析创新扩散动力的整体性演化规律，以回答"制造业企业技术创新生态系统创新扩散经历怎样的动态过程"。

1. 基于整体作用效果的创新扩散动力演化雷达图

从前面所绘的高层结构图、原因树与结果树中，可以清楚看出各动力要素间复杂的反馈结构与作用机制，扩散株、扩散源、扩散宿、扩散域各维度动力的时空演化分析展示了各维度动力的内部作用关系。由此可见，创新扩散动力演化是扩散株、扩散源、扩散宿、扩散域等四维度创新扩散动力之间的联动作用。

在此，本书采取相同的赋值方式，按照比例将 t_1 至 t_5 之间各个时刻的扩散范围赋值为 0.025S、0.125S、0.34S、0.34S 和 0.16S，将扩散株、扩散源、扩散宿、扩散域等四维度多元动力要素整合于同一框架，以完成制造业企业技术创新生态系统创新扩散动力的整体性研究，构建制造业企业技术创新生态系统创新扩散动力要素的时空演化方程组［式（5.22）］，并进一步得到创新扩散动力随技术生命周期变化的雷达图（图 5.15）。

$$N(Y_1,Y_2)=\begin{cases} A_1(0.387\cdot i\cdot t+0.298\cdot i\cdot S) \\ A_2(1.654\cdot i\cdot t+1.274\cdot i\cdot S) \\ B_1(0.365\cdot i\cdot t+0.324\cdot i\cdot S) \\ C_1(1.164\cdot i\cdot t+0.809\cdot i\cdot S) \\ C_2(11.5\cdot i\cdot t+7.9\cdot i\cdot S) \\ C_3(0.668\cdot i\cdot t+0.462\cdot i\cdot S) \\ C_4(2.9\cdot i\cdot t+2.0\cdot i\cdot S) \\ D_1(3.559\cdot i\cdot t+3.961\cdot i\cdot S) \\ D_2(0.557\cdot i\cdot t+0.621\cdot i\cdot S) \\ D_3(1.891\cdot i\cdot t+2.105\cdot i\cdot S) \end{cases} \quad (5.22)$$

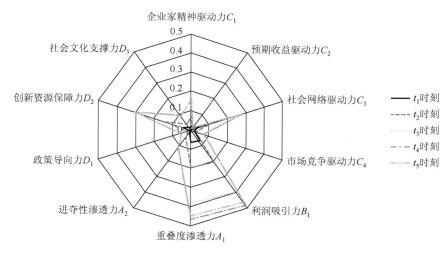

图 5.15 四维度多元创新扩散动力要素时空演化的雷达图

图 5.15 显示，伴随着技术生命周期的发展，各个创新扩散动力要素也产生周期性变化。图中的五条折线分别表示了 t_1 至 t_5 时刻各个动力要素的作用强度，从 t_1 到 t_5 的阶段性周期则对应了技术生命周期的引入、成长、成熟及衰退的四个阶段。因此，折线由内向外的扩展，展现了创新扩散动力要素随技术生命周期发展而呈现的时空变化趋势，意味着从引入期到成熟期，创新扩散动力随技术生命周期的发展呈现整体性增长，直至衰退期有所减弱。从创新扩散动力的整体结果树（图 5.3）可以看出，制造业企业技术创新生态系统的创新扩散受到扩散株、扩散源、扩散宿与扩散源的四维驱动，各个动力要素皆或多或少受到其他动力要素的影响，彼此间形成联动关系，产生协同演化；新技术能够在制造业企业技术创新生态系统中持续扩散，离不开创新扩散动力的时空交互作用与动态的适应性演化，它们之间的内生演化直接影响创新扩散的动态过程，是创新扩散时空展开原理的具体内容与现实表现。

2. 基于创新扩散动力时空演化规律的创新扩散 S 型曲线内生性解释

根据经典牛顿力学定律"力是物体运动的根本原因"的基本观点，制造业企业技术创新生态系统创新扩散动力的时空演化体现了创新扩散过程的动态性，同时创新扩散 S 型曲线从数理角度形象地描述了创新扩散的动态过程。由此，本书将前面扩散株、扩散源、扩散宿与扩散域四维度动力要素的时空演化曲线整合于同一坐标中（图 5.16），分析全部动力要素在全生命周期中作用效果的演化趋势，以给出创新扩散 S 型曲线的内生性解释。

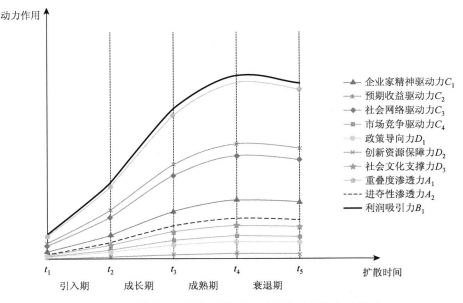

图 5.16　四维度多元创新扩散动力要素的时空演化示意图

Rogers 提出的创新扩散 S 型曲线理论揭示了创新事物的累积扩散程度，曲线上每一点的切线斜率就是创新事物的扩散速度，斜率越大，扩散速度就越大。新技术引入市场后在市场中的扩散速度呈现"慢—快—慢"的变化趋势，形成了图 5.17（a）的创新扩散 S 型曲线中的两个拐点（张伟和刘德志，2007）。对比观察图 5.17（a）和图 5.17（b），当扩散效率处于 15%时，进入新技术的加速扩散期，此时扩散速度持续增加；当扩散效率累计达到 83%时，扩散速度达到最大，此后新技术用户人数增长变慢，增长斜率逐渐减小，直至接近人数上限，新技术不再继续扩散，扩散效率稳定于某一水平。

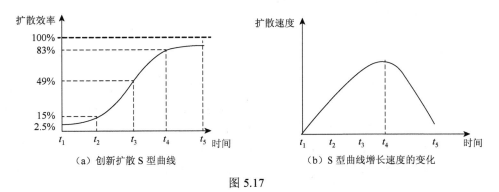

图 5.17

由于动力的来源及其形成原因各不相同，图 5.16 中各个创新扩散动力要素的作用效果具有不同的变化区间，无论哪个维度的动力要素，其在成长期、成熟期的作用效果均最为明显，由此产生的扩散速度也相对较快，恰好对应于创新扩散 S 型曲线中上升速度较快的一段。进入衰退期之后，创新扩散动力较前面的各阶段都有所减弱，此时新技术的扩散速度也随之下降。可见，创新扩散动力要素的变化趋势与创新扩散 S 型曲线的变化趋势能够很好地吻合，这也从另一个视角验证了创新扩散动力与创新扩散效率之间的关系。

由此，本书进一步明确：创新扩散动力是产生创新扩散的直接原因，创新扩散动力的变化直接造成扩散速度的变化，扩散速度的变化也相应地映射出创新扩散动力的变化趋势。可见，创新扩散动力的时空演化直接造成扩散速度产生先快后慢的变化状况，因此创新扩散动力的时空演化规律是创新事物的累积扩散程度呈 S 型增长的内生性解释，这一解释过程也同时回答了"创新扩散经历怎样的动态过程"这一关键问题。

本 章 小 结

本章以系统动力学为研究工具，首先基于模型边界表与高层结构图，对制造业企业技术创新生态系统创新扩散动力的成长上限基模进行了操作性定义。其次，从高层结构图中解构出扩散株维度动力、扩散源维度动力、扩散宿维度动力、扩散域维度动力等四个关键模块，研究了创新扩散动力成长上限基模的内部反馈结构与动力要素间的相互作用规则。最后，基于技术生命周期的时序进展，分析了创新扩散动力要素作用形式的变化，探讨了动力要素变化下制造业企业技术创新生态系统创新扩散动力模型的时空演化规律，找到了 S 型创新扩散曲线的内生性解释恰当地回答了"创新扩散经历怎样的动态过程"的问题，为真实有效地促进创新扩散提供了理论基础。

第6章 基于创新生态位的制造业企业技术创新生态系统创新扩散机理

核心企业是制造业企业技术创新生态系统创新扩散的重要推动者，在技术创新和创新扩散过程中发挥着关键作用。为推动创新扩散，核心企业必须选择合适的合作伙伴，将创意、知识、创新信息等创新成果转移给合作伙伴，同时组织协调合作伙伴整合创新成果，搭建孕育孵化新技术的技术生态位，保证新技术的形成；核心企业还要在与合作伙伴进行频繁的技术合作交流的同时，努力嵌入到制造业企业技术创新生态系统之中，并不断增强创新扩散的网络嵌入性，以通过构建市场生态位确保新技术顺利走出"死亡谷"。因此，本章将立足企业视角，从技术生态位和市场生态位等微观层面入手，分别分析基于合作伙伴选择和基于网络嵌入的制造业企业技术创新生态系统的创新扩散过程，继而揭示创新生态位层面的制造业企业技术创新生态系统创新扩散的机理。

6.1 基于合作伙伴选择的制造业企业技术创新生态系统创新扩散机理

Traitler 等认为，随着商业竞争的不断加剧、产品生命周期的不断缩短，核心企业单独依靠自身创造的知识已难以适应瞬息万变的市场环境，发展外部合作伙伴关系，推动技术创新扩散，有助于其获得创新实践的成功（阳银娟，2015）。宝洁、西门子、海尔等核心企业都通过选择合适的合作伙伴、建立紧密的合作关系，实现了新技术的资源共享，进而推动了创新扩散，获得了创新收益。理论研究成果和实践经验都表明，合作伙伴选择是核心企业构建制造业企业技术创新生态系统创新扩散渠道的关键步骤和首要环节，是主体间形成优势互补关系、提高系统的自组织性、增强有序协同发展的重要因素，更是制造业企业技术创新生态系统创新扩散形成和发展的基础与前提。

6.1.1 创新扩散视角下合作伙伴选择的目的和原则

1. 创新扩散视角下合作伙伴选择的目的

在制造业企业技术创新生态系统中，核心企业往往掌握着技术创新的关键资源，但考虑到技术创新的风险、成本和稀缺资源等方面，核心企业通常会采取技术合作或资源供给等方式，寻求合适的合作伙伴，并通过传递新技术形成初期的创意和知识，以期与合作伙伴形成稳定合作关系，进而组织协调各合作伙伴共同围绕新技术开展技术创新活动。同时，合适的合作伙伴也能够提高核心企业内部生产标准化水平和资源配置信息化的效率，进而保障核心企业管理流程化的顺利执行。在此过程中，核心企业将新技术的创意和必要知识传递给有意愿合作的企业，以搭建资源转移的桥梁，为制造业企业技术创新生态系统创新扩散建立有效渠道，打造适合新技术生长的技术生态位，避免新技术在初期扩散过程中"夭折"。

2. 创新扩散视角下合作伙伴选择的原则

在制造业企业技术创新生态系统的创新扩散初期，新技术尚未完全形成，核心企业必须围绕新技术形成选择合适的合作伙伴并建立稳定的合作关系，共同打造孕育孵化新技术的技术生态位。为此，核心企业需要确定合作伙伴选择的原则，甄选能够进行长期稳定合作的伙伴。本书借鉴合作伙伴选择的相关理论和研究成果，提出创新扩散视角下合作伙伴选择的原则。

（1）资源和技术互补性原则。在制造业企业技术创新生态系统不断演进的过程中，多数企业都根据自身特点，形成了能够在市场竞争中立足的资源优势和技术优势，掌握了其他企业难以获取的资源或难以模仿的技术。无论在创新生态系统还是创新网络中，核心企业寻求合作进而相互传递新技术形成的相关信息和资源，其本质都是为了整合不同企业的异质资源，实现技术创新。原因在于，在制造业企业技术创新生态系统中，核心企业往往不具备独立形成新技术的全部资源和技术，进而需要寻求能够与自身形成资源和技术互补的合作伙伴。因此，资源和技术的互补性是核心企业选择合作伙伴的重要依据。

（2）兼容性原则。在制造业企业技术创新生态系统中，合作企业之间的兼容性是决定其能否长期协调合作发展，形成互利共生关系的重要因素。创新扩散视角下，核心企业对潜在合作伙伴进行选择时，首先需要考虑资源和技术的兼容性。若资源和技术的兼容性差，则合作伙伴之间不能有效地对接、整合。在此情况下，即使资源和技术的互补性再高，也不能实现高效的创新合作，不利于促进新技术的扩散。同时，文化兼容性也是核心企业选择合作伙伴的重要依据，不同区域或行业背景的企业可能会因文化差异导致沟通出现摩擦，进而合作失败。因此，核心企业在进行合作伙伴选择过程中，兼容性原则显得十分重要。

（3）信息对称性原则。在以往的合作关系中，通常存在信息不对称的情况，这也是导致多数合作关系破裂的主要原因之一。一种情况是，核心企业在进行合作伙伴选择之初，面对很多备选对象，可能在短期内无法全面掌握潜在合作伙伴的情况。相对而言，备选企业在合作时掌握有关核心企业的信息相对较多。因此，潜在合作伙伴较核心企业更具有信息优势。另一种情况是，核心企业在进行合作伙伴选择时，一些企业为获得合作机会，故意夸大其自身的能力并隐藏其真实信息，致使核心企业无法选择到最合适的合作伙伴，甚至造成"逆选择"现象。在这种情况下进行合作，核心企业无法获得其预期的资源，不但减少了合作收益，而且增加了合作风险；同时，由于核心企业无法考察潜在合作伙伴的真实核心能力，从而无法判断彼此之间的互补性和兼容性。由此可见，信息对称性原则是核心企业选择合作伙伴的重要原则之一。核心企业只有在信息对称的情况下才能够选择合适的合作伙伴。

（4）预期收益最大化原则。在制造业企业技术创新生态系统中，核心企业在为形成新技术和打造技术生态位寻求合适的合作伙伴时，其预期收益对合作伙伴选择决策也同样具有重要影响，是其必须考虑的重要因素。合作双方能够在合作中获取收益，是合作关系建立的前提。核心企业在进行合作伙伴选择时，在备选企业已经满足资源和技术互补性、兼容性、信息对称性的前提下，核心企业要优中选优，选择更有利于新技术形成和实现预期收益最大化的合作伙伴，进而为企业自身持续创新、长期发展奠定基础。因此，预期收益最大化也是核心企业在合作伙伴选择决策时必须遵循的重要原则。

6.1.2　基于离散时序的合作伙伴选择决策模型

核心企业在选择合作伙伴过程中，如何做出科学合理的决策是制造业企业技术创新生态系统微观层面创新扩散的关键。这需要依据科学的工具方法，进行决策过程的计算，确定最优伙伴选择方案。为此，本书提出一种基于随机概率分布理论的可能度分布矩阵决策准则方法，引入时序参数，根据种群生态理论给出了一种基于指数衰减模型的离散时序权重计算方法，构建基于离散时序的合作伙伴选择决策模型。在此基础上，通过风电制造业企业技术创新生态系统的核心企业进行新技术合作伙伴选择的实证分析，验证该模型的科学性和有效性，以体现合作伙伴选择的动态随机决策过程，进而刻画基于合作伙伴选择的制造业企业技术创新生态系统创新扩散机理。

1. 合作伙伴选择研究方法的提出

目前，合作伙伴选择的相关研究大多采用定量分析方法（韩国元等，2014）。一部分学者基于 AHP（analytic hierarchy process）法建立综合评价模型进行合作创新伙伴的选择（Chen et al.，2010；林向义等，2008），另一部分学者则倾向于使用多属性决策方法进行合作创新伙伴选择，如 VIKOR 法、Theil 不均衡指数计算法、改进的 Bernardo 方法等（王晓新等，2008；杨建君等，2009；孙圣兰等，2010；戴彬等，2011）。可以说，以上学者在企业合作创新伙伴选择方法的层面上进行了较广泛、较深入的研究，为合作创新伙伴的选择提供了有价值的参考。但是，模糊综合评价和 AHP 法、VIKOR 法以及 Bernardo 法都是以专家学者的主观判断为基础的合作伙伴评价方法，专家在实践操作中对评价指标做出的判断不可能完全合理。而基于粗糙集和应用 Theil 不均衡指数构建的合作创新伙伴选择模型则存在着训练时间长、计算量大、可操作性不强等缺陷。

制造业企业技术创新生态系统作为开放的复杂系统，系统成员常常面临系统内外很多不确定性和庞大的数据信息，其决策过程实质是多属性决策。本书综合以上研究方法，提出一种在离散时序环境下的动态随机决策方法，解决与多个属性有关的有限方案选择问题。在现实中，由于多属性决策问题的复杂性和不确定性，属性值的测量或评价结果可能是随机变量的形式，其中属性值服从或近似服从正态分布的随机变量是最常见的形式（Maciej，2004；Tan et al.，2014；Ronald and Naif，2014）。这与本书要研究的创新扩散合作伙伴选择过程具有很强的相似性。因此，本书运用此方法，构建基于离散时序的合作伙伴选择决策模型，并对合作伙伴选择决策进行实证研究。

2. 合作伙伴选择决策模型构建的数学基础

设连续型随机变量 X 的概率密度为 $f(x)=\dfrac{1}{\sqrt{2\pi}\sigma}\mathrm{e}^{-(x-\mu)^2/2\sigma^2}$，其中 $x\in[-\infty,+\infty]$，参数 μ 与 σ^2 分别为随机变量的期望和方差，称 X 服从正态分布，记为 $X\sim N(\mu,\sigma^2)$，其累积概率函数为 $F(x)=\dfrac{1}{\sqrt{2\pi}\sigma}\displaystyle\int_{-\infty}^{x}\mathrm{e}^{-(t-\mu)^2/2\sigma^2}\mathrm{d}t$。当 $\mu=0$ 和 $\sigma=1$ 时，称变量 X 服从标准化的正态分布，则相应的概率密度与累积分布函数分别为 $\vartheta(x)=\dfrac{1}{\sqrt{2\pi}}e^{x^2/2}$ 和 $\theta(x)=\dfrac{1}{\sqrt{2\pi}}\displaystyle\int_{-\infty}^{x}\vartheta(t)\mathrm{d}t$。为便于计算，称 $\{\mu,\sigma\}$ 为随机变量 X 的正态分布数，记作 $x=\{\mu,\sigma\}$，并令 Θ 为所有正态分布数的集合。

定义 1　若 X 为一个随机变量，则根据随机事件概率统计的 3σ 原则（Damanpour，1991），变量 X 的值处在 $[\mu-3\sigma,\mu+3\sigma]$ 内的概率为

$$P\{\mu-3\sigma<X<\mu+3\sigma\}=99.74\% \tag{6.1}$$

定义 2　存在任意两个正态分布数 $x_1=\{\mu_1,\sigma_1\}$ 和 $x_2=\{\mu_2,\sigma_2\}$（Sarkar et al.，1998），则

（1）$x_1\oplus x_2=\{\mu_1+\mu_2,\sigma_1+\sigma_2\}$；

（2）$\lambda x_1=\{\lambda\mu_1,\lambda\sigma_1\}$；

（3）$\lambda(x_1 \oplus x_2) = \lambda x_1 \oplus \lambda x_2$。

定义 3 存在一组正态分布数集 $x_j = \{\mu_j, \sigma_j\}$，并设 NDNWAA：$\Theta^n \to \Theta$（Deshpande，1983），称

$$\text{NDNWAA}_w(x_1, x_2, \cdots, x_n) = w_1 x_1 \oplus w_2 x_2 \oplus \cdots \oplus w_n x_n = \left\{ \sum_{j=1}^{n} w_j \mu_j, \sqrt{\sum_{j=1}^{n} w_j^2 \sigma_j^2} \right\}$$

（6.2）

为正态分布数的加权算术平均算子，其中 $w = (w_1, w_2, \cdots, w_n)^{\mathrm{T}}$ 为随机变量 x_j $(j = 1, 2, \cdots, n)$ 属性的权重向量，$w_j \in [0,1]$，$\sum w_j = 1$。

定义 4 令 t 为时间变量，在 t 时刻随机变量 X 服从正态分布 $N(\mu(t), (\sigma(t))^2)$，并设其正态分布数为 $\{\mu(t), \sigma(t)\}$，记为 $x(t) = \{\mu(t), \sigma(t)\}$。

定义 5 令 $x(t) = (x(t_1), x(t_2), \cdots, x(t_p))$ 为一组在 p 个不同时刻 t_k $(k = 1, 2, \cdots, p)$ 的正态分布数（Nelson，1995），称

$$\text{DNDNWAA}_{w(t)}(x(t_1), x(t_2), \cdots, x(t_p)) = w(t_1)x(t_1) \oplus w(t_2)x(t_2) \oplus \cdots \oplus w(t_p)x(t_p)$$

$$= \left\{ \sum_{k=1}^{p} w(t_k)\mu(t_k), \sqrt{\sum_{k=1}^{p} (w(t_k))^2 (\mu(t_k))^2} \right\}$$

（6.3）

为动态正态分布数加权算术平均算子，其中 $w(t) = (w(t_1), w(t_2), \cdots, w(t_p))^{\mathrm{T}}$ 为时序 t_k $(k = 1, 2, \cdots, p)$ 的权重，$w(t_k) \in [0,1]$，$\sum_{k=1}^{p} w(t_k) = 1$。

3. 基于离散时序的动态随机决策过程

针对随机动态多属性决策问题，为了有效和科学地对备选方案进行排序，合理确定时间权重和决策准则是十分重要的基础性环节。

1）问题描述

若存在一个动态随机决策问题，令 $S = \{S_1, S_2, \cdots, S_m\}$ 为备选的合作伙伴集合，$C = \{C_1, C_2, \cdots, C_n\}$ 为备选合作伙伴所隶属的属性集，$w = (w_1, w_2, \cdots, w_n)^{\mathrm{T}}$ 为属性对应的权重向量，$w_j \in [0,1]$，$\sum w_j = 1$；$w(t) = (w(t_1), w(t_2), \cdots, w(t_p))^{\mathrm{T}}$ 为时序对应的时间权重向量，$w(t_k) \in [0,1]$，$\sum_{k=1}^{p} w(t_k) = 1$。记备选合作伙伴 S_i 所隶属的属性 C_j 在 t_k 时刻的值为 $X_{ij}(t_k)$，且 $X_{ij}(t_k)$ 服从正态分布，记为 $X_{ij}(t_k) \sim N(\mu_{ij}(t_k), (\sigma_{ij}(t_k))^2)$，其对应的正态分布数为 $X_{ij}(t_k) = N(\mu_{ij}(t_k), \sigma_{ij}(t_k))$，基于 p 个时刻的决策信息形成原始决策矩阵 $D(t_k) = N(\mu_{ij}(t_k), (\sigma_{ij}(t_k))^2)_{m \times n}$。可见，动态随机决策问题由方案、属

性和时间三个维度组成，确定属性和时间的权重是解决动态随机问题的关键。

2）权重的确定

动态随机决策模型中权重的确定主要包括属性权重和时间权重。关于属性权重的研究相对成熟，并已形成一定的体系。部分学者进行了确定时序权重的相关研究（Xu，2007，2008；Sadiq and Tesfamariam，2007；Tan et al.，2014；张小芝和朱传喜，2013），但这些时序权重计算的方法仅基于时序的连续信息，而完全未考虑具体时间变化和非等时间间隔状态等离散时序对时序权重的影响；并且，在动态随机决策问题中，常常会随机性地选择某几个不同时序的决策信息进行评价，在不同时间间隔状态下离散时序组合如果仅基于序顺序进行时序权重确定，则不同离散时序组合的时间权重会相等，从而影响决策结果的科学性和客观性。为此，本书引入生物学中指数衰减模型建立时间权重确定方法，充分刻画非等时间间隔状态下离散时序权重的变化趋势，最终给出更客观合理的时序权重信息。

设定一个动态随机变量集合 $X_{ij}(t_k)$，由于时间可以分为连续型和离散型，为给出离散时序权重的确定方法，先进行连续型时间权重的确定。为此，设连续时间 $T=[0,T]$，某时刻 t 的权重记为 $w(t)$，则

$$w(t)=C_0 \mathrm{e}^{\lambda(t-T)} \tag{6.4}$$

式中，$C_0>0$ 为常数，$0<\lambda<1$ 为衰减系数，表示决策者随时间变化对信息获取量的累积速率，一般情况下越接近最终决策时刻其信息累积速率越高，则其衰减系数越高，反之则越小。

在连续时间情形下，时序权重 $w(t)$ 满足 $\int_0^T w(t)=\int_0^T C_0 \mathrm{e}^{\lambda(t-T)}\mathrm{d}t=1$，进而求出 $C_0=\dfrac{\lambda}{1-\mathrm{e}^{-\lambda T}}$，式（6.4）可以进一步转换为

$$w(t)=\frac{\lambda \mathrm{e}^{\lambda(t-T)}}{1-\mathrm{e}^{-\lambda T}} \tag{6.5}$$

为此，本书基于连续时间指数衰减模型的思路求出离散时间权重，记离散时序 $T=\{t_1,t_2,\cdots,t_p\}$，t_k 时刻的权重记为 $w(t_k)$，则

$$w(t_k)=C_0 \mathrm{e}^{\lambda(t_k-t_p)} \tag{6.6}$$

式中，$C_0>0$ 为离散时序情形下的常数；$0<\lambda<1$ 为衰减系数。

同理，根据权重的约束条件，在离散情形下离散时序权重 $w(t_k)$ 应满足 $\sum_{k=1}^p w(t_k)=\sum_{k=1}^p C_0 \mathrm{e}^{\lambda(t_k-t_p)}=1$，从而求出 $C_0=\dfrac{1}{\sum\limits_{k=1}^p \mathrm{e}^{\lambda(t_k-t_p)}}$。因此，式（6.6）可转化为

$$w(t_k) = \frac{e^{\lambda(t_k - t_p)}}{\sum\limits_{k=1}^{p} e^{\lambda(t_k - t_p)}} = \frac{e^{\lambda t_k}}{\sum\limits_{k=1}^{p} e^{\lambda t_k}}, k = 1, 2, \cdots, p \qquad (6.7)$$

在式（6.7）中，离散时间 $t_k (k = 1, 2, \cdots, p)$ 序可以为不连续，即不同时序间存在不等的时间间隔，这样便更能突出因时间变化而导致的时序的权重差异，这与 Xu（2007；2008）、Sadiq 和 Tesfamariam（2007）、Tan 等（2014）、张小芝和朱传喜（2013）给出的时序权重确定方法存在本质区别，后者采用的方法只考虑序的信息，从而造成具有不同时间间隔的时序组合的各个时序权重是一样的。本书进一步用一个算例对此进行说明。

例 1　假设在某时间期间 $T = [0, T]$ 随机抽取两组时序 $T_1 = \{2, 3, 5, 8\}$ 和 $T_2 = \{1, 3, 7, 8\}$，可看出两组时序数为 5，但时序之间的间隔不相等。为此，分别应用本书提出的离散时间指数衰减模型和传统的指数分布法、时序理想解法进行权重的求取，并做出比较。为方便模型计算，对不影响计算结果的相关指数取 0.5，得到结果如表 6.1 所示。

表 6.1　时序权重方法比较

指数衰减模型		指数分布法		时序理想解法	
w_{T_1}	w_{T_2}	w_{T_1}	w_{T_2}	w_{T_1}	w_{T_2}
0.0367	0.0176	0.1015	0.1015	0.2282	0.2282
0.0606	0.0478	0.1674	0.1674	0.1077	0.1077
0.1647	0.3529	0.2760	0.2760	0	0
0.7380	0.5818	0.4551	0.4551	0.6641	0.6641

根据表 6.1 可以看出，Sajjad 等（2016）提出的指数分布法和 Tan 等（2014）提出的时序理想解法在不等时间间隔的两组时序集中所算出的时序权重是相等的，如指数分布法的 $w_{T_1}(8) = w_{T_2}(8) = 0.4551$，时序理想解法的 $w_{T_1}(8) = w_{T_2}(8) = 0.6641$；而本书提出的指数衰减模型由于充分考虑到了时序之间的间隔，所以在不同时序状态下所获得的时序权重是不等的，如 $w_{T_1}(8) = 0.7380$，$w_{T_2}(8) = 0.5818$。由于本书提出的方法充分考虑了时间变化趋势，其时序权重结果与实际情况更吻合。

3）决策排序方法

首先对原始决策信息 $X_{ij}(t_k)$ 进行无量纲化处理，以消除不同量纲单位对模型运行的影响。设其原始随机变量的正态分布函数为 $x_{ij}(t_k) = N(\mu_{ij}(t_k), \sigma_{ij}(t_k))$，考虑不同属性的性质，分别根据以下公式进行无量纲化计算。

效益型指标期望的无量纲化公式为

$$\overline{\mu}_{ij}(t_k) = \frac{\mu_{ij}}{\max_i(\mu_{ij})} \tag{6.8}$$

成本型指标期望的无量纲化公式为

$$\overline{\mu}_{ij}(t_k) = \frac{\min_i(\mu_{ij})}{\mu_{ij}} \tag{6.9}$$

指标方差的无量纲化公式均为

$$\overline{\sigma}_{ij}(t_k) = \frac{\sigma_{ij}}{\max_i(\mu_{ij})} \tag{6.10}$$

将无量纲化后的正态分布数记为 $\overline{x}_{ij}(t_k) = N\left(\overline{\mu}_{ij}(t_k), \overline{\sigma}_{ij}(t_k)\right)$，决策信息矩阵记为 $\overline{D}(t_k) = N(\overline{\mu}_{ij}(t_k), (\overline{\sigma}_{ij}(t_k))^2)_{m \times n}$。然后，应用属性权重对无量纲化后的决策信息矩阵进行集结，从而构成由目标维和时间维的决策信息 $\overline{x}_i(t_k)$。进而，原始决策信息决策矩阵形成对属性信息进行集结的综合决策矩阵 $\overline{D}(t_k) = N(\overline{\mu}_i(t_k), (\overline{\sigma}_i(t_k))^2)_{m \times k}$。接着，根据时序权重对 $\overline{x}_i(t_k)$ 进行信息集结，构成只有目标单一维度的决策信息矩阵 $\overline{D}_i = N(\overline{\mu}_i, \overline{\sigma}_i^2)$。

再将表示方案单一目标的综合正态分布数 $\overline{D}_i = N(\overline{\mu}_i, \overline{\sigma}_i)$ 转化成区间数。根据定义 1，转化后的区间数设为 $\tilde{x}_i = [x_i^L, x_i^U]$，其中 $x^L = \overline{\mu}_i - 3\overline{\sigma}_i$，$x^U = \overline{\mu}_i + 3\overline{\sigma}_i$。

定义 6　设 $\tilde{x}_i = [x_i^L, x_i^U]$ 和 $\tilde{x}_j = [x_j^L, x_j^U]$ 为两个正态分布数转化的区间数，称

$$p(\tilde{x}_i \geqslant \tilde{x}_j) = \frac{\max[0, l_{\tilde{x}_i} + l_{\tilde{x}_j} - \max(x_j^U - x_i^L, 0)]}{l_{\tilde{x}_i} + l_{\tilde{x}_j}} \tag{6.11}$$

为 $\tilde{x}_i \geqslant \tilde{x}_j$ 的可能度，其中 $l_{\tilde{x}_i} = x_i^U - x_i^L$，$l_{\tilde{x}_j} = x_j^U - x_j^L$。

根据式（6.11）计算出区间数之间的可能度，从而构建方案间的可能度互补矩阵 $p = (p_{ij})_{m \times m}$，其中 $p_{ij} = p(\tilde{x}_i \geqslant \tilde{x}_j)$，然后根据模糊互补判断矩阵排序法计算出各方案的排序情况，其计算公式为（Damanpour，1991）：

$$V_i = \frac{1}{m(m-1)}\left(\sum_{j=1}^{m} p_{ij} + \frac{m}{2} + 1\right), i = j = 1, 2, \cdots, m \tag{6.12}$$

求出排序值 $V_i = (V_1, V_2, \cdots, V_m)$，并根据其大小进行方案优劣性的排序，从而进行方案的选择。

4）动态随机决策方法的步骤

根据上述模型计算过程，将离散时序状态下的动态随机决策方法梳理如下。

步骤 1：根据方案集、属性集和时序集，构建基于 p 个时刻的决策信息形成的原始决策矩阵 $D(t_k) = N(\mu_{ij}(t_k), (\sigma_{ij}(t_k))^2)_{m \times n}$。

步骤 2：在给出属性权重集 $w = (w_1, w_2, \cdots, w_n)^{\mathrm{T}}$ 的同时，根据式（6.7）求出时序权重集 $w(t) = (w(t_1), w(t_2), \cdots, w(t_p))^{\mathrm{T}}$。

步骤 3：根据式（6.8）～式（6.10）对原始决策信息矩阵进行无量纲化处理，形成无量纲化后的决策信息矩阵 $\bar{D}(t_k) = N(\bar{\mu}_{ij}(t_k), (\bar{\sigma}_{ij}(t_k))^2)_{m \times n}$。

步骤 4：分别运用式（6.2）和式（6.3）对原始决策信息 $\bar{x}_{ij}(t_k)$ 进行属性维与时间维的信息集结，构成由目标单一维度的综合决策信息矩阵 $\bar{D}_i = N(\bar{\mu}_i, \bar{\sigma}_i^2)$。

步骤 5：将综合决策信息矩阵转化成区间数 $\tilde{x}_i = [x_i^L, x_i^U]$，再根据式（6.11）求出两两方案比较的可能度矩阵 $p = (p_{ij})_{m \times m}$。

步骤 6：得出式（6.12）方案的排序值 $V_i = (V_1, V_2, \cdots, V_m)$，并基于排序值大小确定方案的优先顺序。

6.1.3　合作伙伴选择决策实证研究及其创新扩散机理分析

1. 合作伙伴选择决策的实证研究

根据基于离散时序的合作伙伴选择决策模型，本节以风电制造业企业技术创新生态系统中的核心企业 M 为实证对象，全面分析该核心企业进行合作伙伴选择的过程。

设有 4 家企业作为备选企业可供选择，由此可设核心企业 M 的备选方案为 $S_i = \{S_1, S_2, S_3, S_4\}$；同时，设这 4 家备选企业的属性参数服从随机正态分布。本书基于前面的合作伙伴选择原则选取属性指标，具体包括：资源和技术互补性（C_1）、兼容性（C_2）、信息对称性（C_3）和预期收益（C_4），得到属性集为 $C_j = \{C_1, C_2, C_3, C_4\}$，属性权重为 $w = (w_1, w_2, w_3, w_4) = (0.212, 0.198, 0.312, 0.278)$。此外，在某段时期内随机地选择 3 个不同时刻，并设这 3 个时刻为 $t_k = \{t_1, t_3, t_5\}$，从而得到核心企业 M 在这 3 个不同时刻状态下的原始随机决策信息矩阵，如表 6.2～表 6.4 所示。

表 6.2　t_1 时刻原始随机决策矩阵

方案	C_1	C_2	C_3	C_4
S_1	$N(261, 782)$	$N(11.8, 1.82)$	$N(8.5, 1.52)$	$N(1281, 3782)$
S_2	$N(307, 852)$	$N(9.5, 1.72)$	$N(9.3, 1.82)$	$N(1374, 3852)$
S_3	$N(244, 622)$	$N(12.5, 1.12)$	$N(7.4, 1.22)$	$N(1274, 3622)$
S_4	$N(274, 802)$	$N(10.9, 1.92)$	$N(10.1, 2.42)$	$N(1186, 2802)$

表 6.3　t_3 时刻原始随机决策矩阵

方案	C_1	C_2	C_3	C_4
S_1	$N(191, 582)$	$N(12.4, 2.12)$	$N(6.5, 0.92)$	$N(1111, 2942)$
S_2	$N(291, 752)$	$N(11.5, 1.92)$	$N(7.6, 1.32)$	$N(1249, 2892)$
S_3	$N(284, 822)$	$N(10.5, 1.22)$	$N(11.4, 1.72)$	$N(1078, 2882)$
S_4	$N(207, 672)$	$N(9.9, 1.22)$	$N(8.1, 1.42)$	$N(1107, 2532)$

表 6.4　t_5 时刻原始随机决策矩阵

方案	C_1	C_2	C_3	C_4
S_1	$N(234, 772)$	$N(9.7, 1.32)$	$N(10.6, 1.22)$	$N(1300, 3012)$
S_2	$N(197, 592)$	$N(10.1, 22)$	$N(9.8, 1.72)$	$N(1311, 2992)$
S_3	$N(179, 472)$	$N(12.1, 2.12)$	$N(12.1, 2.42)$	$N(1216, 2512)$
S_4	$N(211, 712)$	$N(8.9, 0.82)$	$N(11.1, 2.12)$	$N(1119, 2492)$

　　根据步骤 1 和步骤 2，需计算时序权重。在设定不影响计算结果的衰减系数（$\lambda = 0.5$）后，根据式（6.7）进行计算，得到离散时序权重为

$$w(t_k) = (w(t_1), w(t_3), w(t_5)) = (0.090, 0.245, 0.665)$$

　　基于步骤 3 和步骤 4，得到通过属性和时序两个层面进行信息集结的综合决策信息，形成各个方案的综合正态分布数：

$$\bar{D}_1 = N(0.908, 0.717^2)，\quad \bar{D}_2 = N(0.919, 0.069^2)$$
$$\bar{D}_3 = N(0.879, 0.070^2)，\quad \bar{D}_4 = N(0.840, 0.071^2)$$

　　根据步骤 5 将综合正态分布数转化为区间数为

$$\tilde{x}_1 = [0.693, 1.124]，\quad \tilde{x}_2 = [0.713, 1.123]，\quad \tilde{x}_3 = [0.668, 1.09]，\quad \tilde{x}_4 = [0.629, 1.05]$$

　　同时，根据步骤 5 求得两两方案比较的可能度矩阵为

$$P = \begin{bmatrix} 1 & 0.4874 & 0.5348 & 0.5796 \\ 0.5126 & 1 & 0.5482 & 0.5939 \\ 0.4652 & 0.4518 & 1 & 0.5453 \\ 0.4204 & 0.4061 & 0.4547 & 1 \end{bmatrix}$$

　　根据步骤 6 求得最终的排序值 $V_i = (V_1, V_2, V_3, V_4) = (0.4668, 0.4712, 0.4552, 0.4401)$，从而按照排序值得到方案的优先顺序为 $S_2 > S_1 > S_3 > S_4$，确定最优方案为 S_2。

　　本书提出方法的计算结果与 Maciej（2004）、Tan 等（2014）提出的方法所得结果一致，说明本书所提出的方法是合理的，也表明本书基于可能度公式给出的

排序结果能够克服上述文献中决策准则的不足。同时，与 Xu（2007，2008）、Sadiq 和 Tesfamariam（2007）、Tan 等（2014）、张小芝和朱传喜（2013）提出的方法相比，该方法在时序权重方法计算方面进一步考虑了因时间间隔不等状态下的时序权重对决策结果的影响，使时序权重的确定更合理，决策结果与实际情况更吻合。

为了对比在不同时序权重下的决策结果，本书进一步根据 Sajjad 等（2016）提出的指数分布法确定时序权重为

$$w(t_k) = (w(t_1), w(t_3), w(t_5)) = (0.186, 0.307, 0.507)$$

然后根据步骤 3～步骤 6，得到最终的排序值为

$$V_i = (V_1, V_2, V_3, V_4) = (0.4739, 0.4759, 0.4613, 0.4536)$$

因此，根据排序值得到方案的优先顺序为 $S_2 > S_1 > S_3 > S_4$。虽然两种决策方法的排序结果一样，然而通过计算两种决策数值结果的总离差可以发现，基于本书所提方法的结果总离差为 0.1049，要远远大于基于指数分布法得出的决策结果总离差值 0.0795。可见，本书的决策结果要比根据尤天慧和高美丽（2014）采用指数分布法确定时序权重所得的决策结果更加精确，决策结果的差异性更加显著。可见，在核心企业进行合作伙伴选择时，该方法有助于快速进行目标识别，进而缩短了决策时间，降低了决策时间成本。

2. 基于合作伙伴选择的创新扩散机理分析

合作是新技术形成及相关知识、信息等创新成果扩散的重要前提和基础。前已述及，协同创新是制造业企业技术创新生态系统构建和运行的目的。为此，核心企业需要搭建资源转移桥梁、建立创新成果扩散的有效渠道、打造适合新技术成长的技术生态位，并依据资源和技术互补性、兼容性、信息对称性和预期收益最大化四个原则进行合作伙伴选择的决策。

本书将上述过程中的创新扩散的发生机理总结如下：因核心企业不具备新技术形成和发展的全部资源和技术，无法独自形成有效的技术生态位，故寻求具有互补性资源和技术的潜在合作伙伴成为其首要任务。为此，核心企业会根据新技术的复杂性构成，在制造业企业技术创新生态系统内外寻找能够形成新技术的资源及具有该资源的企业，并将这些企业纳入潜在合作伙伴范畴，为汇聚创新资源、打造技术生态位做足准备；在此基础上，核心企业还会考虑潜在合作伙伴与自身的兼容性问题，以确保在获取互补性资源和技术的同时，能够进行有效的交流合作，扩散形成新技术的必要知识和信息，进而有效地整合新技术形成的全部资源，打造有利于新技术成长的技术生态位。与此同时，核心企业也会对潜在合作伙伴进行全面的考察，避免信息不对称性对长期稳定合作带来的潜在影响和风险，以保障合作的顺利进行和创新成果的有效扩散。最后，在备选企业满足了上述条件之后，核心企业还会进行优中选优的决策，保证长期合作能够为其自身和合作伙

伴带来更多的收益，为形成新技术与稳固技术生态位储备充足的资金，进而与合作伙伴携手占有更多的市场空间和资源，为市场生态位形成奠定基础。

6.2　基于网络嵌入的制造业企业技术创新生态系统创新扩散机理

在制造业企业技术创新生态系统中，核心企业与其合作伙伴形成合作关系后，合作关系是否稳定，是新技术形成和扩散的又一关键环节。新技术在步入市场之前往往步履艰辛，很难在激烈的市场环境中生存发展。核心企业需要与合作伙伴保持目标一致，并力争与创新生态系统内部成员建立稳定的合作关系，共同打造保护新技术实现市场化的市场生态位，推动新技术扩散。在这一过程中，合作关系往往表现为网络嵌入性，并对创新扩散具有重要影响。嵌入性又称根植性，被广泛定义为在经济和非经济参与者之间的一系列社会关系，体现的是"谁"（嵌入主体）嵌入"什么"（嵌入客体）的问题。该概念最早由 Polanyi（1944）提出，后来经美国经济社会学大师 Granovetter 发展完善。Granovetter（1985）提出了著名的"经济行为嵌入在社会关系中"的论点，他强调所有的社会行动及其后果会受到行动双方关系以及整个网络关系的影响。因此，本书将构建网络嵌入性、吸收能力与创新扩散之间关系的理论模型，探讨网络嵌入性、吸收能力及创新扩散的相互作用关系，揭示基于网络嵌入的制造业企业技术创新生态系统创新扩散的机理。

6.2.1　核心企业的网络嵌入性

1. 网络嵌入性

网络嵌入性是指某一个具体企业和整体创新扩散网络之间关系的互动性质。网络嵌入性表征了企业在网络中的位置、地位及其与网络中其他企业间的相互关系，这些属性决定了企业在网络中所能聚集、整合和配置的资源数量，进而影响企业在网络中的行为决策。网络中企业之间的合作关系会影响合作企业技术创新过程中的伙伴选择决策，表现为一种正反馈特征，这种特征是企业在合作历史过程中形成的，并进一步影响着合作关系的发展（蒋军锋等，2007）。

2. 基于网络嵌入性的核心企业作用优势

核心企业位于网络中心，支配和领导制造业企业技术创新生态系统的发展。网络嵌入性使核心企业处于企业技术创新生态系统中战略和资源的核心位置，拥有其他企业不具备或者难以模仿的核心技术能力与丰富资源，得到更多的合作机会，接触到更多其他组织的知识和技术。Burt 认为，网络嵌入性具有信息控制优势和治理优势（向永胜，2012）。有鉴于此，本书将结合网络嵌入性的优势特征来分析核心企业在创新生态系统创新扩散中的作用优势。

（1）核心企业的信息控制优势。核心企业在网络中常常占据结构洞位置，结构洞能为核心企业带来异质信息优势和控制优势。核心企业内部的资源配置信息化程度已经很高，其信息控制优势主要指对自身或获取信息的流向控制。核心企业可以通过强关系增强信息传递的意愿，使合作伙伴及时获取重要的、完整的知识和信息，并且有助于减少搜寻、谈判等交易成本，从而实现时间经济；也可以通过弱关系连接具有不同特性的企业并进一步带来新奇的、异质性信息。同时，核心企业与合作伙伴之间的合作经验、合作频率等对核心企业的信息获取也有一定作用。此外，核心企业获取信息的数量与合作伙伴的数量正相关，其信息流遞越顺畅，系统内部成员之间的创新扩散绩效越显著。

（2）核心企业的治理优势。核心企业具有发挥协调和规范网络中的主体行为和关系的功能。创新生态系统创新扩散网络的核心治理机制是信任，它建立在核心企业与其他系统成员长期的非正式人际关系基础上，具有平等、互惠、长期导向等特征。据此核心企业能够维系合作、规范系统成员的合作行为，从而起到协调主体双方关系、实现共同获利的作用。密集的网络有助于行动者间信任机制的形成，有利于信息和技术的迅速传播与扩散，以及规范在网络中扩散和发展共享的行为期望，从而有助于核心企业构建并维持良好的协作关系和发挥治理作用。由于核心企业的治理作用，创新生态系统往往具有较强的稳定性。核心企业不仅能够带动和影响网络中其他相关企业的发展速度和方向，而且能够在系统发展中充当管理者和协调者角色，维持和管理系统的发展和技术创新活动，促使网络效应更好发挥，促进创新成果更有效地推广与扩散。同时，核心企业的生产标准体系完善，管理流程化水平较高。因此，核心企业能够将其成熟的技术标准、质量标准、先进的管理经验等分享给系统内其他成员，从而既加强了系统成员间的有效沟通，又夯实了核心企业在系统中的关键领导地位。

6.2.2　理论基础与研究假设

核心企业是创新扩散网络中的关键节点，能够选择、吸引和领导其他创新企业，为网络中优秀的合作伙伴提供成长机会，进而控制管理整个网络。其中，网络嵌入性和吸收能力是影响创新扩散的两大关键因素（Laursen and Salter，2006；Cohen and Levinthal，1990；Zahra and George，2002；Vinding，2002）。

不同程度的网络嵌入性对创新扩散的作用也有所不同，而吸收能力的强弱也会决定创新扩散的效果。因此，本书将网络嵌入性分为关系嵌入性和结构嵌入性两个维度；将吸收能力分为创新成果获取能力、创新成果消化能力、创新成果转换能力和创新成果应用能力四个维度。由此，构建了相应的研究假设模型（图6.1）。

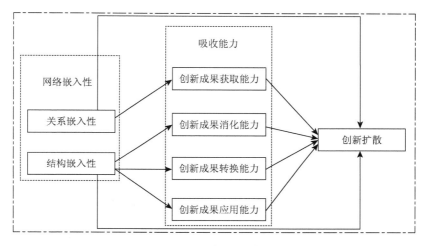

图 6.1　研究假设模型

1. 网络嵌入性对创新扩散的影响

网络嵌入性包括结构嵌入性和关系嵌入性两个维度（Granovetter，1985）。国内外学者研究了网络嵌入性与创新扩散之间的关系。魏露露和王文平（2006）在对中小团体网络结构对技术扩散影响的研究中发现，网络中节点之间的交往频繁有助于新技术在网络中扩散。蒋天颖和孙伟（2012）强调关系嵌入性正向影响集群企业技术创新扩散，而创新成果的扩散环境和扩散速度对创新绩效又呈显著的正向影响。Charles（2007）指出，在集群网络内强关系嵌入的企业通过与其他企业频繁交流，能够促进双方复杂技术和隐性知识的转移，从而推动网络内的技术创新扩散。同时，网络内组织间的关联度越高，意味着组织间拥有的技术创新扩散的渠道越多，技术创新扩散的速度越快、效率越高（Andrew and Tsang，2005）。

创新扩散网络内企业的关系嵌入强度对技术创新扩散有重要影响。强关系嵌入的企业更方便与其他企业进行技术信息和创新成果的交流或转移，进而能够提升技术创新在网络中的扩散效率。同时，由于关联度代表着企业拥有的技术创新扩散渠道的多少，所以关联度与技术创新扩散的效率呈正相关关系（蒋天颖和孙伟，2012）。

综上可见，网络嵌入程度越高，网络成员间相互信任和资源共享的程度就越高，技术创新扩散的绩效也就越好。因此，本书认为，网络嵌入性对创新扩散的影响主要表现在其对技术创新扩散绩效的重要影响，于是据此提出假设：

H1：网络嵌入性与创新扩散绩效显著正相关。

2. 核心企业吸收能力对创新扩散的影响

吸收能力一直是近二十年的研究热点。Cohen 和 Levinthal（1990）首次提出吸收能力的概念，认为吸收能力是企业识别新信息的价值，消化并将该信息应用于商业用途的能力。Escribano 等（2009）认为，拥有更强吸收能力的企业能够从外部创新成果流中获得更大收益。还有一些学者基于 Cohen 和 Levinthal（1990）的单维度测度提出了不同的测度指标，其中影响较大的是 Zahra 和 George 的研究。Zahra 和 George（2002）首次对吸收能力及其 4 个维度进行详细划分与界定，他们认为"吸收能力是通过企业获取、消化、转换和应用创新成果来生产动态组织能力的一系列组织路径和过程"，并将吸收能力分为创新成果获取能力、创新成果消化能力、创新成果转换能力、创新成果应用能力四个维度，该研究得到了学术界广泛认同。因此，本书将采用 Zahra 和 George 对吸收能力的测度指标，将吸收能力划分为创新成果的获取能力、消化能力、转换能力、应用能力四个维度进行理论和实证研究。

企业自身的吸收能力影响技术创新的扩散（Konstantions et al.，2011），吸收能力越强，企业对外部创新成果的转化能力越强，越有利于企业间的技术扩散。Andrew 和 Tsang（2005）发现，企业的创新成果获取、消化、转化、应用能力很大程度上决定了网络内企业间的创新扩散效率。Tsai（2001）、Murovec（2009）等很多学者通过实证研究，验证了吸收能力对企业创新的正向影响，认为吸收能力强的企业往往创新能力更突出，Cohen 和 Levinthal（1990）、Zahra 和 George（2002）与 Vinding（2002）等认为，只有具备较高吸收能力的企业才能有效地获取并利用创新成果，进而提升扩散效果。

创新成果获取能力是指企业识别并获得对其运营至关重要的外部创新成果的能力（Zahra and George，2002）。创新成果获取能力能够强化企业的创新资源储备，并为企业创新提供更多关键思路和知识诀窍（Ahuja and Katila，2002），创新成果获取不但能够加强企业的整体学习能力，还有利于增加企业获取商业机会的成功率（任爱莲，2010）。创新成果获取能力越强，企业越有机会将网络内其他企业的外溢创新成果引到企业内部（包庆德和刘桂英，2005），从而加快企业的创新成果更新进度。因此，创新成果获取能力通过获取研发关键信息和商业机会来促进网络创新扩散绩效。由此，本书提出假设：

H2：创新成果获取能力与创新扩散绩效显著正相关。

创新成果消化能力是指允许企业从外部资源获得信息，并对这些信息进行分析、处理、解释，进而使这种行为成为企业的惯例和流程。企业将获取的创新成果进行解码、分类进而纳入自身的知识体系，使其真正助力于企业发展进而推动创新，这就是其创新成果消化能力的体现。企业的创新成果消化能力能够帮助其理解、分析和处理来自网络内其他企业的创新成果，并将其与自身所拥有的知识储备相整合，进而使扩散株真正地"宿"于企业，从而提升创新扩散绩效。同时，消化外部创新成果能够提升企业创新效率，缩短新产品研发周期（Dyer and Singh，1998），使网络中不断有新成果被推广，从而提高创新扩散绩效。由此，本书提出如下假设：

H3：创新成果消化能力与创新扩散绩效显著正相关。

创新成果转换能力是一种企业发展能力，它能够帮助企业实现外部创新成果的内部化。企业在获取及消化创新成果的同时，面临着如何将创新成果与企业原有创新成果相融合并真正为己所用的问题，因此创新成果转换能力是吸收能力的关键，直接影响到创新成果的吸收效果和未来的创新成果应用行为。通过内外部创新成果的转换过程，企业能够将复杂创新成果简单化、系统化、本土化，从而提升自身创新成果的广度和深度，进而有利于加速创新成果的扩散和推广。由此，本书提出如下假设：

H4：创新成果转换能力与创新扩散绩效显著正相关。

创新成果应用能力指企业将获取的创新成果应用到实际生产和服务中，以从中获得经济效益的能力。通过创新成果获取、消化和转换过程，创新成果已由外部转移到组织内部。然而，如何使用整合后的创新成果仍是关键问题。创新成果是用于产品研发还是市场投放，诞生的新专利是用于企业自身储备还是进行专利转让或授权等，这都涉及企业创新成果的应用策略选择问题。企业的创新成果应用能力越强，越能增加自身创新成果的产出，越能提升自身在网络中的地位和影响，进而越能在提升创新扩散效率方面发挥更大作用。因此，本书提出如下假设：

H5：创新成果应用能力与创新扩散绩效显著正相关。

3. 网络嵌入性、吸收能力对创新扩散的影响

虽然吸收能力的高低直接作用于企业的创新扩散绩效，但随着网络嵌入性程度的变化，企业的吸收能力对创新扩散绩效的作用效果也会发生变化。在不同的网络嵌入性条件下，即使具有相同吸收能力的企业，其创新扩散绩效也可能会明显不同。

结构嵌入性主要体现在核心企业与制造业企业技术创新生态系统中其他成员的合作方面（陈钰芬和陈劲，2008）。核心企业合作的创新源企业数量越多，网络规模越大，结构嵌入程度越大。由于创新成果获取的来源就是核心企业的合作伙

伴（Miotti and Sachwald，2003），所以核心企业的创新成果获取能力与结构嵌入性密切相关。同时，结构嵌入性越大，核心企业面临的创新成果选择机会越多，识别甄选创新成果的难度越大，创新成果获取能力的作用也就越明显。较高的创新成果获取能力可以保障核心企业未来创新成果的技术水平和盈利能力，从而能够提升创新成果的市场影响力和创新扩散绩效。

由此，本书提出如下假设。

H6：结构嵌入性越大，企业创新成果获取能力对创新扩散绩效的作用效果越显著。

关系嵌入性主要体现在核心企业与制造业企业技术创新生态系统中其他成员合作的密切程度。合作频率越高，关系嵌入性就越大。Miotti 和 Sachwald（2003）认为，关系嵌入性大的企业拥有更多的资源和渠道与网络其他成员进行交流，从而可以提升企业的创新成果的消化能力。同时，网络内企业之间密切的互动合作能够提高创新成果交流的深度、广度和效率，加强彼此的创新成果消化能力。而较高的成果消化能力能够克服创新扩散过程中存在的创新成果自身的复杂性限制，从而使创新扩散过程顺利进行。

随着关系嵌入性的加大，合作主体间进行创新成果交流的频率增多，获取合作方核心创新成果的机会越大。然而，在将合作方的核心创新成果变为自身的核心创新成果的过程中，核心企业面临着创新成果的消化、转换、应用等一系列问题。这就需要核心企业具备将外部创新成果内部化的转换能力，还要具备将成果在企业内外部恰当应用的能力。Uzzi（1997）指出，网络成员企业彼此间的强关系意味着双方互惠性合作频繁，沟通渠道多且通畅，这将有利于提高企业的创新成果转换和应用能力，促进双方对技术创新扩散过程中存在的难题进行共同探讨交流。因而，可以消除创新成果接收方在创新成果转换和应用方面存在的障碍，提高创新扩散绩效。

因此，本书提出如下假设。

H7：关系嵌入性越大，创新成果消化能力对创新扩散绩效的作用效果越显著。

H8：关系嵌入性越大，创新成果转换能力对创新扩散绩效的作用效果越显著。

H9：关系嵌入性越大，创新成果应用能力对创新扩散绩效的作用效果越显著。

6.2.3 研究方法

1. 样本与数据

为检验上述理论假设，本书通过对 300 家中国企业相关技术负责人发放问卷来收集数据。采用李克特 7 级量表进行评分，共发放问卷 300 份，收回 173 份，实际有效问卷 126 份，问卷有效率为 72.8%。从有效问卷的样本结构看，样本具有较好的代表性，符合本书的研究要求。样本基本结构特征如表 6.5 所示。

表 6.5　样本基本结构特征

企业属性	类别	样本数	百分比/%
企业规模	小型	50	39.7
	中型	57	45.2
	大型	19	15.1
企业所属行业	电子及通信设备制造业	22	17.5
	电子计算机及办公设备制造	26	20.6
	医药制造	19	15.1
	医疗器械及仪器仪表制造	23	18.3
	电气机械及仪器制造	29	23.0
	航空航天器制造	7	5.5
企业所处发展阶段	创业阶段	9	7.1
	发展阶段	79	62.7
	成熟阶段	38	30.2

2. 变量测量

（1）关于网络嵌入性。本书参考 Nooteboom 和 Gilsing（2004）的研究成果，分两个维度对网络嵌入性进行测量。其中，结构嵌入性主要测量核心企业与制造业企业技术创新生态系统中其他成员（包括供应商、大学、科研机构、主要用户、政府等）合作的数量，共设置 5 个题项。关系嵌入性主要测度核心企业与制造业企业技术创新生态系统中其他成员合作的紧密程度。为此，本书在参考 Granovetter（1985）的研究成果基础上，从信任、信息共享和共同解决问题三个维度对关系嵌入性进行度量，共设置 5 个题项。

（2）关于吸收能力。在早期的吸收能力研究中，很多学者（钱锡红等，2010）沿袭了 Cohen 和 Levinthal（1990）最初关于吸收能力测量的做法，以研发费用作为吸收能力的代理变量。随着对吸收能力研究的深入，学者已经不满足于用单一的代理变量对吸收能力进行测量，因为吸收能力是一个多维度的概念。本书按照 Zahra 和 George（2002）提出的吸收能力四维度划分，参考钱锡红等（2010）和 Jansen 等构建的吸收能力测度量表，结合本书的研究内容共设置 23 个题项，分别用于测量创新成果获取能力（7 项）、创新成果消化能力（2 项）、创新成果转换能力（5 项）和创新成果应用能力（9 项）。

（3）关于创新扩散。前已述及，本书中网络嵌入性对创新扩散的影响主要体现为其对创新扩散绩效的影响。因此，对创新扩散的测度也是对创新扩散绩效的测度。本书参考 Rogers、周密（2009）等学者的研究，从创新扩散速度、创新扩散深度和创新扩散广度三个维度测量创新扩散的绩效。其中，创新扩散速度是指在一定时间内创新成果的转移程度；创新扩散深度是指创新成果在扩散过程中的集中度；创新扩散广度是指转移过程中创新成果的丰富程度。

（4）关于控制变量。创新扩散除了受到网络嵌入性和吸收能力等因素影响，还受到网络中企业自身状况的影响，如企业规模、企业所属行业、企业所处发展阶段等。企业规模越大，其资源储备越丰富，则创新扩散绩效可能越显著；而企业所属行业与创新扩散绩效也密切相关，如大型装备制造企业表现的创新扩散绩效往往低于互联网企业。因此，为了减少这些因素对本书研究结果的影响，更突出网络嵌入性和吸收能力对创新扩散的作用，本书将企业规模、企业所属行业、企业所处发展阶段作为控制变量。

指标汇总表如表 6.6 所示。

表 6.6　指标汇总表

变量	指标
网络嵌入性	结构嵌入性
	关系嵌入性
吸收能力	创新成果获取能力
	创新成果消化能力
	创新成果转换能力
	创新成果应用能力
创新扩散绩效	创新扩散速度
	创新扩散深度
	创新扩散广度

6.2.4　网络嵌入作用效果的实证研究及创新扩散机理分析

1. 问卷信度效度分析

本书使用 SPSS19.0 软件对调查问卷进行了效度和信度检验。各变量的 KMO（Kaiser-Meyer-Olkin）和 Bartlett's 球体检验值均在 0.85 以上，显著性水平均小于 0.01，说明问卷具有良好的效度；在对各题项进行两次调整后，变量的 Cronbach's α 系数和 CITC（corrected item-total correlation）总相关系数均大于 0.8，说明问卷通过上述检验。

2. 数据处理与分析

根据前面的理论假设，本书构建了 3 个模型并运用多元回归方法对其进行分析。表 6.7 中的模型 1 是控制变量对创新扩散绩效的回归模型。其结果表明，企业所处发展阶段对创新扩散绩效有显著正向影响；而企业所属行业及企业规模对创新扩散绩效的影响不显著。这可能与样本均属于高技术企业有关，即无论规模大小和所属行业，高技术企业都视传播和采纳创新成果为自身赖以生存的唯一路径；但是处在不同的发展阶段时，企业需要根据自身发展需要采取不同的创新推广或成果接收策略。

模型 2 在控制变量的基础上增加了结构嵌入性和关系嵌入性两个自变量，模型调整后的 R^2 从 0.099 提升到 0.601，表示模型解释力显著提高，说明网络嵌入性对创新绩效影响显著，进而支持了假设 H1。结构嵌入性（$\beta = 0.085$，$p < 0.1$）和关系嵌入性（$\beta = 0.654$，$p < 0.01$）对创新扩散绩效均产生显著正向影响。比较而言，关系嵌入性对创新扩散绩效的影响更大且作用效果更显著。

模型 3 在控制变量和网络嵌入性的基础上又增加了吸收能力的四个自变量，模型 3 比模型 2 的 R^2 增加了近 0.15。该结果表明，吸收能力对创新扩散绩效作用显著。在吸收能力的四个维度中，创新成果获取能力和创新成果应用能力则与创新扩散绩效高度正相关，尤其是创新成果获取能力的标准化回归系数 β 高达 0.95，$p < 0.01$。因此，假设 H2 和假设 H5 通过了检验。与此同时，创新成果消化能力和创新成果转换能力对创新扩散绩效的作用不显著，假设 H3 和假设 H4 未通过检验。这或许与中国企业目前整体合作创新程度较低有关。调查结果显示，中国企业与企业外部要素合作的数量平均是 2 次，且高达 50%的企业只重视来自用户和政府的信息与合作，仅有 21.7%的企业与外部要素合作的数量在 3 次以上。这些数据说明中国企业整体的网络嵌入程度低，企业经营中还未形成合作创新的观念和意识，进而严重缺乏消化和转化外界创新成果的思路与方法，因此导致创新成果消化能力和创新成果转换能力对创新扩散绩效的作用不显著。

模型 4 为网络嵌入性和吸收能力交互作用对创新扩散绩效影响的测量模型。为了有效地避免交互项与自变量、控制变量之间的多重共线性问题，数据均采用标准化后的数据，且保证各项的 VIF（variance inflation factor）值小于 10。如表 6.7 所示，调整后模型的 R^2 增加，说明模型 4 的解释力显著提高。结果显示，创新成果应用能力与关系嵌入性的交互作用对创新扩散绩效的影响最显著（$\beta = 0.121$，$p < 0.01$），假设 H9 得以验证；创新成果获取能力与结构嵌入性的交互作用对创新扩散绩效的影响较显著（$\beta = 0.074$，$p < 0.1$），假设 H6 得到了支持；而创新成果消化能力和创新成果转换能力与结构嵌入性的交互作用对创新扩散绩效影响不显著，假设 H7 和假设 H8 未通过验证。

表 6.7　网络嵌入性、吸收能力与创新扩散关系的多元回归分析结果

变量	创新扩散				VIF
	模型 1	模型 2	模型 3	模型 4	
企业规模	0.080	0.056	0.109	0.102	1.484
所属行业	0.204	-0.177^{**}	-0.041	-0.032	1.585
所处发展阶段	0.214^{*}	0.098	0.174^{**}	0.192^{***}	1.294
结构嵌入性		0.085^{*}	0.123^{*}	0.087^{*}	3.559
关系嵌入性		0.654^{***}	0.085^{**}	0.173^{*}	2.307
创新成果获取能力			0.429^{*}	0.301^{*}	3.895
创新成果消化能力			0.178	0.218	3.860
创新成果转换能力			0.141	0.185	4.678
创新成果应用能力			0.950^{***}	0.855^{**}	4.808
结构嵌入性*创新成果获取能力				0.074^{*}	6.485
关系嵌入性*创新成果消化能力				0.029	8.294
关系嵌入性*创新成果转换能力				0.178	8.842
关系嵌入性*创新成果应用能力				0.121^{*}	9.172
R^2	0.164	0.641	0.790	0.820	
Adj-R^2	0.099	0.601	0.750	0.778	
F	2.516^{**}	15.837^{***}	19.831^{***}	21.331^{***}	
Durbin-Watson	1.645	2.009	1.662	1.595	

表中列示的是标准化后的回归系数；*表示 $p<0.10$，**表示 $p<0.05$，***表示 $p<0.01$

　　为了更直观地揭示吸收能力和网络嵌入性的交互作用对创新扩散绩效的影响，本书利用交互图形作了进一步分析。为此，需要将样本按照结构嵌入性和关系嵌入性的得分进行标准化处理，具体做法为：若样本的相关得分大于或等于 0，则界定为网络嵌入性高；反之，则界定为网络嵌入性低。本书应用 SPSS 19.0 软件绘制散点图并描述其线性规律（图 6.2），用以形象展示结构嵌入性和创新成果获取能力对创新扩散绩效的交互影响。图 6.2（a）表示结构嵌入性低时，创新成果获取能力与创新扩散绩效的线性相关关系；图 6.2（b）代表结构嵌入性高的情况下，创新成果获取能力与创新扩散绩效的线性相关关系。比较后可以看出，结构嵌入性高时的直线斜率明显大于结构嵌入性低时的直线斜率，说明结构嵌入性越高，创新成果获取能力对创新扩散绩效的作用越明显。

　　同理，图 6.3 解释了关系嵌入性和创新成果应用能力对创新扩散绩效的影响。通过对比图 6.3（a）、图 6.3（b）两图的直线斜率发现，关系嵌入性越高，创新成果应用能力对创新扩散绩效的作用越显著。

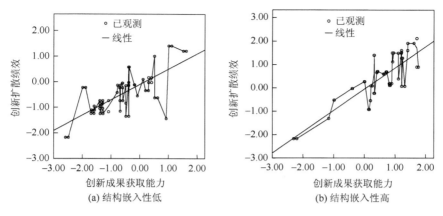

图 6.2　结构嵌入性和创新成果获取能力对创新扩散绩效的交互影响

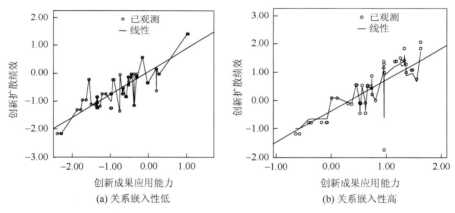

图 6.3　关系嵌入性和创新成果应用能力对创新扩散绩效的交互影响

3. 基于网络嵌入的创新扩散机理

前面探讨了网络嵌入性和吸收能力的综合作用对创新扩散绩效的影响,并以中国 126 家企业为样本,运用实证方法验证了网络嵌入性、吸收能力和创新扩散的相互作用关系。上述研究表明,基于网络嵌入的制造业企业技术创新生态系统的创新扩散,是以包括关系嵌入性和结构嵌入性两个维度的网络嵌入性为根本推动力、在吸收能力这一关键变量的综合作用下发生的市场生态位层面的技术创新扩散过程。鉴于此,本书对基于网络嵌入的制造业企业技术创新生态系统创新扩散机理阐释如下。

第一,市场生态位在网络嵌入性、吸收能力的综合作用下形成。创新成果刚刚进入市场环境时,会面临一系列来自市场的挑战,如创新成果本身的品质和功能属性能否使消费者满意、创新成果的同类竞争产品是否存在市场威胁等。为了应对上述这些市场挑战，核心企业会领导合作伙伴们建立市场生态位，以期为初入市场的创新成果构建一定的市场保护空间。前已述及，在技术生态位构建阶段，核心企业会选择以研发为主的合作伙伴。到了市场生态位构建阶段，核心企业在稳定已有合作伙伴关系的基础上，将吸引擅长解决市场问题的合作伙伴加入，如市场运营商、售后服务商等。在此阶段，核心企业与市场合作伙伴达成合作的基础就是双方的吸收能力。这意味着，核心企业需要具备吸收市场知识的能力，而市场合作伙伴则需要具备消化、转换、应用创新成果的能力，并在此基础上为创新成果的大规模推广制定切实可行的市场策略。同时，核心企业与合作伙伴进行频繁的技术合作交流与市场合作交流，努力嵌入到制造业企业技术创新生态系统之中，并着力不断增强网络嵌入性，以巩固市场生态位、确保新技术顺利走出"死亡谷"。

第二，网络嵌入性能够推动制造业企业技术创新生态系统在市场生态位层面的创新扩散，其中关系嵌入性比结构嵌入性对创新扩散的作用效果更加明显。分析表明，具有强关系嵌入性的核心企业能够获取更多的关键信息，对合作企业具有较强的控制力，使这些合作企业形成共同的市场定位和战略共识，从而能够凝聚众多合作企业的力量共同打造新技术商业化的市场生态位。在此过程中，网络嵌入性越强，创新成果在企业间扩散的速度越快，构成市场生态位需要的各种资源和创新成果越能够快速集聚，从而为新技术正式进入市场参与中观层面的竞争与合作奠定基础。

第三，吸收能力对创新扩散起到积极的推动作用。实证分析结果表明，在吸收能力的四个维度中，创新成果获取能力和创新成果应用能力与创新扩散绩效高度正相关，而创新成果消化能力和创新成果转换能力对创新扩散绩效的作用不显著。可见，创新成果能够被企业获取并应用，是实现创新扩散的必要条件，也是市场生态位形成的重要因素。而市场生态位形成也需要必要的资源和创新成果。为此，在制造业企业技术创新生态系统创新扩散过程中，具有领导地位的核心企业会嵌入到创新扩散网络并力争占据"结构洞"这一核心位置，指导合作企业获取新信息、学习新知识、吸收新技术，进而共同促进市场生态位的发展，推动创新成果扩散。可见，网络嵌入条件下，创新成果获取能力与创新成果应用能力积极推动了创新扩散。

第四，网络嵌入性和吸收能力共同促进市场生态位层面的创新扩散。研究结果表明，结构嵌入性越大，创新成果获取能力对创新扩散的作用越明显；关系嵌入性越大，创新成果应用能力对创新扩散的作用越显著。结构嵌入性大，意味着外部创新资源来源广泛、种类丰富，市场生态位容易形成。此时，核心企业必须凭借自身强大的创新成果获取能力，加快新技术形成急需的异质性资源从合作伙伴向自身转移、为己所用，并根据已有资源情况决定打造市场生态位的策略。关系嵌入性大，意味着合作企业双方的合作关系稳定，创新成果能够在企业间顺畅流动，彼此的创新成果获取能力和消化能力都处于较高水平，市场生态位所需资源能够加速集聚。此时，决定创新扩散绩效的关键变量在于创新成果转换能力和创新成果应用能力。创新成果能够从一个企业内化到另一企业，并能够被后者灵活应用，才能够表示某项创新成果扩散的顺利完成；同时，市场生态位才能发挥其作用，保护创新成果在其中顺利完成市场化的过程，并在未来的目标市场上具有一定的竞争优势。由此可见，网络嵌入性和吸收能力的共同作用推动了市场生态位的形成与发展，因而促进了制造业企业技术创新生态系统的创新扩散。

本 章 小 结

本章基于核心企业视角开展了创新生态位层面的制造业企业技术创新生态系统创新扩散机理研究。一方面，分析了核心企业进行合作伙伴选择的原则，提出了基于离散时序和随机决策的合作伙伴选择方法，并进行了实例验证，继而分析了基于合作伙伴选择的制造业企业技术创新生态系统创新扩散机理。另一方面，提出理论假设并实证检验了网络嵌入性与吸收能力对创新扩散的作用，进而结合实证研究结果分析了基于网络嵌入的制造业企业技术创新生态系统创新扩散机理。

第7章 基于技术范式的制造业企业技术创新生态系统创新扩散机理

技术创新采纳行为是技术创新扩散研究的重要内容（徐莹莹，2015），技术创新只有被广泛采纳，才能实现规模性扩散。其中，因生态位相似而导致的企业间竞争关系、因生态位不同而产生的企业间合作关系都会对制造业企业技术创新生态系统创新扩散具有重要影响，且作用机理有所差异。因此，本章将立足于市场视角，运用博弈理论进一步分析在竞争关系与合作关系作用下技术范式层面的制造业企业技术创新生态系统创新扩散运行原理和演变规律；深入剖析竞争与合作交互作用下新技术标准的形成与锁定过程，揭示基于技术范式的制造业企业技术创新生态系统创新扩散机理。

7.1 制造业企业技术创新生态系统的创新扩散主体间的作用关系

竞争与合作是自然生态系统中生物有机体之间关系的一种反映，是生物有机体为适应内外部环境而形成的一种"涌现秩序"（刘鹤玲，2005）。达尔文的《物种起源》对自然生态系统中生物有机体间的竞争行为进行了恰当的解释，而亲缘选择、互惠利他等理论则分析了生物有机体之间的合作行为。竞争理论与合作理论都是对自然选择学说的延展（刘鹤玲，2005），二者相辅相成、相互融合、密不可分。

Nowak（2006）从自组织的角度，揭示了系统主体间关系"突变"作用下新"秩序"形成的机理。他认为，"突变"引发系统资源发生变化，或相互替代、或补充兼容，导致系统主体功能的相互让渡，系统中涌现出新的功能合作体。当系统资源以替代为主时，功能合作体分解，主体关系表现为竞争性；而当系统资源以互补或兼容为主时，主体关系则呈现合作性。因此，根据第2章制造业企业技术创新生态系统结构的描述，参考上述系统主体要素间的相互作用形式，本书将制造业企业技术创新生态系统中创新扩散主体间的关系划分为竞争关系与合作关系。

7.1.1 竞争关系

生态位理论的发展，淡化了对竞争与合作孰为优先的争论（包庆德和刘桂英，

2005)。奥德姆把生态位之间的相互作用分成"负向相互作用（negative interaction）"和"正向相互作用（positive interaction）"（奥德姆，2009）。竞争与斗争被包含在前者，而合作与互利被包含在后者。

竞争关系是生物体的生态位重叠而导致的负向相互作用（奥德姆，2009）。生态位理论阐明，生态位重叠会造成企业间的过度竞争（方薇和陈世平，2000）。在制造业企业技术创新生态系统中，当两个或两个以上核心企业在同一时空内面对相同市场提供相似的技术和产品时，其中一方的创新活动会为其他方的创新活动带来负面影响。当二者采用相同的技术范式时，适应性强的技术能够为核心企业带来更高的市场份额（袭希，2013）。制造业企业技术创新生态系统中创新扩散主体间的竞争关系一般包括以下三个方面：一是面对相同市场的核心企业间竞争；二是面对相同市场的非核心企业间竞争；三是核心企业与非核心企业间的竞争。本书将在下面分析三种竞争关系下的创新扩散主体间的新技术采纳博弈。

7.1.2　合作关系

根据生态位理论，不同生态位上的主体会在生态系统内外环境的作用下相应地产生合作行为（奥德姆，2009）。因此，合作关系是生物体的生态位差异化而导致的正向相互作用。由此可知，创新生态系统中的合作关系是指若干创新主体为了满足新的市场需求、创造新的市场生态位、实现资源共享、进行技术互补、降低创新风险和成本而展开的对彼此有利的关系，其中一方的创新活动能够使合作的其他方同时获利。

企业联盟、区域分工协作、国家间的合作等合作现象已经成为当今政治、经济发展的普遍模式与趋势。目前，企业进行技术合作的基本方式主要有以下几种：市场交易、技术联盟、生产与研发网络、合资、兼并和收购等。其中，市场交易和兼并收购是技术从一方向另一方单向转移的过程，而技术联盟、生产和研发网络、合资等方式是双方相互作用的。可见，后者的合作关系表现比前者更为紧密。

制造业企业技术创新生态系统中的合作关系主要包括三种。第一，是核心企业之间的合作。主要是占据不同生态位企业之间的合作，如不同领域核心企业的跨界合作，或是出于战略资源互补考虑的专利合作，如高通与华为关于芯片技术的相互授权合作。第二，是核心企业和非核心企业之间的合作关系，这种合作关系通常表现为供给关系：核心企业只保留自己具有核心竞争力的关键业务环节，而把其他非核心业务外包给分工更专业和更有效率的配套商，与之形成一个环环相扣的协作系统（彭爱东等，2013）。第三，是非核心企业之间的合作。本书将在后面运用演化博弈思想分析合作关系下的创新扩散主体之间的新技术采纳决策。

因此，在制造业企业技术创新生态系统中，竞争关系下的核心企业之间、非核心企业之间为了保持各自竞争优势、获取市场份额，进行着是否采纳新技术以及何时采纳新技术的决策，进而在竞争关系中促进新技术或新产品的扩散。合作关系下创新扩散企业之间，会通过评估各自的收益成本，来预测合作能够带来的收益大小，通过合作以获取更多市场资源、扩大产品规模，促进并共同推动创新扩散，进而形成技术壁垒（或完成技术标准锁定），抵御潜在竞争者。综上，本章的研究框架如图 7.1 所示。

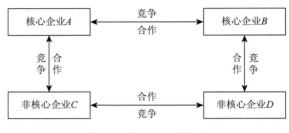

图 7.1   本章的研究框架

7.2   竞争关系下制造业企业技术创新生态系统的创新扩散机理

两个相似的生物有机体不能占有相似的生态位，而是以某种方式彼此取代，使每一生物有机体具有各自生活方式的特点，从而在生态位上发生分离的现象，这一假说称为"高斯假说"（戈峰，2008）。根据生态学种间竞争的"高斯假说"可知，企业之间为争夺同行业资源会展开激烈竞争。由于原材料、资本和人力等资源的有限性，占据相似资源的制造业企业技术创新生态系统中的创新主体也会呈现竞争和排斥现象。在占据相同生态位而形成竞争关系的企业之间，一旦有一家企业采纳新技术并获得技术优势，另外一家企业必然会采取应对措施以保持竞争优势。由此，本书以竞争关系为前提，分析制造业企业技术创新生态系统中核心企业之间、核心企业与非核心企业之间以及非核心企业之间的创新扩散博弈情况。

7.2.1   竞争关系下核心企业间的创新扩散博弈分析

1. 核心企业间创新扩散的基本假设

为了理论性地分析制造业企业技术创新生态系统中核心企业间的竞争行为，本书基于第 4 章关于创新扩散动力要素的描述，将竞争关系下的制造业企业技术创新生态系统的创新扩散动力要素简化提炼为成本和收益两项指标，进而运用双寡头垄断模型分析上述指标对核心企业技术创新采纳决策的影响。

在制造业企业技术创新生态系统中，核心企业是引领技术创新的重要节点，具有规模大、创新能力强、生产标准化水平高、资源配置信息化程度高等特点，往往是某项新技术的扩散源。因此，基于王飞（2007）提出的空间双寡头竞争下的创新扩散模型，本书进一步简化模型，对竞争关系下核心企业的创新采纳博弈分析做出如下假设。

假设 1：制造业企业技术创新生态系统中有两个形成竞争关系的核心企业 A 和 B，其中核心企业 A 为扩散源。

在制造业企业技术创新生态系统中，作为扩散源的核心企业 A 对创新扩散具有决定性作用。A 可以选择封锁新技术，以在市场竞争中获得竞争优势，占据更多的市场份额；同时，A 也可以推广该项新技术，收取该项技术的使用费用，以增加收益。因此，作为扩散源的核心企业 A 在创新扩散中具有两种策略，即封锁新技术和推广新技术。与核心企业 A 形成竞争关系的核心企业 B 为保持竞争优势，在核心企业采用新技术时，会采取有效的应对措施。实践表明，在此情况下，核心企业 B 通常具有两种可供选择的策略，即实施自主创新和引进新技术。基于此，本书提出如下假设。

假设 2：作为扩散源的核心企业 A 具有封锁新技术和推广新技术两种策略，与核心企业 A 形成竞争关系的核心企业 B 具有实施自主创新和引进新技术两种策略。

在制造业企业技术创新生态系统中，市场竞争的激烈程度会影响核心企业 A 和 B 的策略选择。市场竞争越激烈，因技术创新而拥有技术优势的核心企业 A 更倾向于封锁该项技术，以期独占市场。相对而言，若核心企业 A 推广该项新技术，也会收取更多的技术使用费用。因此，核心企业 A 和 B 之间的竞争强度 α 会影响制造业企业技术创新生态系统创新扩散的最终结果。针对此情况，本书做出如下假设。

假设 3：推广新技术的定价 π（即核心企业 B 引进新技术的成本）与核心企业 A 和 B 之间的竞争强度 α 呈正相关关系，即 $\pi = f(\alpha)$，$f'(\alpha) > 0$。

2. 核心企业间创新扩散的竞争博弈分析

对制造业企业技术创新生态系统中的核心企业 A 而言，封锁新技术会保持竞争优势，并获得因采纳新技术而带来的收益 Q；而推广新技术会获得新技术的使用费 π 和继续使用新技术获得的收益 H_1。对核心企业 B 而言，实施自主创新要投入大量的 R&D 费用，因此产生创新成本 P，并获得收益 T_1；而引进新技术则需付出相应的使用费 π，并获得收益 T_2。因此，核心企业 A 和 B 博弈的支付矩阵如表 7.1 所示。

表 7.1　核心企业 A 和 B 博弈的支付矩阵

核心企业 A 核心企业 B	封锁新技术	推广新技术
实施自主创新	(T_1-P,Q)	$(T_1-P,0)$
引进新技术	$(0,Q)$	$(T_2-\pi,H_1+\pi)$

可以看出，策略组合（核心企业 A 封锁新技术，核心企业 B 引进新技术）不具有合理性，因此不予考虑。针对其他三种策略组合，本书将根据博弈论的划线法进行比较分析，以得到纳什均衡策略。

当核心企业 A 选择封锁新技术时，核心企业 B 由于无法引进新技术，只能选择实施自主创新。在此情形下，制造业企业技术创新生态系统不能进行创新扩散。

当核心企业 A 选择推广新技术时，核心企业 B 要在实施自主创新和引进新技术两种策略中做出选择。核心企业 B 的决策结果由不等式 $(T_1-P)-(T_2-\pi)$ 决定，即需要判断（T_1-P）和（$T_2-\pi$）的数值大小关系。前面已述，核心企业 A 和 B 的竞争强度 α 是影响使用费 π 的重要变量。当核心企业 A 和 B 竞争异常激烈时，π 的数值则会趋于无穷大，相应的 $T_2-\pi$ 将无穷小。在此情形下，策略组合（核心企业 A 选择推广新技术，核心企业 B 实施自主创新）是最优策略，系统中无法进行创新扩散。

除了上述情况，制造业企业技术创新生态系统中核心企业间能否进行创新扩散，由核心企业 A 的使用费定价和持续使用新技术的收益之和（$H_1+\pi$）、核心企业 B 的自主创新收益（T_1-P）以及核心企业 B 引进新技术的收益（$T_2-\pi$）决定。因此，在制造业企业技术创新生态系统中，形成竞争关系的核心企业之间能够形成创新扩散的唯一条件是 $(T_1-P)<(T_2-\pi)$，即核心企业 B 的自主创新收益小于核心企业 B 引进新技术的收益。

7.2.2　竞争关系下核心企业与非核心企业间的创新扩散博弈分析

1. 核心企业与非核心企业间创新扩散的基本假设

在制造业企业技术创新生态系统中，核心企业与非核心企业之间的竞争关系也对创新扩散具有重要影响。与竞争关系下核心企业间创新扩散的不同在于，非核心企业往往是一些规模较小、创新能力较弱的企业，它们往往难以实施自主创新，常常依靠核心企业指定的技术标准、技术要求等进行生产运营，其管理能力有限、信息化水平一般。因此，本书做如下假设。

假设 1：作为扩散源的核心企业 A 具有封锁新技术和推广新技术两种策略，非核心企业 C 仅具有采纳新技术和不采纳新技术两种策略。

在核心企业 A 与非核心企业 C 之间的创新扩散中，他们之间的竞争强度仍是决定使用费 π 的重要变量。因此，本书给出如下假设。

假设 2：推广新技术的定价 π（即非核心企业 C 采纳新技术的成本）与核心企业 A 和 C 之间的竞争强度 α 呈正相关关系，即 $\pi = f(\alpha)$，$f'(\alpha) > 0$。

2. 核心企业与非核心企业间创新扩散的竞争博弈分析

在制造业企业技术创新生态系统中，核心企业 A 封锁新技术可获得收益 Q_1，推广新技术则获得使用费 π 和持续使用新技术的收益 H_2。非核心企业 C 采纳新技术，需付出使用成本 π，并获得收益 T_3；因此，核心企业 A 和非核心企业 C 博弈的支付矩阵如表 7.2 所示。

表 7.2　核心企业 A 和非核心企业 C 博弈的支付矩阵

核心企业 A / 非核心企业 C	封锁新技术	推广新技术
采纳新技术	$(0, Q_1)$	$(T_3 - \pi, H_2 + \pi)$
不采纳新技术	$(0, Q_1)$	$(0, H_2 + \pi)$

可以看出，策略组合（核心企业 A 封锁新技术，非核心企业 C 采纳新技术）不具有合理性，因此不予考虑。针对其他三种策略组合，本书将根据博弈论的划线法进行比较分析，以得到纳什均衡策略。

当核心企业 A 选择封锁新技术时，非核心企业 C 无法采纳新技术。因此，在此情形下，制造业企业技术创新生态系统不能进行创新扩散。

当核心企业 A 选择推广新技术，非核心企业 C 面临是否采纳新技术的选择。该项决策由 $T_3 - \pi$ 是否大于 0 决定。当核心企业 A 和非核心企业 C 的竞争异常激烈时，π 的数值则会趋于无穷大，相应的 $T_3 - \pi$ 将无穷小。在此情形下，策略组合（核心企业 A 选择推广新技术，非核心企业 C 不采纳新技术）是最优策略，系统中无法进行创新扩散。

除了上述情况，制造业企业技术创新生态系统中核心企业和非核心企业间能否进行创新扩散，由核心企业 A 的使用费定价 π 和持续使用新技术获得收益 H_2、非核心企业采纳新技术的收益 T_3 决定。因此，在制造业企业技术创新生态系统中，形成竞争关系的核心企业 A 和非核心企业 C 之间能形成创新扩散的唯一条件是 $T_3 - \pi > 0$，即非核心企业 C 采纳新技术的预期收益大于采纳新技术的使用费。

7.2.3　竞争关系下非核心企业间的创新扩散博弈分析

在 7.2.1 节的双寡头博弈模型中，本书仅分析了两家核心企业的新技术采纳决策，但是在制造业企业技术创新生态系统中存在着很多企业；而且较之于核心企业之间的新技术采纳决策，非核心企业之间的新技术采纳决策更为常见。因此，为了更为准确地反映实际情况，本书将增加博弈分析中的企业数量。

近年来，学者开始运用智能体模型和仿真（agent-based modeling and simulation，ABMS）对社会中的一些现象进行仿真模拟，以找出决策的关键点和瓶颈问题。经济管理领域的学者也正在致力于对该种方法的拓展和深化。考虑到 ABMS 对多主体决策问题的适用性，本书将运用 Netlogo 软件模拟制造业企业技术创新生态系统中竞争关系下的非核心企业之间的新技术采纳决策进行多主体博弈分析。

1. 非核心企业间创新扩散的基本假设

假设在制造业企业技术创新生态系统中，存在非核心企业群 a 和 b，用 N_a、N_b 分别表示企业群 a 和 b 的企业数量，二者在采纳新技术的策略 R 与不采纳新技术的策略 S 间进行选择，以获得最大收益。

对于形成竞争关系的非核心企业群 a 和 b 而言，采用相同技术的企业会形成规模效益。换言之，采纳相同技术的企业越多，获得收益越大。因此，本书提出如下假设。

假设 1：非核心企业群 a 和 b 选择策略 R 或 S 的收益取决于各自的数量 N_a 和 N_b。

p、q 代表了非核心企业群 a 和 b 所获得的收益，r_A 与 s_A、r_B 与 s_B 分别代表 a 与 b 对于采用策略 R 和 S 的自然偏好初始收益，模型中设定 $r_A>s_A$，$r_B<s_B$。这一设定表明，a 对于策略 R 有自然偏好，b 对于策略 S 有自然偏好，由此获得的支付矩阵如表 7.3 所示。

表 7.3　竞争关系下非核心企业群 a 与 b 的支付矩阵

非核心企业群 b ＼ 非核心企业群 a	采纳新技术 R	不采纳新技术 S
采纳新技术 R	(r_a, r_a)	(r_b, s_a)
不采纳新技术 S	(s_b, r_a)	(s_b, s_a)

2. 非核心企业间创新扩散的竞争博弈分析

本书通过改变 N_a 和 N_b 的大小关系，运用 Netlogo 软件进行仿真模拟来分析竞争关系下非核心企业群采纳新技术的市场份额和收益的变化情况。

首先，当 $N_a>N_b$ 时，其仿真结果如图 7.2 所示。

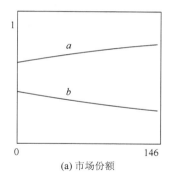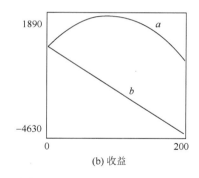

图 7.2　当 $N_a > N_b$ 时，两类企业的市场份额和收益变化情况

从图 7.2 可以看出，当采纳新技术的企业大于不采纳新技术（使用原有技术）的企业时，其市场份额和收益的变化趋势呈现出明显的分化。首先，采纳新技术的企业群 a 的市场份额呈单调增长趋势，不采纳新技术而使用原有技术的企业群 b 则处于单调下降趋势。这说明采纳新技术能够使企业获得更多的市场份额，在市场竞争中处于绝对优势地位。其次，采纳新技术的企业群 a 的收益呈现倒 U 型趋势，使用原有技术的企业群 b 的收益则呈现单调递减的趋势。这说明采纳新技术可以使市场竞争压力变小，收益空间增加，但随着采纳新技术的企业数量增多，市场竞争将更加激烈，因此收益呈现先增后减的趋势。

其次，当 $N_a < N_b$ 时，其仿真结果如图 7.3 所示。

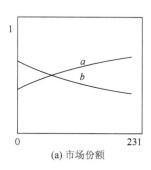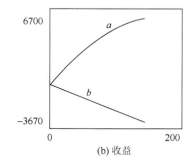

图 7.3　当 $N_a < N_b$ 时，两类企业的市场份额和收益变化情况

观察图 7.3，当 $N_a < N_b$ 时，采纳新技术导致其市场份额、收益的变化趋势依然很明显。首先，采纳新技术的企业群 a 和使用原技术的企业群 b 的市场份额变化情况与 $N_a < N_b$ 时的情况基本一致。这说明，无论非核心企业的技术偏好如何，最终结果仍是采纳新技术的企业群在市场竞争过程中占据优势。但技术偏好不同的两类企业的收益增长情况与 $N_a > N_b$ 时的情况有所差异，表现为：企业群 a 的收

益持续增长但增长率不断下降，收益出现增长的上限。通过分析发现，在偏好采纳新技术的企业在市场竞争中获得技术优势的同时，偏好使用原技术的部分企业迫于市场竞争压力也将考虑采纳新技术。还有一些偏好原技术的企业，或因技术学习能力较弱或因企业规模较小，没有资金实力引进新技术，最终将在竞争过程中落败并退出市场。伴随采纳新技术企业的数量增加，收益被更多企业分享，收益增长率逐渐下降，收益增长空间不断变小。最终，新技术能在偏好采纳新技术的企业及偏好原技术的部分实力较强的企业中扩散。

7.2.4 基于竞争博弈的制造业企业技术创新生态系统创新扩散机理分析

本书通过博弈分析探讨了竞争关系下制造业企业技术创新生态系统成员的技术采纳决策，揭示了核心企业间、核心企业与非核心企业间，以及非核心企业间实现创新扩散的内在原理和规律。本书发现，只有当作为扩散源的核心企业推广新技术，且其他核心企业及非核心企业采纳新技术时，制造业企业技术创新生态系统中才能实现扩散。为了更加清晰地描述制造业企业技术创新生态系统的创新扩散机理，本书基于上述博弈分析的结果，梳理出不同竞争关系下创新扩散的实现条件和主要影响因素。具体如表 7.4 所示。

表 7.4 制造业企业技术创新生态系统进行创新扩散的实现条件和主要影响因素

序号	博弈主体	实现创新扩散的条件	主要影响因素
1	核心企业 核心企业	作为扩散源的核心企业选择推广新技术； 非扩散源的核心企业自主创新收益小于采纳新技术收益	竞争强度； 预期成本； 预期收益
2	核心企业 非核心企业	作为扩散源的核心企业选择推广新技术； 非核心企业采纳新技术的预期收益大于新技术采纳成本	竞争强度； 预期成本； 预期收益
3	非核心企业 非核心企业	作为扩散源的核心企业选择推广新技术； 存在偏好采纳新技术的非核心企业	企业实力； 技术偏好； 预期收益

（1）在核心企业间的创新扩散过程中，作为扩散源的核心企业是否有意愿推广新技术，对制造业企业技术创新生态系统能够实现大规模创新扩散具有决定性影响。当核心企业间的竞争异常激烈时，为获得新技术带来的创新收益，作为扩散源的核心企业更倾向封锁新技术，或提高采纳新技术的使用费，创新扩散在此情况下则难以进行。当核心企业间的竞争较为缓和时，作为扩散源的核心企业希望通过推广新技术为自己带来更多收益，此时与其存在竞争关系的其他核心企业将决定制造业企业技术创新生态系统的创新扩散能否顺利进行。后者将会对自主

创新的收益与采纳新技术的收益进行分析和比较：当采纳新技术的收益更加丰厚时，这些核心企业才愿意采纳新技术，进而推动制造业企业技术创新生态系统的创新扩散。

（2）在核心企业与非核心企业间的创新扩散过程中，只有核心企业选择推广新技术，且非核心企业的预期收益大于采纳新技术的使用成本时，制造业企业技术创新生态系统创新扩散才能持续进行。面对相同的市场，核心企业往往占有更多的市场份额，而综合实力较弱的非核心企业想在该市场中生存就必须采纳由核心企业主导的新技术。若采纳新技术产生的成本过高，非核心企业难以接受，则会退出市场，创新扩散进程因而变慢，制造业企业技术创新生态系统难以实现大规模的创新扩散。只有当采纳新技术的成本较为合理并能被多数非核心企业接受时，制造业企业技术创新生态系统才能实现大规模创新扩散。

（3）在非核心企业间的创新扩散过程中，偏好采纳新技术的非核心企业数量是否占优，是影响制造业企业技术创新生态系统能否实现规模性扩散的重要影响因素。新技术往往会给企业带来更多收益，企业更愿意采纳新技术。当偏好采纳新技术的非核心企业数量占有一定优势时，创新扩散会顺利进行，市场主导技术由新技术替代。这会迫使一些偏好原有技术的企业也会快速改变策略、采纳新技术，从而使创新扩散进展迅速。而当偏好采纳新技术的非核心企业数量较少时，创新扩散仍会发生。但由于偏好原有技术的企业数量较多，加之一些综合实力较弱的非核心企业囿于自身资金情况和综合实力，难以承担采纳新技术的风险与成本，不能采纳新技术，因而，创新扩散进程会发展迟缓，新技术的广泛传播会经历一个较为长期的过程。

7.3　合作关系下制造业企业技术创新生态系统创新扩散机理

随着科学技术的不断进步和全球经济一体化进程的加快，以合作为基础的技术联盟不断涌现，使创新扩散更容易在联盟网络中进行（Bengtsson and Kock，1999；Brandenburger and Nalebuff，1997）。生态学理论也阐释，不同主体会在创新生态系统内外环境的作用下相应地产生合作行为，以获得群体的核心竞争力，在系统内取得竞争优势。由此，本书将对合作关系下制造业企业技术创新生态系统的创新扩散机理进行剖析，分析合作关系下创新扩散主体间的创新扩散机理，并在此基础上讨论制造业企业技术创新生态系统创新扩散过程中的技术标准锁定现象。

7.3.1　演化博弈理论

随着行为经济学和实验经济学的兴起，新古典的理性选择范式受到越来越多的质疑，"有限理性"的概念得到了更多经济学家的重视。从 20 世纪 80 年代起，以 Nelson 和 Winter（1982）为代表的新熊彼特主义掀起了演化经济学复兴的浪潮。在过去的 20 年里，演化经济学的发展更加迅猛。与此同时，新古典经济学的分析方法也在发生变化，从原先一般均衡理论的均衡分析开始转向博弈论的纳什均衡分析（Schotter，1981；Sugden，1986），进而又拓展为演化博弈的趋向均衡分析（Friedman，1991；1998）。一些学者将演化博弈视为新古典经济学和演化经济学的交汇与结合，认为演化博弈能够调和均衡理论和演化理论的范式冲突，也能够体现主流经济学对演化经济学的吸收和接纳。可见，演化博弈正在成为演化经济学未来最有发展前景的理论之一。

演化博弈理论（evolutionary game）是把博弈理论分析和动态演化过程分析相结合的一种理论。因此，可以将演化博弈定义为以有限理性为基础，其研究的对象是一个群体，而不是单个行为个体的效应分析（王永平和孟卫东，2004）。演化博弈的基本思路是：在具有一定规模的博弈群体中，博弈方进行着反复的博弈活动。由于有限理性的存在，博弈方不可能在每一次博弈中都找到最优的均衡点，于是，它的最佳策略就是模仿与改进自己和别人过去的最有利策略，这一过程被称为"复制动态过程"（replicator dynamics）。通过长期的模仿和改进，所有博弈方会趋于某个稳定的策略，这个稳定的策略被称为演化稳定策略（evolutionary stable strategy，ESS）（王国红等，2015）。因此，目前许多学者正在尝试进一步拓展演化动态模型，将个体学习过程引入演化博弈中。

Nowak（2006）指出，互惠机制是演化博弈中一种重要的合作进化机制。互惠是社会互动的一种基本规范（Gouldner，1960），是企业选择相互合作的基础。它不仅能提高集体行动的一致性、加强社会行为准则，而且构成组织发展重要的激励源（Fehr et al.，1997）。

创新扩散主体之间的合作基础是两者之间存在利益交换的可能性。为了保持和提高竞争优势，供应商、制造商以及经销商纷纷由传统的企业关系走向战略合作，建立起战略合作伙伴关系。良好的战略合作伙伴关系可以使创新生态系统中的企业在财务状况、产品质量、交货期、用户满意度等方面都得到改善和提高，并最终实现各企业的"多赢"。结合上面关于互惠理论的描述，可知制造业企业技术创新生态系统中主体之间的合作属于互惠现象，而演化博弈能够解释所有的互惠现象，所以，本书选择使用演化博弈理论分析制造业企业技术创新生态系统中合作关系下主体间的创新扩散机理。

7.3.2 合作关系下创新扩散的基本假设

大量研究表明，以合作关系为主的系统或网络，其技术扩散过程不会受节点性质的影响，而更多地受节点间关系的影响。因此，本书在分析合作关系下的创新扩散时，不对扩散主体的类型加以区分，仅对合作关系本身对创新扩散的影响进行分析。

Watts 和 Strogatz（1998）在研究企业创新网络的创新扩散时发现，一项技术能否顺利地从扩散源向其他企业转移的关键在于，与其形成合作关系的企业能够快速习得该项技术并灵活运用。Barabas 和 Albert（1999）承袭了 Watts 与 Strogatz 的观点，对形成合作关系的两家企业间创新扩散过程进行了深入研究，发现合作关系紧密的两家企业更有助于创新扩散。与之相似，Newman 和 Girvan（2003）通过实证研究验证了以上观点，并进一步得出"合作频次越高，技术越容易进行转移"的结论。Cowan（2004）综合以上学者观点认为，紧密的合作关系有助于推动创新扩散的本质在于，处于长期合作的两家企业形成了有效的沟通机制，有助于新技术中隐性知识的转移，进而使得采用新技术的企业更容易学习该项新技术并灵活运用。

然而，除了合作关系紧密程度这一变量对合作关系下企业间的创新扩散具有影响，企业自身特征对创新扩散的结果也具有重要影响。在不完全市场信息条件下，企业对采纳新技术后的预期成本和预期收益会进行理性的分析与比较。一方面，若预期收益不理想，企业就会保持原有的技术发展路线，不会贸然采纳新技术。另一方面，采纳新技术同样会产生成本，如为了获得新技术所消耗的人力、物力和财力等。若预期成本高于预期收益，企业也不会采纳新技术。简言之，企业是否采纳新技术由预期收益和预期成本决定。

通过以上分析，本书进一步发现，合作关系紧密程度能够推动企业间创新扩散的关键在于，紧密的合作关系有助于隐性知识传播，降低采纳新技术的学习时间以及相应的成本，进而减少企业采纳新技术的预期成本。因此，本书做如下假设。

假设 1：合作关系越紧密，采纳新技术的预期成本越低。

假设 2：企业决策是否采纳新技术由预期收益和预期成本共同决定，即由预期增益 π （等于预期收益 w 与预期成本 c 的差值）决定。

假设 3：企业均能理性地对预期收益和预期成本进行预测。

基于上述假设，制造业企业技术创新生态系统中，对于形成合作关系的任意两家企业 A 和 B，本书设企业 A "采纳新技术"与"不采纳新技术"两种不同策略的概率分别为 p 和 $1-p$；设企业 B "采纳新技术"与"不采纳新技术"两种不同策略的概率分别为 q 和 $1-q$。其演化博弈收益矩阵如表 7.5 所示。

表 7.5　博弈双方 A 和 B 的收益矩阵

企业 A ＼ 企业 B	采纳新技术	不采纳新技术
采纳新技术	(π_A^{m1}, π_B^{n1})	(π_A^{m3}, π_B^{n3})
不采纳新技术	(π_A^{m4}, π_B^{n4})	(π_A^{m2}, π_B^{n2})

7.3.3　合作关系下创新扩散的演化稳定性分析

当企业 A 采取"采纳新技术"的策略时，会以 p 的概率获得 π_A^{m1} 的收益，以 $1-p$ 的概率获得 π_A^{m3} 的收益，则企业 A 在采取"采纳新技术"策略的情况下取得的预期收益为

$$E_m^{com} = p\pi_A^{m1} + (1-p)\pi_A^{m3} \tag{7.1}$$

当企业 A 采取"不采纳新技术"策略时，会以 p 的概率获得 π_A^{m4} 的收益，以 $1-p$ 的概率获得 π_A^{m2} 的收益，则企业 A 在采取"不采纳新技术"策略的情况下取得的预期收益为

$$E_m^{coo} = p\pi_A^{m4} + (1-p)\pi_A^{m2} \tag{7.2}$$

设企业 A 的群体平均收益为

$$E_m = E_m^{com} + E_m^{coo} \tag{7.3}$$

同理，当企业 B 采取"采纳新技术"的策略时，会以 q 的概率获得 π_B^{n1} 的收益，以 $1-q$ 的概率获得 π_B^{n4} 的收益，则企业 B 采取"采纳新技术"策略时获得的预期收益为

$$E_n^{com} = q\pi_B^{n1} + (1-q)\pi_B^{n4} \tag{7.4}$$

当企业 B 采取"不采纳新技术"策略时，会以 q 的概率获得 π_B^{n3} 的收益，以 $1-q$ 的概率获得 π_B^{n2} 的收益，则企业 B 采取"不采纳新技术"策略时获得的预期收益为

$$E_n^{coo} = q\pi_B^{n3} + (1-q)\pi_B^{n2} \tag{7.5}$$

企业 B 的群体平均收益为

$$E_n = E_n^{com} + E_n^{coo} \tag{7.6}$$

复制动态方程是演化博弈研究中比较常用的一种方法，它描述的是某一种策略在一个群体中被采用的频数或者频度的动态微分方程。根据演化理论，如果一种策略的收益比种群的平均适应度高，这种策略就会在种群中发展（尤天慧和高美丽，2014）。由此建立企业 A 采用"采纳新技术"的复制动态方程为

$$\frac{\mathrm{d}p}{\mathrm{d}t} = p(E_m^{com} - E_m) = p(1-p)[\pi_A^{m3} - \pi_A^{m2} + q(\pi_A^{m1} + \pi_A^{m2} - \pi_A^{m3} - \pi_A^{m4})] \tag{7.7}$$

企业 B 采用"采纳新技术"策略的复制动态方程为

$$\frac{\mathrm{d}p}{\mathrm{d}t} = q(E_n^{com} - E_n) = q(1-q)[\pi_B^{n4} - \pi_B^{n2} + q(\pi_B^{n1} + \pi_B^{n2} - \pi_B^{n3} - \pi_B^{n4})] \tag{7.8}$$

随着制造业企业技术创新生态系统的发展，企业 A 与企业 B 之间的合作会产生变化。正如前面的分析，企业自身特征、学习能力以及企业间合作的紧密程度

等均会发生变化。这种差异化的加剧可能会导致系统内企业的预期收益和预期成本也有所差异。为便于进一步分析、增强该模型的可拓展性，本书假定企业 A 和企业 B 的预期收益相同，预期成本由合作关系的紧密程度决定。

式（7.7）和式（7.8）描述了整个演化系统的群体动态，根据 Weibull 提出的方法，这个演化系统的均衡点可由该系统的雅克比矩阵的局部稳定性分析得到。其中：

$$p^* = \frac{\pi_B^{n2} - \pi_B^{n4}}{\pi_B^{n1} + \pi_B^{n2} - \pi_B^{n3} - \pi_B^{n4}}, \quad q^* = \frac{\pi_A^{m2} - \pi_A^{m3}}{\pi_A^{m1} + \pi_A^{m2} - \pi_A^{m3} - \pi_A^{m4}}$$

当 $\pi_B^{n2} - \pi_B^{n1} = \pi_B^{n4} - \pi_B^{n3}$，$\pi_A^{m2} - \pi_A^{m1} = \pi_A^{m3} - \pi_A^{m4}$，无论合作关系紧密程度如何变化，企业 A 与企业 B 合作的预期收益与预期成本均相等，即他们的增益都为 0，企业将以相同概率向完全采纳新技术或完全不采纳新技术的状态演进。

当 $\pi_A^{m2} - \pi_A^{m1} \neq \pi_A^{m3} - \pi_A^{m4}$，$\pi_B^{n2} - \pi_B^{n1} \neq \pi_B^{n4} - \pi_B^{n3}$，无论企业间的合作关系紧密程度如何，企业向采纳新技术演进的概率与向不采纳新技术演进的概率无法判定，最终制造业企业技术创新生态系统能否实现大规模创新扩散无法确定。

当 $\pi_A^{m2} - \pi_A^{m1} > \pi_A^{m3} - \pi_A^{m4}$，$\pi_B^{n2} - \pi_B^{n1} > \pi_B^{n4} - \pi_B^{n3}$，合作紧密程度较高时，预期成本较小，企业 A 与企业 B 合作的预期收益都大于预期成本，企业向采纳新技术演进的概率大于向不采纳新技术演进的概率，最终制造业企业技术创新生态系统能够实现大规模创新扩散。

当 $\pi_A^{m2} - \pi_A^{m1} < \pi_A^{m3} - \pi_A^{m4}$，$\pi_B^{n2} - \pi_B^{n1} < \pi_B^{n4} - \pi_B^{n3}$，合作紧密程度较低时，预期成本较高，企业 A 与企业 B 的预期收益均小于预期成本，系统向完全不采纳新技术演进的概率小于向完全采纳新技术演进的概率，最终制造业企业技术创新生态系统不能实现大规模创新扩散。

当 $\pi_A^{m2} - \pi_A^{m1} < \pi_A^{m3} - \pi_A^{m4}$，$\pi_B^{n2} - \pi_B^{n1} > \pi_B^{n4} - \pi_B^{n3}$，企业 A 的预期收益小于预期成本，企业 B 的预期收益大于预期成本时，不具有稳定策略，最终制造业企业技术创新生态系统能否实现大规模创新扩散无法确定（Xu，2008）。

当 $\pi_A^{m2} - \pi_A^{m1} > \pi_A^{m3} - \pi_A^{m4}$，$\pi_B^{n2} - \pi_B^{n1} < \pi_B^{n4} - \pi_B^{n3}$，企业 A 的预期收益大于预期成本，企业 B 的预期收益小于预期成本时，不具有稳定策略，最终制造业企业技术创新生态系统能否实现大规模创新扩散无法确定（王永平和孟卫东，2004）。

7.3.4　数值仿真分析

本书采用 MATLAB7.0 软件对上述几种情况进行数值模拟，以便对合作关系下制造业企业技术创新生态系统创新扩散过程进行进一步的论证分析。

（1）当 $\pi_A^{m2} - \pi_A^{m1} = \pi_A^{m3} - \pi_A^{m4}$，$\pi_B^{n2} - \pi_B^{n1} = \pi_B^{n4} - \pi_B^{n3}$，即企业 A 与企业 B 合作的预期收益与预期成本均相等时，设企业 A 与企业 B 分别选择不采纳新技术、采纳新技术的的收益数值如下：

$$\pi_A^{m2} = \pi_B^{n2} = 5，\quad \pi_A^{m1} = \pi_B^{n1} = 3，\quad \pi_A^{m3} = \pi_B^{n4} = 4，\quad \pi_A^{m4} = \pi_B^{n3} = 2$$

通过数值仿真模拟，本书得到企业 A 和企业 B 的策略选择演化图（图 7.4）。图中，横坐标为演化时间，纵坐标为两类企业分别采取不同策略的概率 p 和 q。其中，图 7.4 显示了企业 A 采取"采纳新技术"的概率 p 的演化曲线、企业 B 采取"采纳新技术"的概率 q 的演化曲线。

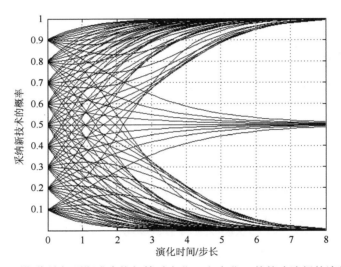

图 7.4　预期收益与预期成本均相等时企业 A 和企业 B 的策略选择的演化曲线

由图 7.4 可以看出，在制造业企业技术创新生态系统中企业 A 与企业 B 的预期收益和预期成本相等的条件下，两类企业的策略选择向三个方向演进，即概率均等的（采纳、采纳）、（不采纳、不采纳）策略以及较小比例的共生策略。这表明：第一，当预期收益和预期成本相等时，趋向于完全"采纳新技术"或完全"不采纳新技术"的两类企业比例相等，且有较小比例企业选择共生状态，但是该比例小于选择前两种策略的概率；第二，当预期收益和预期成本相等时，两类企业的策略选择并不会影响最终演化结果，无论企业合作关系紧密程度如何，只要预期收益和预期成本相等，企业 A 和企业 B 的策略最终将呈现演化为完全"采纳新技术"或完全"不采纳新技术"的趋势。最终，制造业企业技术创新生态系统能否实现规模性创新扩散无法确定。

通过数值仿真模拟，本书进一步得到企业 A 和企业 B 的演化博弈的概率趋势图（图 7.5）。图 7.5 表明，不同初始状态下，当企业 A 和企业 B 各自的预期收益和预期成本相等时，最终演化结果取决于初始状态采取不同策略的个体占总群体的比例。当采取"采纳新技术"策略的个体数所占比例大于 0.5 时，制造业企业技术创新生态系统整体将向全部"采纳新技术"策略演进；当采取"采纳新技术"策略个体所占比例小于 0.5 时，制造业企业技术创新生态系统整体将向全部"不采纳新技术"策略演进。

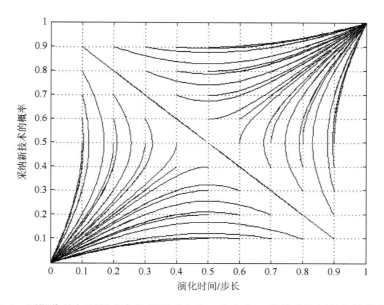

图 7.5　预期收益与预期成本均相等时企业 A 和企业 B 的策略选择最终演化结果

（2）当 $\pi_A^{m2} - \pi_A^{m1} > \pi_A^{m3} - \pi_A^{m4}$，$\pi_B^{n2} - \pi_B^{n1} > \pi_B^{n4} - \pi_B^{n3}$，即企业 A 与企业 B 的预期收益大于预期成本时，设 A 与 B 分别选择"不采纳新技术"策略及"采纳新技术"策略的收益数值如下：

$$\pi_A^{m2} = \pi_B^{n2} = 5，\quad \pi_A^{m1} = \pi_B^{n1} = 3，\quad \pi_A^{m3} = \pi_B^{n4} = 4，\quad \pi_A^{m4} = \pi_B^{n3} = 2.5$$

当预期收益大于预期成本时，通过数值仿真模拟，本书得到企业 A 和企业 B 的策略选择演化曲线（图 7.6）。图 7.6 表明，在以不同初始比率进行仿真时，最终演化博弈结果虽然有所差异，但都将以大比例的（采纳，采纳）的策略组合结束。此时，在制造业企业技术创新生态系统中企业 A 和企业 B 合作的预期收益大于预期成本的条件下，其合作关系紧密程度较高；同时，企业策略向两个方向演化，即企业 A 和企业 B 的策略为大比例的（采纳、采纳）和小比例的（不采纳、不采纳）。

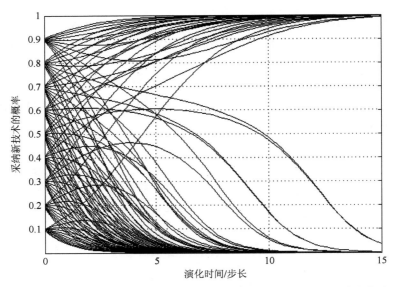

图 7.6 预期收益大于预期成本时企业 A 和企业 B 的策略选择的演化曲线

当预期收益大于预期成本时，通过数值仿真模拟，可以进一步得到企业 A 和企业 B 的策略选择最终演化博弈结果（图 7.7）。图 7.7 表明，在企业 A 和企业 B 各自的预期收益大于预期成本时，最终演化结果取决于初始状态采取"采纳新技术"策略的概率。当选择"采纳新技术"策略的概率较大时，企业策略将以较高的概率向"采纳新技术"，即点（1，1）演进，创新能够实现大规模扩散。当采

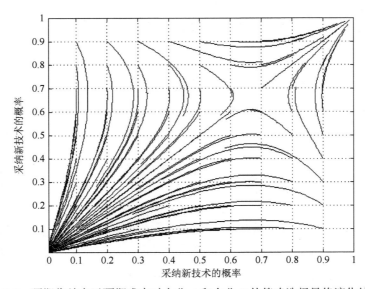

图 7.7 预期收益大于预期成本时企业 A 和企业 B 的策略选择最终演化结果

取"采纳新技术"策略的概率较小时，策略组合将以低概率向"不采纳新技术"
（0，0）演进，创新扩散无法持续进行。

（3）当 $\pi_A^{m2} - \pi_A^{m1} < \pi_A^{m3} - \pi_A^{m4}$，$\pi_B^{n2} - \pi_B^{n1} < \pi_B^{n4} - \pi_B^{n3}$，即企业 A 与企业 B 合作
的预期收益小于预期成本时，设企业 A 与企业 B 在分别选择"不采纳新技术"策
略及"采纳新技术"策略的预期收益数值如下：

$$\pi_A^{m2} = \pi_B^{n2} = 5，\quad \pi_A^{m1} = \pi_B^{n1} = 3，\quad \pi_A^{m3} = \pi_B^{n4} = 4，\quad \pi_A^{m4} = \pi_B^{n3} = 1.5$$

图 7.8 表明，在制造业企业技术创新生态系统中企业 A 和企业 B 的预期收益
小于预期成本的条件下，其合作紧密程度较低，A 与 B 的策略向两个方向演进，
即企业的策略选择为大比例的（不采纳、不采纳）和小比例的（采纳、采纳）。这
表明，当预期收益小于预期成本时，趋向于完全"采纳新技术"或完全"不采纳
新技术"的两类企业比例不等，两类企业的策略选择会影响最终演化结果。当两
类企业同时选择"不采纳新技术"，只要预期收益小于预期成本，两类企业的策
略选择最终将大概率演化为"不采纳新技术"，制造业企业技术创新生态系统无
法实现规模性创新扩散。

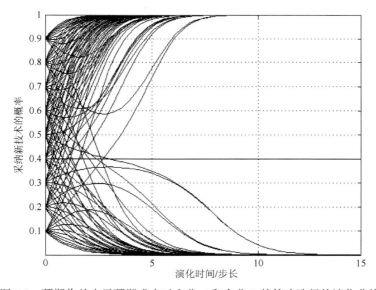

图 7.8　预期收益小于预期成本时企业 A 和企业 B 的策略选择的演化曲线

通过数值仿真模拟，本书进一步得到企业 A 和企业 B 的演化博弈的概率趋势
图（图 7.9）。图 7.9 表明，在企业 A 和企业 B 各自的预期收益小于预期成本时，
最终演化结果取决于初始状态采取"采纳新技术"策略的概率。当选择"采纳新
技术"策略的概率足够大时，企业策略将以较高的概率向"采纳新技术"，即点
（1，1）演进，创新能够实现大规模扩散。当采取"采纳新技术"策略的概率较小

时，策略组合将以低概率向"不采纳新技术"，即点（0，0）演进，创新扩散无法持续进行。

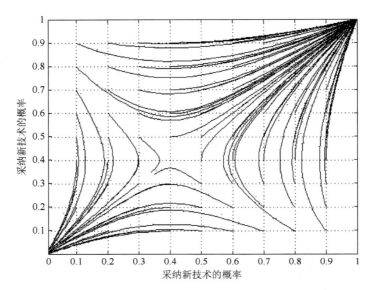

图 7.9　预期收益小于预期成本时企业 A 和企业 B 的策略选择最终演化结果

7.3.5　基于合作博弈的制造业企业技术创新生态系统创新扩散机理分析

本书通过博弈分析探讨了合作关系下制造业企业技术创新生态系统成员的技术采纳决策，揭示了合作关系紧密程度、企业预期收益与预期成本对创新扩散的内在作用原理和规律。

（1）在制造业企业技术创新生态系统中，紧密的合作关系对创新扩散具有积极的推动作用。合作双方通过长期的合作建立了良好的沟通协调机制，彼此间技术、文化的兼容性不断增强，相互学习新知识、新技术的成本也进一步降低。如果其中一家企业采纳新技术，另外一家企业也容易采纳新技术，双方会达成技术合作共识，围绕新技术共同开拓市场。但仍会有部分企业对采纳新技术的预期收益较低，没有实力与合作伙伴同步采纳新技术，致使创新扩散在该企业节点中断。总体而言，从制造业企业技术创新生态系统整体层面出发，紧密的合作关系是推动大规模扩散的必要条件。

（2）当企业间合作关系较为松散时，新技术的预期收益、预期成本以及前期采纳新技术的初始状态将成为影响制造业企业技术创新生态系统创新扩散的主要因素。企业间合作不够紧密意味着采纳新技术的成本将增大，企业采纳新技术的意愿将降低。只有综合实力较强的部分企业能够充分认识到新技术的潜在收益，进而采纳新技术。在此情况下，创新扩散能否在制造业企业技术创新生态系统中实现大规模扩散，主要取决于企业自身的综合实力。综合实力越强的企业对市场预期越高，越倾向于采纳新技术；而实力较弱的企业则不愿付出更多代价采纳新技术。因此，在企业间合作关系较为松散的情况下，制造业企业技术创新生态系统能够实现大规模创新扩散的前提是，系统成员企业的整体实力较高，能够承受新技术带来的成本和风险。

7.4　竞争与合作交互作用下的创新扩散机理及技术标准锁定分析

7.4.1　竞争与合作交互作用下制造业企业技术创新生态系统创新扩散机理分析

前面已述，技术范式是不同社会群体共同遵守并执行的一系列规则。新技术一旦跨越"死亡谷"，在市场生态位的"襁褓"中实现商业化并扩散，将冲击原有的技术范式，破坏企业原本共同遵守并执行的一系列规则。其中，围绕新技术展开的竞争与合作是推动创新扩散，继而驱动新技术标准形成与锁定、重塑规则的重要因素。因此，制造业企业技术创新生态系统在技术范式层的大规模创新扩散，是在企业间竞争与合作交互作用下技术标准形成与锁定过程中实现的。竞争与合作交互作用下的制造业企业技术创新生态系统创新扩散的机理如图 7.10 所示。

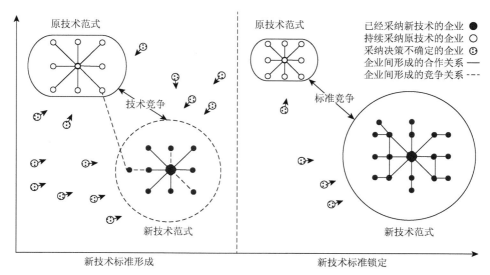

图 7.10　竞争与合作交互作用下的制造业企业技术创新生态系统创新扩散机理

如图 7.10 所示，新技术一旦出现在市场上，围绕技术采纳决策将出现三类不同的企业，即已经采纳新技术的企业、继续采纳原技术的企业以及无法确定采纳何种技术的企业。这些企业之间存在着复杂的竞争关系与合作关系。随着技术标准的支配作用日益显著，技术标准成为获取更大收益、推动技术创新扩散的强劲动力。正因如此，部分采纳新技术的企业会有意识地将标准战略作为企业技术与市场竞争的核心内容，以期通过形成技术标准，打造新的技术范式。同时，新技术释放的丰厚收益将吸引大部分举棋不定的企业，使得参与标准形成的企业数量不断增加，进而推动新技术范式的形成。随后，围绕新技术标准，企业间原有的合作关系愈加紧密，部分企业间的竞争关系也转化为合作关系，创新扩散规模进一步增大。此时，采纳新技术的企业会锁定技术标准，实现规模效应，巩固新技术范式，以抵御潜在技术，降低竞争压力。

为进一步阐释竞争与合作交互作用下制造业企业技术创新生态系统创新扩散机理，本书将分别剖析竞争与合作交互作用下技术标准的形成与锁定过程。

7.4.2　竞争与合作交互作用下技术标准的形成与锁定分析

1. 竞争与合作交互作用下技术标准的形成分析

国际标准化组织对技术标准的定义是："一种或一系列具有一定强制性要求或指导性功能，内容含有细节技术要求和有关技术方案的文件，其目的是让相关的产品或服务达到一定的安全要求或进入市场的要求"（李岱松等，2009）。Verbong 等（2010）指出了技术标准有三种形成机制：一是政府主导机制，由政府或标准组织制定，这种机制形成的标准通常可称为"法定标准"；二是市场机制，即由市场竞争过程形成事实标准；三是组织机制，最常见的是企业联盟的形式，即由民间企业通过协商谈判设定的标准，经过官方标准化组织的确认，最终也可以转化为法定标准。其中，市场机制和组织机制通常在竞争性市场中发挥着决定性作用。竞争是制造业企业技术创新生态系统创新扩散和技术标准形成的驱动力，同时也是市场机制作用下标准形成的推动力；而合作则是制造业企业技术创新生态系统创新扩散和标准形成的基础，同时也是组织机制作用下标准形成的内核。

在制造业企业技术创新生态系统中，作为扩散源的核心企业在推动新技术标准形成过程中扮演着重要角色。一般而言，企业的市场地位越强，对技术标准的影响力越大。作为扩散源的核心企业会通过创新扩散在新老技术间的竞争过程中对参与者施加影响。通过信息传播，核心企业会对其竞争对手（包括核心企业和非核心企业）、供应商、标准化组织、政府、消费者等施加压力。这些机构在市场机制作用下，会选择追随领域内的核心企业。与此同时，市场机制作用下核心企业与非核心企业间、非核心企业间的创新扩散会进一步加快技术标准的形成。新技术往往具有先进性，较原有技术更具优势。采纳新技术的企业数量将不断增多，收益增长空间将不断下降。因此，迫于竞争压力和拓展收益空间的需要，这些使用新技术的企业都具有推动技术标准形成的意愿，进而在核心企业的组织指导下形成合作关系，推动新技术范式的形成，同时打造技术壁垒，抵御其他企业进入。随着时间的推移，在组织机制作用下，这些新技术的忠实"拥趸"将不断加深合作关系，进一步促进创新扩散的深度和广度，进而推动技术标准的形成。

2. 竞争与合作交互作用下技术标准的锁定分析

技术标准锁定是指某一产业（或整个经济系统）长期采用某一技术作为业界标准（或经济系统标准）而难以被撼动或被替代，即行为主体未来的利益受到今天决策制约的相应影响（陶爱萍等，2015）。学者从不同的角度对锁定现象进行了探讨。一些学者阐述了合作关系对技术标准锁定的影响。Arthur（1989）在研究技术扩散的作用时，引进了锁定的概念，发现合作关系越紧密，扩散速度越快，技术标准锁定现象越明显。Michael 和 William（1999）认为，知识的传递需要成本，企业间的频繁合作能够降低知识传递成本，并在不断交互过程中导致技术标准锁定。Shapiro 和 Varian（1999）将技术标准锁定的形成原因归结为转换成本。他们认为，当一项技术获得足够的用户安装基础支持成为事实技术标准后，如果使用该技术标准的现有厂商或消费者转向其他技术标准需要付出很高的转换成本，因此会导致技术标准锁定。由此可见，紧密的合作关系能够使新技术快速在企业间扩散，与此同时，也使得这些企业因过高的转换成本而难以使用其他技术，进而出现技术标准锁定现象。另一些学者则诠释了竞争关系与技术标准锁定的因果关系。在激烈的市场竞争中，改变技术意味着企业将面临更多的风险，而这种风险带来的损失往往无法预估。因此，一些企业不愿放弃已经熟练掌握的技术转而采用其他技术，这是技术标准锁定的重要因素（张诚和林晓，2009）。学者研究发现，在竞争作用下，各技术范式之间会形成双向壁垒，这是企业难以穿越的技术障碍。改变技术的企业要脱离其所在的技术范式，游离于该技术范式之外，将与原技术范式的众多企业形成竞争关系，此时市场竞争压力将异常巨大；同时，还要付出更多的成本获取并学习新知识。这些都是一般企业难以承受的（Minhi et al.，1994；Niu，2006）。因此，竞争作用对技术标准锁定也同样具有重要作用。

在制造业企业技术创新生态系统中，拥有技术标准的核心企业是技术标准锁定的最大受益者，是推动创新扩散并形成技术标准锁定的"始作俑者"。其原因在于，核心企业能够凭借技术标准的网络效应获得巨大的市场份额，或是借助技术标准内含专利技术的授权许可获得巨大的经济收益（陶爱萍等，2015）。为此，核心企业也会主动与其他企业建立稳定的合作关系，使得新技术能够被大多数企业学习模仿。同时，新技术范式中的其他企业会围绕核心企业建立稳固的技术联盟，达成战略共识，通过马太效应、规模报酬递增效应、累积增值效应等启动正反馈机制促进技术标准锁定的形成，并通过渐进创新或其他锁定策略维持和巩固技术标准锁定。随着时间推移，新老技术范式之间的竞争将更加激烈，大部分企业承担更大的市场竞争压力和转变技术的风险，并在技术范式中与联盟伙伴形成更加紧密的合作关系，进而出现技术标准锁定现象。因此，在竞争与合作不断交互作用下，合作关系下的转换成本不断提高，竞争关系下的技术壁垒更加稳固，企业难以承担改变技术的风险和成本，新技术范式内的技术标准锁定现象更加显著。

本 章 小 结

本章立足市场视角，基于生态学的相关理论，分析了制造业企业技术创新生态系统中企业间的竞争关系与合作关系；在此基础上，进一步剖析了技术范式层面竞争关系与合作关系下制造业企业技术创新生态系统的创新扩散机理。首先，运用博弈理论分析了核心企业间、核心企业与非核心企业间、非核心企业间的创新扩散机理，揭示了竞争强度、企业预期收益与预期成本对创新扩散的内在作用原理；其次，运用演化博弈理论，仿真分析了合作关系下制造业企业技术创新生态系统的创新扩散机理，发现了紧密的合作关系对大规模创新扩散的积极作用；最后，基于上述博弈研究，进一步分析了竞争与合作交互作用下的技术标准形成与锁定现象，阐释了技术范式层面的制造业企业技术创新生态系统创新扩散机理。

第8章　基于社会技术地景的制造业企业技术创新生态系统创新扩散机理

在 MLP 框架下，制造业企业技术创新生态系统在创新生态位、技术范式、社会技术地景各个层面都存在创新扩散。这种扩散在空间上不仅横向延展，而且纵向贯通。在制造业企业技术创新生态系统中，一项或多项创新成果在创新生态位层的扩散过程能够影响技术范式层的创新扩散，而技术范式层的创新扩散也将影响社会技术地景层的创新扩散。本书发现，作为一种由低到高、自下而上的涌现过程，制造业企业技术创新生态系统创新扩散具有明显的自组织特征。因此，在前面研究创新生态位层和技术范式层的创新扩散机理的基础上，本章将基于自组织理论，进一步分析制造业企业技术创新生态系统创新扩散的自组织特征与自组织过程，以揭示社会技术地景层的制造业企业技术创新生态系统创新扩散机理。

8.1　制造业企业技术创新生态系统创新扩散的社会技术地景层研究

8.1.1　MLP 框架下制造业企业技术创新生态系统创新扩散的社会技术地景层分析

社会技术地景（landscape）"是由经济增长、政治联盟、文化和规范价值、环境因素等构成的一系列异质性因素（Geels，2002）"，是制造业企业技术创新生态系统赖以生存和发展的环境（Geels，2002；2005）。社会技术地景层影响创新生态位和技术范式的创新过程，同时会影响系统的创新扩散活动，是创新扩散的时空背景。社会技术地景层的政策导向、社会文化等要素发生变化，便会对现行技术范式产生压力，扰乱技术范式要素的连贯性，弱化社会技术范式的稳定性，同时还可能导致创新生态位中突破式创新的出现。在制造业企业技术创新生态系统演化过程中，社会技术地景层的作用与扩散域相同，二者都是系统运行的环境。环境的变化或系统自身的变化会导致系统与环境不再适应，当这种变化达到一定阈值后，系统需要建立新的结构或模式才能重新适应环境，进而得到持续发展。在此过程中，创新扩散活动也必然会受到影响。

8.1.2　MLP 框架下制造业企业技术创新生态系统的技术变迁模式

叶芬斌（2012）等学者认为，社会技术地景层的变化会直接引发制造业企业技术创新生态系统的技术变迁。同时，渐进式创新和突破式创新在 MLP 技术变迁过程不同阶段发挥的作用有所差异。因此，本书承袭叶芬斌等的上述观点，将技术变迁模式分为渐进式技术变迁和突破式技术变迁两种模式，进一步研究 MLP 框架下制造业企业技术创新生态系统的技术变迁模式。

渐进式技术变迁一般发生在生态位技术尚不成熟阶段。此时，社会技术地景层对技术范式层施加的压力较温和，技术范式仅通过渐进式改进的方式就可以适应社会技术地景的新变化。同时，在创新生态位尚未得以充分发展时，现有制造业企业技术创新生态系统还不能很好地维持其稳定运行，需要对系统内部的核心技术进行改善或升级以缓解外界环境所带来的压力，因此，制造业企业技术创新生态系统的多数成员企业会在核心企业的带领下进行渐进式创新，最终实现渐进式技术变迁。

突破式技术变迁，顾名思义就是通过突破式创新产生的技术变迁。该概念通常是指，突破式创新作用下旧技术范式被新技术范式所取代的过程。当现有技术范式已经不能很好地满足社会需求时，社会技术地景层开始对技术范式层和创新生态位层同时施加较大压力。这种压力在创新生态位层转化为技术机会，促进了突破式创新的发展。一部分系统成员开始围绕某项新技术或新产品共同合作进行技术研发及商业化试验，于是该项创新成果逐渐成熟并进入市场，继而形成稳定的技术范式，最终取代原有技术范式。

在社会技术地景层不断对技术范式层和创新生态位层施加压力的过程中，创新生态位层面会因不同的外界压力以突破式创新或渐进性创新方式产生新技术或新产品，并在生态位空间中得到进一步发展。这种新技术或新产品通常是为了满足某种现实需求应运而生的，因而将作为原核心技术（或产品）的互补技术（或产品）进入市场，并很容易被原技术范式成功采纳。随着创新成果的不断扩散，其影响力随之扩大，导致原技术范式内部结构发生改变，创新成果渐渐从互补技术（或产品）演化为核心技术（或产品），进而形成新的技术范式并逐渐取代旧的范式。可见，这一技术范式的改变过程是突破式技术变迁与渐进式技术变迁共同作用的结果。

8.2　基于社会技术地景的制造业企业技术创新生态系统创新扩散的自组织机理

8.2.1　自组织理论

自组织理论主要描述的是在不存在外部指令的条件下，系统在某种内在机制的驱动下各司其职且协调地形成有序结构的过程，即开放系统中各子系统自发地进行协同合作，不断地提高自身的复杂度和精细度的过程。大多数学者认为，系统自身内部矛盾运动的结果往往是自组织形成的（孙冰，2003）。

自组织理论是从 20 世纪 60 年代末开始建立并发展起来的一种复杂科学理论，主要研究自组织系统形成和发展机制问题，揭示了系统自动地由无序走向有序、由低级有序走向高级有序的进化过程。在自组织理论中，最具影响力的理论是比利时物理学家普利高津提出的耗散结构理论，该理论标志了自组织理论的创立。耗散结构论是一门关于非平衡系统的自组织理论，它主要研究一个系统从无序向有序转化的机理、条件和规律，探讨自组织过程中基本的原理。普利高津认为，相对于平衡状态而言，耗散结构是指在远离平衡态的非线性系统中，由于外界条件达到某一阈值、由量变引起质变，从而产生的一种稳定化的自组织结构。具体而言，系统不断地与外界进行能量和物质的交换，就可能通过各子系统间相互协调的作用形成一个稳定的有序结构。这一理论指出，一个开放系统在到达平衡态的非线性区时，一旦系统的某个参量的变化达到一定的阈值，由于涨落，系统就可能发生突变，由原来无序的混乱状态转变到一种时间、空间或功能上有序的新状态。这种有序状态需要不断地与外界交换物质和能量才能维持，并保持一定的稳定性，不因外界的微小扰动而消失。

此外，还有研究提出一系列自组织原理，主要有涌现原理、反馈原理、环境选择原理等。涌现原理是指系统中各个组分之间通过相互作用，自发地、自下而上地在整体上涌现出来而形成的一种新的结构、模式或形态（涂振洲和顾新，2013）。反馈原理是指把现在的系统的行为结果作为影响系统未来行为的原因，或加强未来行为（正反馈），或削弱未来行为（负反馈），二者结合实现系统的自组织（苗东升，2010）。环境选择原理是指在系统自组织过程中，一种结构或模式，要接受环境的评价和选择，被环境选择的系统不一定是各方面最优者，但一定是能与环境协调共存者，即广义达尔文原理（苗东升，2010）。一个系统自组织的发生与发展往往是多种原理共同作用的结果。

借鉴自组织理论有关研究成果（孙冰，2003），本书认为，制造业企业技术创新生态系统创新扩散的自组织机理是指，创新扩散主体在一定环境条件下相互作用、相互联系，进而实现该系统创新扩散的自组织功能和运行原理。为进一步揭示制造业企业技术创新生态系统创新扩散的自组织机理，本书将着重阐释制造业企业技术创新生态系统创新扩散自组织的特征及自组织过程。

8.2.2　制造业企业技术创新生态系统创新扩散的自组织特征

我国著名科学家钱学森先生认为："系统自己走向有序结构就可以称为自组

织系统。"自组织系统是指一个远离平衡的开放系统，在外界环境的变化与内部子系统及构成要素的非线性作用下，系统自发地由无序状态走向有序状态或由有序状态走向更为有序的状态。系统的开放性、非线性、远离平衡态和随机涨落是形成耗散结构的四个重要条件（孙冰，2003）。开放性，是指系统与外界进行物质、能量、信息交换，即对环境开放（苗东升，2010）；非线性，是指系统各元素之间的相互作用存在一种非线性机制，使得系统产生协调一致的行为；远离平衡态，是指系统处于非平衡状态，才能保持对涨落的敏感性，在临界点上发生突变，促使系统从无序到有序的演化；随机涨落，是指系统必须伴有随机涨落的现象，才能推动系统远离平衡态，从而达到新的稳定态。王帮俊（2011）指出："复杂扩散网络作为一个自组织系统，具有自组织特性，复杂网络的实质就是一个高度自组织网络。"基于此，本书将创新扩散视为制造业企业技术创新生态系统中的活动与功能子系统进行研究，认为它既是一个自组织系统，也是一个自组织网络。本书将运用耗散结构论对制造业企业技术创新生态系统创新扩散的自组织特征进行探讨。

第一，创新扩散具有开放性特征。开放性不仅是耗散结构形成的前提，也是耗散结构得以维持和存在的基础。只有创新扩散主体及活动充分开放，不断与外界进行物质、能量、信息的交换，从中获取资金、人才、信息等，才能使创新扩散向有序方向演化，从而形成新的有序结构——自组织结构。制造业企业技术创新生态系统中创新扩散各主体相互联系、相互制约，这种共生共荣的关系，导致了创新扩散具有自维生、自发展的鲁棒性，并保持不断演化、不断自我超越的能力，因此，创新扩散随时保持与外界的物质、信息、能量等交换的开放性。

第二，创新扩散具有非线性特征。制造业企业技术创新生态系统中创新扩散各主体之间存在复杂的非线性作用关系，其作用表现为各主体之间在物质、信息、能量等各个方面存在广泛联系。普利高津长期研究非平衡系统，发现复杂系统内部诸要素的非线性相互作用是推动系统向有序发展的内部动力，也是推动系统形成耗散结构的重要动因和必要条件。在创新扩散过程中，创新扩散主体之间、创新扩散主体与环境之间存在非线性的相互作用，这种作用关系主要体现为竞争关系和合作关系的交互作用，是产生自组织的动力（苗东升，2010）。在竞争与合作两种不同机制的作用下，创新扩散由混乱无序变为井然有序。由此可见，创新扩散主体间非线性的相互作用推动了创新扩散发展，是创新扩散形成耗散结构的前提。

第三，创新扩散处于非平衡态。"非平衡是有序之源"，只有在创新扩散保持远离平衡的条件下才能出现耗散结构。例如，在制造业企业技术创新生态系统中，企业利益驱动是创新扩散中最活跃的要素，也是使创新扩散从平衡态走向非平衡态的驱动力。在利益驱动下，扩散源企业实施创新活动并推进创新成果扩散，引致制造业企业技术创新生态系统中的成员企业的状态和行为发生变化。此时，创新扩散活动的原有平衡态被打破，开始远离平衡态，于是新旧技术范式开始更替过程。在经历长时间的自组织过程后，才能重新建立新的平衡状态，形成新的有序稳定结构。

第四，创新扩散存在随机涨落。普利高津分析了随机涨落在耗散结构形成过程中的重要作用，提出了"涨落导致有序"的观点。所谓涨落，是指系统的某个变量或某种行为对平均值的偏离，系统通过涨落去触发旧结构，使其失去稳定性，进而探寻新结构，通过涨落实现对称破缺选择，建立新结构（苗东升，2010）。创新扩散中有很多涨落因素，来自创新扩散内部的涨落因素被称为内涨落，而来自创新扩散外部的涨落因素称为外涨落。其中，新技术的出现就是一种内涨落。新技术对原有技术形成冲击，导致一些企业面临是否采纳新技术的决策，随着企业行为发生变化，涨落不断加剧，创新扩散开始远离平衡，打破原有稳定秩序。而政策、文化等因素则是外涨落因素。例如，新政策的出台会改变企业的技术研发方向和未来市场预期，进而触发和激化创新扩散耗散结构的形成与演变。这种企业无法预测的偶然因素（随机涨落），为耗散结构的形成提供了良好的契机。因此，内涨落和外涨落通过非线性作用被迅速放大，形成宏观整体上的巨涨落，于是原有的有序结构被打破，推动创新扩散向新的平衡态演化。

通过上述制造业企业技术创新生态系统创新扩散的自组织特征分析，本书发现，创新扩散本质上是一个复杂的自组织演化过程。在整个创新扩散中，各扩散主体按照一定规则展开相互协作与配合，期间不断有技术、资金、信息等资源与外界环境进行交换，以适应并改变环境，协调地自动形成有序结构（涂振洲和顾新，2013），创新扩散各要素及主体之间非线性的相互作用，促进创新扩散按着"破坏原有秩序—混沌状态—新稳定态"的路径演变。由此可见，创新扩散具有典型的自组织特征，是一种自组织过程。

8.2.3 社会技术地景作用下制造业企业技术创新生态系统创新扩散的自组织过程

在一定空间区域内，制造业企业技术创新生态系统的状态、特性、行为、功能等随时间推移而发生变化，系统中的不同创新扩散主体相互作用，其交互关系不断集聚形成网状结构，系统状态由低级演变到高级（陈理飞等，2008）。基于前面关于创新扩散的自组织特征分析，本书认为，制造业企业技术创新生态系统的创新扩散是社会技术地景层作用下的自组织过程。

自组织过程是系统组分之间的互动互应过程：一个组分的行为变化，必然引起其他组分的回应，发生相应的行为变化，又反过来影响到该组分，形成复杂的互动互应网络关系（苗东升，2010）。系统理论学家阿希贝认为，自组织有两种含义：一是组织的从无到有；二是组织从差到好。在此基础上，苗东升（2010）认为，一个系统在自组织过程中会存在着自创生、自生长、自复制、自修复、自适应等多种形式。与阿希贝的观点相对应，自创生是一个"从无到有"的过程，自生长、自复制是系统在其内部各要素不断相互作用下不断"从差到好"调整的过程，而自修复与自适应则贯穿于系统自组织的全过程，使得系统与环境不断进行反馈，进而循环运行。

因此，基于阿希贝和苗东升的观点，结合前面创新扩散的自组织特征分析，本书将制造业企业技术创新生态系统创新扩散的自组织过程划分为三个阶段：一是从扩散株的产生到创新扩散开始发生的阶段，即制造业企业技术创新生态系统创新扩散的"从无到有"阶段；二是从创新扩散小规模发生到创新大规模扩散的阶段（创新扩散的实现），即制造业企业技术创新生态系统创新扩散的"从差变好"阶段；三是从创新大规模扩散到下一轮创新的"循环反馈"阶段。综合上述观点，本书搭建了制造业企业技术创新生态系统创新扩散的自组织过程理论模型，如图8.1所示。

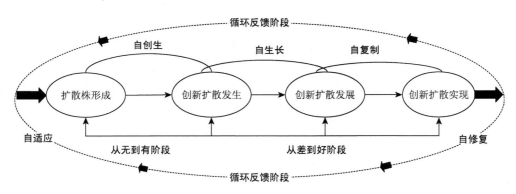

图 8.1　制造业企业技术创新生态系统创新扩散自组织过程理论模型

在社会技术地景层的作用下，各种涨落因素会不断对创新生态位层和技术范式层两个层面施加压力，使得稳定的系统远离平衡态。基于自组织的环境选择原理，创新扩散面对社会技术地景的选择时，会不断进行自身的结构调整与修复，以适应来自社会地景层的涨落，具体过程如下。

1. 制造业企业技术创新生态系统创新扩散的"从无到有"阶段

扩散株在创新生态位层面的形成与初期扩散是一个"从无到有"的自创生过程，是制造业企业技术创新生态系统创新扩散自组织过程的第一阶段。在此阶段，创新扩散的起点是一项新技术的出现，系统通过创新生态位培育新技术并将其转入市场，形成扩散株，进而开始扩散。

自创生是指在没有特定外力干预下系统从无到有地自我创造、自我产生、自我形成（苗东升，2010）。如前面所述，开放性是创新扩散形成的前提条件，随机涨落是自组织过程发生的诱发条件，对创新扩散的自创生起到触发与催化作用。在扩散株形成之初，制造业企业技术创新生态系统创新扩散的网络成员较为分散，网络结构稀疏，为了适应来自社会技术地景层的诸多外涨落因素的变化，研发出适应地景层需求的新技术（即扩散株）成为网络成员初期的目标。随着扩散株的研发成功，网络成员开始寻求具有互补性资源和技术的潜在合作伙伴建立新技术成长的保护空间，并吸引有能力开拓市场的新成员为扩散株投入市场作准备。随着扩散株初步投入市场并被用户采纳，创新扩散活动开始出现。于是，在创新生态位层面，技术生态位与市场生态位逐步形成，扩散株在两个生态位的共同培育中成长。与之相应，网络成员也从分散的个体整合为具有新的涌现性的统一整体，围绕扩散株的形成与发展，扩散源企业和扩散宿企业逐步展开协同合作并嵌入到扩散网络中，共同打造创新生态位空间，进而实现了制造业企业技术创新生态系统创新扩散"从无到有"的自创生过程。

2. 制造业企业技术创新生态系统创新扩散的"从差到好"阶段

扩散株在技术范式层的扩散是一个"从差到好"的自生长与自复制过程。为了使扩散株实现大规模的扩散进而成为技术标准，扩散源与扩散宿在技术范式层面需要进一步组织、协调系统内部诸要素，以增强适应社会技术地景需求的能力。

自生长是在系统形成后所要经历的发育、完善和成熟的生长过程（苗东升，2010）。制造业企业技术创新生态系统创新扩散的自生长表现为创新扩散的规模逐步扩大，也就是参与创新扩散的成员和要素不断增加，如扩散源与扩散宿的数量增多、技术积累与资金投入的规模增大等。创新扩散的实现以扩散株得到大规模采纳并占据市场主导地位为目标。其中，规模扩大是制造业企业技术创新生态系统创新扩散的最基本要求，为了占领市场而发生的创新扩散成员之间的竞争关系与合作关系的交互作用、社会技术地景的自然选择等均是推进创新扩散自生长过程的动力。

自复制是指系统在没有特定外力作用下产生与自身结构相同的子代，正如细胞自我复制的过程，称为自复制（苗东升，2010）。在创新扩散的自组织过程中，组织化学习贯穿始终，组织化学习使得扩散源与扩散宿能够将自身前期的成功做法复制到后续的创新扩散活动中，或者促使未采纳新技术的企业模仿新技术获利者的做法进行创新扩散的决策，从而实现制造业企业技术创新生态系统创新扩散的自复制过程。在此过程中，成员企业的学习能力越强，自复制过程的效率越高，进而创新扩散的速度越快。与此同时，社会地景层与技术范式层、创新生态位层之间还会产生非线性作用，推动新技术的扩散规模不断扩大，最终成为市场上的技术标准。

在这一阶段中，在社会技术地景层作用下，扩散株基于涌现原理从最初创新生态位层的小范围扩散，发展到技术范式层的大规模扩散，形成一个自下而上的涌现过程。创新扩散也远离平衡态，从无序趋于相对有序，实现了制造业企业技术创新生态系统创新扩散的"从差到好"的自生长和自复制过程。

3. 制造业企业技术创新生态系统创新扩散的"循环反馈"阶段

当社会技术地景的变化达到某个临界点时，创新扩散的某些结构将不再适应地景层，需要进行一系列的自适应演化，并进行有序结构的自修复。正如自组织的反馈原理所述，从适应到不适应再到新的适应，每一个过程结果都会对系统成员未来的行为产生正向或负向影响，即正反馈与负反馈，二者适当结合，使系统能够自我创造、自我更新、循环反复的运行。

自修复是指在没有特定外部干预的情况下，系统靠自身能力得以修复（苗东升，2010）。系统在存续运行中难免出现故障，需要及时修复。制造业企业技术创新生态系统创新扩散具有自我反馈与调节功能，能够更清晰地把握自身运行状况，进而在出现故障或偏差时及时做出反馈，并进行自我修复以重新适应新的环境变化。例如，全球性经济增长放缓会导致低耗能冰箱等节能产品的市场需求下降，致使节能技术的推广过程放缓或停滞，进而使创新扩散产生运行故障或者目标偏离。在此情况下，政府会感知并反馈这一变化，及时出台相关的补贴政策刺激消费者的市场需求，以弥补消费需求的不足，从而修复因经济增长放缓而导致的创新扩散运行故障，保证创新扩散持续进行。这一调整过程是制造业企业技术创新生态系统创新扩散自修复的最好体现。

自适应是指系统依靠自身力量建立和保障对环境的适应（苗东升，2010）。制造业企业技术创新生态系统创新扩散主体与社会技术地景之间存在自适应机制与过程。当扩散源与外部环境有序地进行着物质、能量和信息交换时，创新扩散处于有序稳定的状态，意味着创新扩散处于适应的状态。当经济增长或环境污染等社会技术地景的变化超过一定限度时，创新扩散的稳定平衡态将被打破，现有技术的创新扩散便处于不适应状态。此时，预期收益、市场竞争等动力要素将会促使系统成员进行自适应的调整，以尽快适应社会技术地景的变化。例如，在自然资源日益匮乏、空气污染不断恶化的情况下，消费者对新能源汽车的客观需求和同行业企业的市场竞争将促使传统汽车企业及其合作伙伴自发调整新能源技术的研发和推广策略，以满足新的市场需求、尽快占据新的市场生态位；甚至在各方面条件趋于成熟时还可能研发出新的技术成果，从而会激发新一轮的创新扩散过程。

在这一阶段中，在社会技术地景层作用下，基于自组织的反馈原理与环境选择原理，制造业企业技术创新生态系统创新扩散不断进行反馈、调整、修复和适应，通过自修复、自适应机制不断地排除运行故障、纠正目标偏差、调整扩散的内容和方向，进而实现创新扩散循环反馈的自组织过程。

8.2.4 基于自组织理论的制造业企业技术创新生态系统创新扩散机理分析

创新扩散是扩散主体基于核心能力互补原则，进行自创生、自生长、自复制、自适应、自修复的自然演化，是一个高度自组织的运行过程（王帮俊，2011）。在制造业企业技术创新生态系统的创新扩散中，当扩散源以获取更多技术转让或技术授权收益作为动力时，扩散源自觉安排每一个环节并寻找新的扩散机会，为此建立起高度自律的机制，于是创新扩散就进入了高度自组织状态。可以说，创新扩散是为了与其所在的社会技术地景相互协调发展，进而在涨落变化过程中进行自组织的。本书由此认为，制造业企业技术创新生态系统创新扩散的自组织过程与制造业企业技术创新生态系统的时空演化过程是密不可分的。因此，本书基于社会技术地景将制造业企业技术创新生态系统创新扩散的自组织机理总结如下。

伴随着制造业企业技术创新生态系统的发展，其创新扩散能够实现自我发展、自组织的运行过程。在制造业企业技术创新生态系统的发展初期，社会技术地景的局部小涨落得以放大，生成创新扩散的动力，引起扩散源从平衡到失衡；随着制造业企业技术创新生态系统的不断发展壮大，扩散源企业通过自身努力，研发出适应涨落的新扩散株，通过与合作伙伴共同构建技术生态位和市场生态位，逐步明确扩散株的技术功能与市场定位以适应内外部环境，同时与其他扩散宿协同共生，逐步建立起创新扩散的功能和创新扩散相关机制，实现了创新扩散的自创生；当制造业企业技术创新生态系统的发展趋于稳定后，扩散株在生态位内部发育成熟，开始进入市场并获得推广，创新扩散在各个创新扩散主体间竞争关系与合作关系的非线性交互作用下，推动了技术标准的形成与锁定，技术要素不断得到优化，进而加快了创新扩散的自生长和自复制；最后，在与社会技术地景的不断相互协调的过程中，创新扩散不断进行着自修复与自适应，最终经历稳定的跃迁式演化过程，建立起创新扩散的新平衡态，从而完成周期性自组织的全部过程。因此，创新扩散的自组织性体现在，创新扩散主体能够自发地组织、调整并协调系统内部的诸要素，以降低这些要素对系统的扰动，同时增强适应外部环境的能力，并致力于建立新的平衡态。简言之，创新扩散主体能够通过调整发展轨道或发展范式，推动创新扩散从无序走向有序、从混沌实现稳定，最终使创新扩散自组织过程与制造业企业技术创新生态系统的发展演化协调一致，达到新的平衡态。

本 章 小 结

　　本章首先描述了制造业企业技术创新生态系统创新扩散的社会技术地景；其次，基于耗散结构理论，指出制造业企业技术创新生态系统的创新扩散具有开放性、非线性、远离平衡态和随机涨落等四大自组织特征；再次，构建了制造业企业技术创新生态系统创新扩散的自组织过程理论模型，将自组织过程分为从无到有、从差到好、循环反馈三个阶段，并结合各阶段特征阐释了制造业企业技术创新生态系统创新扩散的自创生、自生长、自复制、自适应与自修复等自组织方式；最后，总结了基于社会技术地景的制造业企业技术创新生态系统创新扩散的自组织机理。

第9章　制造业企业技术创新生态系统创新扩散的整体性模型及其演化机理

本章将基于第 6 章～第 8 章的制造业企业技术创新生态系统创新扩散机理研究，进行 MLP 分析框架下制造业企业技术创新生态系统创新扩散机理的整体性研究，旨在通过综合分析各层面自下而上的创新扩散及其演化过程，以廓清制造业企业技术创新生态系统创新扩散机理的全貌。

9.1　制造业企业技术创新生态系统创新扩散机理的 MLP 整体性模型

基于前面关于创新生态位层和技术范式层的创新扩散机理分析结论，结合第 8 章创新扩散自组织运行机理分析结果，本书建立了制造业企业技术创新生态系统创新扩散机理的 MLP 整体性模型，其框架如图 9.1 所示。

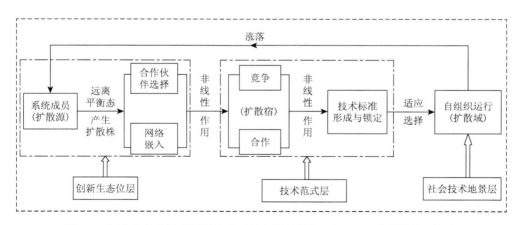

图 9.1　制造业企业技术创新生态系统创新扩散机理的 MLP 整体性模型框架

在创新生态位层，扩散源企业受到来自社会技术地景层的涨落扰动，开始远离平衡态。为适应社会技术地景层变化、降低涨落扰动，扩散源企业必须努力研发新技术。为此，扩散源企业要依据技术和资源互补性、兼容性、信息对称性及预期收益最大化等原则，围绕新技术形成选择合适的合作伙伴，通过不断获取新技术形成所需的资源，打造技术生态位和市场生态位，以促进和保护新技术发展、形成市场化方案，进而形成能够适应外涨落的扩散株。扩散株在扩散源企业及其合作伙伴的技术孵化和市场保护中，逐渐发展成熟，其技术功能与市场定位也得以明确。在此过程中，扩散源企业及其合作伙伴通过建立密切的合作关系共同深深地嵌入到创新扩散网络中。在网络嵌入性、扩散源企业的吸收能力及其合作伙伴的资源互补性等多种因素的非线性综合作用下，扩散株逐步脱离生态位保护，开始进入市场。随着越来越多的企业认可和采用扩散株，后者在市场上逐渐占有了一席之地。

在技术范式层，扩散株的出现成了新的涨落因素。对于已有的技术标准来说，扩散株的涨落作用表现在：扩散株的出现改变了已有的技术结构，而技术结构的未来发展取决于该扩散株属于已有技术标准的互补技术还是竞争技术。如果扩散株是技术标准的互补技术，那么扩散株将借助这种互补关系获得更多被采纳和推广的机会，已有技术标准的领导地位会随之得到进一步巩固；反之，如果扩散株是主导技术的竞争或替代技术，那么扩散株在市场上的发展壮大将会动摇已有技术标准的领导地位。此时，扩散株的扩散过程会受到由竞争关系与合作关系产生的双重影响：一是受到已有技术标准采用者的阻碍；二是受到新技术拥有者及其合作伙伴的推进。在这种交互影响下，如果作为竞争技术的扩散株获得了大规模扩散，那么扩散株对已有技术标准的扰动将更加激烈，使得技术范式层进一步远离平衡态，一些扩散宿企业开始考虑采纳扩散株。随着越来越多的扩散宿选择扩散株，扩散宿之间也在发生着竞争与合作不断交互的非线性作用，这些作用会促进新技术标准的形成，并将进一步出现技术标准锁定现象。通过技术标准的形成与锁定，各个创新扩散主体会进一步优化选择技术要素，进而实现自服务、自维系。

在社会技术地景层，各种涨落因素会不断对创新生态位层和技术范式层施加压力，并形成对现有平衡态的扰动和驱离。因此，创新生态位层面和技术范式层面需要自发不断地适应来自扩散域的涨落。在创新生态位层面，扩散域的涨落可能会引发扩散源为适应社会技术需求的变化研发新的扩散株或者改善已有的扩散株，进而根据扩散株的研发与培养的需要进行合作伙伴的重新选择和资源的重新整合，并力争顺利嵌入到新的扩散网络之中或者扩展已有的扩散网络，从而打造新的技术生态位和市场生态位。在技术范式层面，扩散宿则需要根据扩散域的涨落变化去决定采纳新的扩散株或者仍然采用原有技术，形成新的技术标准或者锁定已有技术标准。这些技术标准需要不断地适应扩散域的变化，增强抵御外部干扰的能力，并接受社会技术地景的选择，进而形成技术范式的更替和演化过程，最终推动创新扩散的自组织运行。

9.2　制造业企业技术创新生态系统创新扩散的时空演化机理分析

本书基于 MLP 分析框架将制造业企业技术创新生态系统创新扩散的发生过程划分为时间和空间两个维度，构建制造业企业技术创新生态系统创新扩散演化机理的时空模型，进而研究不同时空维度下的创新扩散情况。其中，用横轴表示模型的时间维度，由制造业企业技术创新生态系统的技术保护期、市场选择期、环境适应期三个阶段组成；用纵轴表示模型的空间维度，由创新生态位（包括技术生态位和市场生态位）、技术范式和社会技术地景三个层面构成，如图 9.2 所示。

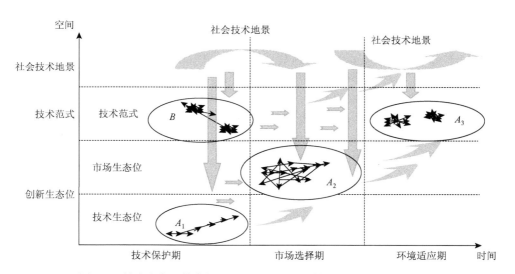

图 9.2　制造业企业技术创新生态系统创新扩散运行机理的时空模型

图 9.2 中，A_1 表示制造业企业技术创新生态系统的技术保护期，位于技术生态位层；A_2 表示制造业企业技术创新生态系统的市场选择期，位于市场生态位层；A_3 表示制造业企业技术创新生态系统的环境选择期，位于技术范式层级；B 表示已有的成熟稳定的制造业企业技术创新生态系统；社会技术地景层是制造业企业技术创新生态系统演化的宏观环境。

本书基于图 9.2 的时空模型对制造业企业技术创新生态系统创新扩散各发展阶段的特征进行了描述（表 9.1）。

表 9.1　制造业企业技术创新生态系统创新扩散各阶段的特征描述

创新生态系统演化阶段	技术保护期	市场选择期	环境适应期
技术变迁模式	突破式	渐进式与突破式	渐进式
创新扩散模式	链式扩散	网状扩散	平台扩散
创新生态位 形成机制	愿景机制	力量机制	知识机制
创新扩散主要机理	合作伙伴选择机理 网络嵌入机理	竞争与合作机理	自组织机理

9.2.1　制造业企业技术创新生态系统技术保护期的创新扩散

当已有技术范式不能完全满足社会需求时，文化价值观、政策导向、创新资源保障等因素会引起社会技术地景层发生变化，于是社会技术地景层开始对中观层和微观层产生压力，这种压力在技术生态位层激发了突破式技术变迁。

技术生态位为多种新技术的诞生提供了孵化空间。这些新技术往往具有较高不确定性，且缺少市场用户群，生存空间非常狭小。因此，这些创新成果需要特定的保护才得以存活。通常它们会受到规模较小的企业、研发机构、配套企业、政府等相关行动者的共同培育和保护。创新成果在技术生态位的保护中得以不断发展和优化完善，直到市场上出现有利的商业机会，此时制造业企业技术创新生态系统的雏形也已初步形成（A_1）。鉴于此期间内技术生态位为创新成果提供了有效的保护空间，本书将这一演化阶段称为制造业企业技术创新生态系统的技术保护期。

通常，在制造业企业技术创新生态系统的技术保护期，系统内创新扩散主体间的关系主要以合作为主，技术生态位中的核心企业必须吸引有能力的组织机构，与之建立良好的合作伙伴关系，以确保系统成员在共同愿景的作用下齐心协力将创新成果扩散给潜在客户。在此过程中，愿景机制在技术生态位形成中起着关键作用。首先，核心企业围绕某项新技术选择合作伙伴，通过愿景机制与其共同进行技术研发；其次，创新成果诞生后，创新成果所有者又会对外传达美好愿景，吸引更多企业积极加入合作网络参与生态位的扩展与完善。与此同时，技术生态位中合作伙伴选择的成功与否则直接决定了核心企业主导孵化的这项成果能否进入市场生态位，从而为下一步扩散作准备。

对于此阶段的核心企业来说，可以通过供应链上下游的合作关系，将创新成果的理念或技术依次传递给供应链上的成员企业及用户。因此，此阶段制造业企业技术创新生态系统创新扩散模式主要呈现为链式扩散。

9.2.2　制造业企业技术创新生态系统市场选择期的创新扩散

在社会技术地景层的政策、资源、价值观等要素的不断渗透作用下，制造业企业技术创新生态系统的技术变迁呈现出突破式技术变迁与渐进式技术变迁共同作用的模式。当创新成果在技术生态位中获得培育而逐渐成长后，会主动去尝试满足市场需求。此时，如果用户对创新成果有充分认知，创新成果就会逐渐找到适宜的市场生存空间，迈出市场化的第一步。但是，在多数情况下，用户对新进入市场的创新成果认知度都不高，市场规模的形成尚需一段时间。然而，在这段时间里，创新成果极有可能被主流产品的市场竞争所扼杀。此时，避开主流市场竞争的市场生态位则为创新成果创造了适合其发展的初始市场空间（Geels，2002）。经过市场生态位的培育，创新成果开始进入市场。随着该项创新成果的扩散范围逐渐加大、市场份额不断增长，创新成果所需的支撑元素被更多地调动起来，如配套设施、相关政策、用户反馈等，进而该项创新成果对市场的影响不断增强（Geels，2005）。同时，拥有创新成果的核心企业开始致力于完善其构建的制造业企业技术创新生态系统（A_2），其作用也越发重要。鉴于在此期间，新技术或新产品借助于合理选择市场生态位而开始进入市场空间，本书将这一演化阶段称为市场选择期。

在此阶段，制造业企业技术创新生态系统内的创新扩散主体间的关系有合作也有潜在的竞争，但仍以合作为主。原因在于，核心企业需要团结系统成员为顾客提供整体性的解决方案。例如，苹果公司就是通过吸引和维系硬件制造商、软件设计者、分销商、顾客支持服务企业来不断健全其创新生态系统的。市场生态位的形成验证了前面提及的"力量机制"，即核心企业为了开发新技术而努力获得资源，并基于战略考量将这些资源用于制造业企业技术创新生态系统。系统成员共同积累并获取充分的控制力量，以促进市场生态位的正常运行。在此阶段，核心企业开始嵌入创新扩散网络。随着核心企业与合作伙伴合作程度的加深，以及新加入网络的合作伙伴数量增大，创新扩散网络的结构也随之变化。在这一过程中，核心企业的关系嵌入性与结构嵌入性均对市场生态位的创新扩散绩效起到重要作用，是创新成果能否脱离市场生态位的保护进入到主流市场的关键一步。

相比于技术保护期的链式扩散方式，制造业企业技术创新生态系统在市场选择期的创新扩散呈现典型的网状扩散模式，通常呈现出横向、纵向多条链式扩散错综复杂的、跨层级的交叉状态，创新扩散网络趋于稳定。

9.2.3　制造业企业技术创新生态系统环境适应期的创新扩散

社会技术地景层对技术范式层的作用通常较温和，这种压力在技术范式层一般会引发渐进式技术变迁。随着制造业企业技术创新生态系统的不断发展和壮大，相关支撑元素日益增多并被联系在一起，系统结构越发趋于稳定。在此阶段，核心企业开始着手推进技术标准，搭建创新平台，创新成果的市场规模也随之不断扩大，逐步形成被广泛认可的新的技术范式（A_3），并开始与已有的技术范式（B）展开市场空间的争夺。至此，制造业企业技术创新生态系统成功实现从市场生态位到技术范式的空间层级跨越。鉴于在此期间，制造业企业技术创新生态系统（A_3）已经脱离生态位的保护，进入到主流市场，如果能够适应主流市场环境则能够发展成熟。由此，本书将这一演化阶段称为环境适应期。

在此阶段，扩散主体之间的关系表现为竞争与合作的交替。随着制造业企业技术创新生态系统不断适应市场环境，核心企业之间、核心企业与非核心企业之间、非核心企业之间的关系既可能是竞争关系，也可能是合作关系，抑或竞争与合作的不断演替。具体表现为：核心企业之间会为了制定市场主导的技术标准而进行技术合作，或者交换彼此专利的使用权以共享部分技术资源，但二者也会为争夺同一市场而进行竞争。例如，苹果公司和三星公司的手机业务就属于这种典型的"相爱相杀"。苹果手机中既有苹果自己的技术也有三星的技术，三星手机也是如此，但两者在产品市场中的竞争却异常激烈。与此同时，随着技术合作与创新扩散的不断深入，非核心企业的创新能力不断增强。由此，非核心企业可能会由合作伙伴发展成为核心企业的潜在竞争对手。例如，曾经的山寨手机基本都出自于苹果等大牌手机的代工厂。随着这些代工厂在合作过程中逐渐掌握了核心技术，于是开始生产制造自主品牌手机，并以低廉的价格出售，从而挤占了苹果等大牌手机的市场份额。通常，为了防止有能力的非核心企业逆袭，核心企业会适当采取防御措施，如不断升级新技术、不断更新产品、打造更为完善的生态圈等。因此，这个阶段的核心企业必须通过控制创新中最核心、最关键的增值活动保持领导者地位，这需要核心企业通过专利等方式获得核心技术的控制权，还要依靠持续创新不断提高核心技术的知识含量。当然，系统成员之间的竞争通常会加速创新成果的扩散（Geels，2005），而系统成员间更密切的协同合作也会扩大创新成果的扩散范围，进而共同占有更大的市场份额。本书认为，"知识机制"不仅在此阶段发挥了重要作用，而且贯穿于制造业企业技术创新生态系统创新扩散的整个过程。表现为：创新扩散主体不仅通过"干中学"来提升自身的知识，而且在动态扩散过程中激发知识的良性循环，进而提升创新扩散效率。

作为创新平台的构建者和拥有者，核心企业通常会通过技术授权的方式进行技术标准和知识产权的扩散，以促进系统成员采纳新的技术标准，进而使得该技术体系得以更大范围的传播扩散。因此，这个阶段的创新扩散呈现平台扩散模式。

至此，在社会技术地景作用下，通过创新扩散主体间非线性作用的不断交互，制造业企业技术创新生态系统的创新扩散实现了从低级向高级、从非平衡态演化到稳定态的自组织运行。

综上所述，伴随着制造业企业技术创新生态系统经历技术保护期、市场选择期和环境适应期，新技术也逐步从创新生态位层面向技术范式层面、进而向社会技术地景层面扩散，从而使得创新扩散行为和模式发生相应的演化。

9.3　制造业企业技术创新生态系统创新扩散及演化机理的仿真分析

9.3.1　智能体模型仿真及其在经济管理领域的应用

智能体（agent）的概念是由美国 Minsky 教授在 *Society of Mind* 一书中提出的。它被用来描述一个具有自适应、自治能力的硬件、软件或其他实体，其目标是认识与模拟人类智能行为（焦李成等，2007）。而事实上关于智能体的概念有很多不同的理解，大体上分为四种：①任何独立个体（软件、模型、个人）都可以是智能体，这种智能体的行为范围可以是从原始的反应决策到复杂的适应智能（Garber and Muller，2004）；②具有适应性的个体被称为智能体，而且能够从环境中学习并改变自己的行为以回应（Mellouli et al.，2003）；③智能体行为不仅要包括"基本规则"，还要有更高层次的"改变规则的规则"，前者是对环境做出回应的，而后者则是提供适应性的（Casti，1994）；④强调自治行为的必要特征，智能体的基本属性就是其组成部分做独立决策的能力，这就要求智能体要主动，而不是纯粹的被动（Jennings，2000）。

智能体模型和仿真（agent-based modeling and simulation，ABMS）是基于智能体的理论而发展的一种新范式，而且自从关系数据库产生以来就是一个热门的实践发展话题。20 世纪著名的数学家 Neumann 提出了一个问题："一台机器可不可以自己编程来做副本？"元胞自动机（cellular automaton，CA）便是用于回答这个问题的，同时它也是一个最简单的 ABMS。然而，英国数学家 Conway 却是最早研究 ABMS 的学者，他所提出的"生命游戏"（game of life，GOL）是基于 CA 的，其类似的问题也能够运用 CA 进行仿真研究（Casti，1994）。ABMS 至少要包括两个要素：智能体与规则。正如自然界所有的复杂现象往往是由简单的规则所组成的，因此在 CA 中智能体与规则本身也并不复杂。ABMS 直接根源于复杂性科学理论中的复杂适应系统（complex adaptive systems，CAS）。Holland 是 CAS 领域的开拓者，他定义了 CAS 的属性和机制，前者包括集聚、非线性、流和多样性，后者包括标志、内部模型和积木块。CAS 的属性和机制为设计智能体模型提供了可用的框架（Albino et al.，2006）。

　　近年来，学者开始运用 ABMS 来对社会中的一些现象进行仿真，以找出决策的关键点和瓶颈问题，经济管理领域的学者也正在致力于对该种方法的拓展和深化。Delre 和 Jager（2007）将 ABMS 用于营销管理的促销活动选择上，对不同营销策略进行仿真，并将仿真的重点放在促销的目标与时机上；Hur（2010）的研究关注于以技术不确定性和"赢家通吃"为特征的多等级竞争，他运用 ABMS 来了解这种竞争的动力，尤其是当竞争者之间表现出异构行为的情况下；Oliva 和 Panzieri（2010）等建立了一个基于智能体的投入产出非工作性模型（agent-based input-output inoperability model，AB-IIM），他们将每一个基础设施分解成为相互关联的要素，通过考虑要素之间的资源交换来研究基础设施之间的相互依存关系。与国外相比，国内学者较少将 ABMS 方法运用在经济管理领域中。其中，龚晓光和黎志成（2003）的研究较具代表性。他们建立了基于 ABMS 的新产品扩散的仿真模型，并利用该模型进行了仿真实验，较好地模拟了新产品扩散的动力学过程。肖亮（2008）的研究也较具典型性。他在定义与认知企业知识管理行为特征的基础上，将情境因素以合理的方式融入企业知识管理过程的 Agent 模型中，并建立了以其为基本单元的分布式知识管理系统。

　　Albino 等（2006）的研究和 Gilbert 等（2007）的研究体系则成功地将 ABMS 运用到了技术创新领域。其中，前者的研究将智能体定义为产业技术创新活动中拥有不同技术资源的企业、政府等主体，而后者的研究进一步认为智能体是具有 CAE（capacity-ability-expertise level）（特性、能力、专长）三种特性的知识主体，并强调智能体之间的学习机制。他们的研究为技术创新与 ABMS 结合的后续研究奠定了坚实的基础。

9.3.2　智能体仿真模型的构建

　　NetLogo 是一个多智能体建模仿真集成的设计平台，由 Wilensky 在 1999 年发起，美国西北大学连接学习与计算机建模中心负责持续开发。NetLogo 设计平台的模型库和功能非常强大，尤其适合对随时间演化的复杂系统的建模仿真。NetLogo 具有清晰的操作界面 Interface，可以通过命令行方式和可视化的控件对仿真的过程进行控制，仿真的动态结果能够通过监视器和各类控件读取出来。

　　NetLogo 的虚拟世界由多个 Agent 构成。Agent 执行指令进行活动，且所有 Agent 的行为在系统规定的时间同步并行发生。因此，运用 NetLogo 进行智能体仿真的过程可以表述为大量的 Agent 在二维空间中的交互作用。随着时间的推进，微观个体的属性不断发生变化，系统的宏观特征也随之改变，因而可以将复杂系统的微观行为和宏观"涌现"现象有机地结合到一起，达到自上而下分析、自下而上综合的目标和效果。

一般来说，NetLogo 设计平台中共有四类 Agent：①Turtles（海龟）：能够在虚拟世界中自由移动的主体。②Patches（瓦片）：虚拟世界是由 Patches 组成的二维网格，Patch 是网格中的一个方格。③Observer（观察者）：它观察着由 Turtles 和 Patches 构成的虚拟世界，能够执行指令获取虚拟世界全部或部分要素的状态，或实现对虚拟世界的控制。④Links（链）：它是链接 Turtle 与 Turtle 的主体。

运用 Netlogo 设计平台建立智能体仿真模型的真正核心是编写在 Procedures 页中的例程。每个智能体仿真过程总是不断地重复执行某一个例程，后者一般包括初始化例程和仿真执行例程。其中，初始化例程 Setup 主要实现对模型初始状态的设置，生成所需的 Agent，并定义它的状态和工作；仿真执行例程 go 则主要实现仿真过程的永久执行。通常在 go 例程中编写各种指令，定义 Agent 的属性和行为。

本书将使用 Netlogo 设计平台建立智能体（Agent）模型来仿真模拟在创新扩散的不同阶段制造业企业技术创新生态系统内成员企业的竞争与合作关系演变。在此，本书将制造业企业技术创新生态系统内的企业设置为 Agent，企业在不同阶段内的策略设置为微观个体的属性。本书以一个大小为 30×30 的视图表示制造业企业技术创新生态系统成员所在的产业范围，在所形成的 900 个瓦片上定义三种 Agent 类型：深灰色的瓦片代表了处于不同生态位的合作 Agent，意味着此时企业在制造业企业技术创新生态系统的创新扩散过程中选择合作策略；浅灰色的瓦片代表了处于同一生态位的竞争 Agent，意味着此时企业在制造业企业技术创新生态系统的创新扩散过程中选择竞争策略；黑色的瓦片代表了观望 Agent，即未采用新技术、选择观望策略的 Agent，意味着此时企业在制造业企业技术创新生态系统创新扩散过程中未选择合作或竞争策略。此外，考虑到制造业企业技术创新生态系统的创新扩散处于一定的环境中，本书将环境因素的影响综合起来设定为一个环境系数。在智能体模型中，环境系数的变化会影响 Agent 的活动，而 Agent 的活动也会改变环境系数的取值。

按照 Moore 型邻域定义，每个 Agent 与周围的 8 个 Agent 形成一个以"自我"为中心的组织"邻域"。考虑到在制造业企业技术创新生态系统中选择合作策略的企业、选择竞争策略的企业和选择观望策略的企业可能同时存在，因此一个 Agent 的邻域由三种类型的 Agent 随机构成。例如，某一时刻企业 Agent（0，0）的邻域如图 9.3 所示。

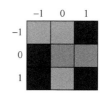

图 9.3　制造业企业技术创新生态系统企业 Agent（0，0）的邻域

根据 Nelson 和 Winter（1982）在演化经济学中对企业创新行为的解释以及制造业企业技术创新生态系统在不同层面创新扩散中各类企业的策略变化，本书认为，智能体模型中的 Agent 应满足如下假设：

假设 1：每个 Agent 都以追求自身收益最大化为目标。

假设 2：每个 Agent 在每一个时间步长中进行一次策略决策。

假设 3：每个 Agent 可选择的行动策略有三种：竞争、合作、观望。

假设 4：每个 Agent 均能够获得邻域中其他 Agent 的策略选择和收益信息，并根据邻域中其他 Agent 选择合作或竞争策略所产生的最高收益来更新自身的预期收益值。

假设 5：每个 Agent 通过对比在上一个时间步长选择某一种行动策略后所获得的"实际收益"和"预期收益"的大小，在三种行动策略之间进行决策。其决策规则为：Agent 通过判断预期收益与上一个时间步长自身实际收益的大小来进行下一个时间步长行动策略的选择。如果预期收益小于上一个时间步长的实际收益，Agent 将在本次决策中继续保持上一个时间步长的策略不变。如果预期收益大于上一个时间步长的实际收益，且此预期收益来自于竞争策略，那么 Agent 将在本次决策中选择竞争策略；反之，如果此预期收益来自于合作策略，那么 Agent 将在本次决策中选择合作策略。

假设 6：当 Agent 之间产生合作关系时，合作双方既可以通过合作获得收益 H，也要付出一定的合作成本 C。并且合作成本的投入为一次性投入，存续期为一个时间步长。

假设 7：当 Agent 之间产生竞争关系时，竞争双方通过竞争可获得收益 J，但不发生技术竞争的成本。

假设 8：环境的变化会影响 Agent 的收益。环境系数 η 越大，代表环境因素的变化对 Agent 的收益影响越大。

假设 9：随着时间步长的持续增加，每个 Agent 不断地重复执行上述规则。

9.3.3　制造业企业技术创新生态系统创新扩散的智能体仿真

按照 Netlogo 运行的要求，本书先进行智能体模型的初始化。在初始时刻，在 30×30 的视图中分别以 0.2 的概率产生处于合作状态的企业 Agent（深灰色）和处于竞争状态的企业 Agent（浅灰色），其余的瓦片上则生成观望 Agent（黑色）。图 9.4 为智能体模型初始状态视图。

通过设置和调整不同参数的数值，本书在以下三种不同情况下进行了智能体模型的仿真模拟。

（1）设 $H = 0.20$，$C = 0.05$，$J = 0.15$，表示 Agent 通过合作可获得的收益系数是 0.20，需要付

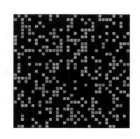

图 9.4　智能体模型初始状态视图

出的合作成本系数为 0.05，通过竞争可获得的收益系数是 0.15。在智能体模型运行 571 个时间步长后，出现的情况为：观望 Agent 的数量减少了 220 个，表明新技术得到了广泛的扩散。在采纳新技术的 Agent 中，合作 Agent 有 486 个，占据了主导地位；竞争 Agent 为 94 个，在数量上处于劣势。具体如图 9.5 和图 9.6 所示。可见，在选择竞争策略和合作策略的获益相同的情况下，Agent 更趋向于选择合作策略。

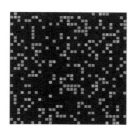

图 9.5　情况（1）仿真结果视图

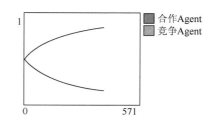

图 9.6　情况（1）竞争 Agent 和合作 Agent
的数量趋势图

　　（2）设 $H = 0.40$，$C = 0.10$，$J = 0.30$，表示 Agent 通过合作可获得的收益系数是 0.40，需要付出的合作成本系数为 0.10，通过竞争可获得的收益系数是 0.30。在智能体模型经过 571 个时间步长后，出现的情况为：观望 Agent 的数量继续减少了 88 个，表明新技术在这一阶段仍然在不断扩散。在采纳新技术的 Agent 中，竞争主体为 560 个，占据了主导地位；合作主体则逐渐减少为 108 个。具体如图 9.7 和图 9.8 所示。以上结果表明，选择竞争策略的 Agent 获得的收益足够丰厚，不仅吸引了新的竞争 Agent 加入到新技术扩散的网络中来，而且原有的合作 Agent 由于考虑到合作成本变大，也改变了原有的策略成为竞争 Agent。

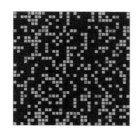

图 9.7　情况（2）仿真结果视图

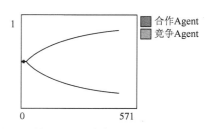

图 9.8　情况（2）竞争 Agent 和合作 Agent
的数量趋势图

　　（3）在第（2）种情况的基础上，即 $H = 0.40$，$C = 0.10$，$J = 0.30$ 的条件下，加入环境系数 $\eta = 0.18$，表示环境的变化对采纳新技术的企业 Agent 的收益产生了影响。在智能体模型经过 571 个时间步长后，出现的情况为：观望 Agent 的数量在生态系统内所占比例已经低于 40%，表明新技术在此阶段得到了充分扩散。在采纳新技术的 Agent 中，合作 Agent 为 441 个，占据了主导地位；竞争 Agent 为 114 个，在数量上仍处于劣势。具体如图 9.9 和图 9.10 所示。相较于前两种情况，情况（3）中观望 Agent 的数目相对较多，表明环境的变化对新技术的扩散产生了一定的干扰，但是新技术仍然保持着扩散的趋势。上述情况说明，Agent 能够感知和适应环境的变化，继续推动技术合作活动的开展，维持创新扩散的进行。同时，通过比较图 9.7 与图 9.9 中竞争 Agent 和合作 Agent 的数量构成，可以看出，环境的变化能够影响 Agent 的策略选择，进而可以影响竞争 Agent 和合作 Agent 的数量比例。

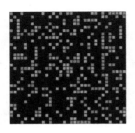

图 9.9　情况（3）仿真结果视图

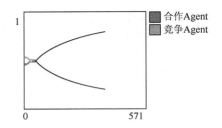

图 9.10　情况（3）竞争 Agent 和合作 Agent 的数量趋势图

9.3.4　仿真结果分析

结合制造业企业技术创新生态系统创新扩散的理论模型，本书对上述的仿真结果进行如下分析。

第（1）种仿真情况对应于制造业企业技术创新生态系统创新扩散的技术保护期。在此阶段，由于新技术刚刚产生，缺少市场用户群，因此无论是选择合作还是竞争策略所产生的收益水平都较低；同时，由于新技术的未来发展具有较高不确定性，为了减少合作壁垒，增大其他企业合作的信心，核心企业不会要求合作伙伴付出太高的合作成本。因此，会导致 H、J 和 C 值相对较低。正是在这种低合作成本的条件下，核心企业得以汲取建立技术生态位所需的各种要素，与上下游企业以及同一领域的相对有实力的非核心企业建立合作关系，从而营造有利的资源与环境条件，使新技术在技术生态位的保护下快速成长。在制造业企业技术创新生态系统创新扩散的技术保护期，在获益相同的情况下，合作策略相对于竞争策略更具有吸引力的原因在于，在新技术的前景尚不明朗的情况下，互补性资源会提升合作企业的整体实力，增强抵御技术培育和未来发展的风险的能力，从而加大新技术获得认可的可能性，这样的效果是单个企业仅凭一己之力在新技术领域参与竞争所无法达到的。因此，企业更倾向于选择合作策略。

第（2）种仿真情况对应于制造业企业技术创新生态系统创新扩散的市场选择期。在此阶段，新技术的各项功能已经逐渐完善，市场生态位开始初步形成，所处的市场环境已有所改观，市场发展空间开始逐步增大，因此，无论是选择合作策略还是竞争策略的创新企业都能够获得比技术保护期更多的收益。同时，由于制造业企业技术创新生态系统内的成员构成开始逐步稳定，核心企业与非核心企业、非核心企业间的合作关系也逐渐稳固，企业之间的合作开始向更加深入的层面发展，加之新技术的市场商业化也需要更多的资源投入，因此，企业之间进行合作时，需要投入较技术保护期更多的合作成本。可见，市场选择期的上述阶段性特点导致 H、J 和 C 值相对较高。在此阶段，新技术的同类技术相继开始出现，由于市场生态位重叠，拥有相同或相似功能的新技术之间会产生竞争，于是在不同的制造业企业技术创新生态系统的成员企业之间会存在竞争关系。与此同时，在同一制造业企业技术创新生态系统的内部，虽然为了提高市场对新技术的认知度、创造适合创新成果发展的市场生态位，系统内的企业会加强彼此之间的合作关系，但是，为了不断提升创新成果的质量，核心企业对合作伙伴的选择和要求将更加严格，此时处于供应链同一位置的企业之间会出现优胜劣汰的现象。因此，在此阶段，企业之间的关系由合作为主转变为合作与竞争共存，但会以竞争为主。

第（3）种仿真情况对应于制造业企业技术创新生态系统创新扩散的环境选择期。在此阶段，市场上的同类新技术均已获得了一定的市场认可度，拥有同类新技术的创新生态系统之间的竞争更加激烈，因此制造业企业技术创新生态系统的任务是获取更多的优势资源，扩大市场占有率以加强新技术在市场中的优势地位，并力争成为被市场广泛接受的技术标准。在这一时期，企业与外部环境的交流频繁，新旧价值观念碰撞和冲突激烈，外界环境的变化会对新技术的收益产生一定的影响，加之此时的合作成本仍然较高，从而对新技术的采纳和扩散造成一定的干扰。但是，核心企业不仅会通过"干中学"的学习机制提升自身能力以适应环境的变化，也会主动地采取相关的措施，例如，不断完善新技术的功能使其更好地适应市场和环境的要求、通过采纳新技术企业的示范效应推动市场上的企业采纳新技术、改变合作收益的分配比例吸引新的合作伙伴加入创新扩散网络等，从而推动创新生态系统内部企业合作的开展，促进新技术在市场上的扩散和推广。因此，在此阶段，虽然制造业企业技术创新生态系统内的企业处于合作和竞争共同主导的状态，但是由于环境的变化会导致企业收益发生变化，选择竞争与合作策略的企业数量也会随之产生相应的改变。

综上可见，本书所构建的智能体模型一方面通过可视化的动态运行结果仿真模拟了制造业企业技术创新生态系统在创新生态位、技术范式层面和社会技术地景作用下的创新扩散机理；另一方面，在不同情况下 Agent 行为策略的仿真结果符合制造业企业技术创新生态系统创新扩散不同阶段的特点，而且伴随着参数调整创新扩散中 Agent 的策略演化趋势也与制造业企业技术创新生态系统创新扩散的时空演化机理的分析基本一致。因此，上述仿真模拟结果在很大程度上验证了制造业企业技术创新生态系统创新扩散及时空演化机理。

9.4　制造业企业技术创新生态系统创新扩散及演化机理的案例研究

9.4.1　研究方法

由于系统构成要素的复杂性及其状态的持续变化，目前仍未出现一种公认的定量分析方法能够测度系统的动态演化过程，因此，已有理论不足以对新形势下出现的复杂现象进行解释。案例研究方法是通过丰富的、实证性的描述回答"如何（how）"或"为什么（why）"问题的有效方法（苏敬勤和刘静，2013a），通过深入细致的数据收集与分析，有助于提高研究的信度和效度。因此，本书采用纵向案例研究方法探讨创新生态系统的创新扩散背景及规律，以期进一步阐释MLP 框架下制造业企业技术创新生态系统创新扩散的机理。

9.4.2　案例选择

本书基于案例典型性和数据可得性这两项原则，选择了深圳市新能源公共交通创新生态系统（以下简称深圳公交创新生态系统）作为本案例的研究对象。

（1）案例的典型性。近年来，深圳市一直被视为全国新能源公共交通的领跑者，这里有全国最早投入新能源客车研发的企业，后者开启了中国新能源汽车自主研发的破冰之旅。2014 年，深圳市获得世界瞩目的"全球城市交通领袖奖"，使世界看到中国发展新能源汽车的成果和希望。联合国气候峰会奖项评选委员会表示："深圳市获奖的主要原因是，政府广泛调动各方力量，打造了全球规模最大的新能源公共交通车队，深圳的成功给全球各大城市公共交通发展带来极大的启发。"因此，本书选取深圳公交创新生态系统作为案例进行剖析，以期总结出中国新能源公共交通创新生态系统的创新扩散规律，为中国未来新能源公共交通发展提供借鉴和参考。

（2）数据的可得性。苏敬勤和刘静（2013b）认为，在信息技术高度发达的今天，科学合理地通过多途径获取的二手资料同样可用于高水平的科学研究。鉴于一手资料存在主观性较大的不足，而二手资料具有稳定性好、覆盖面广、时间跨度长、可反复阅读等优点（Yin，1994），因此，本书主要通过收集二手资料的方式获取相关数据。即通过政府相关报告、深圳市发改委官网发布的统计数据公告、企业年报以及有影响力媒体的新闻资讯报道等途径，获取深圳公交创新生态系统创新扩散的相关资料，并整理了关于深圳市发展新能源公交的政策、经济、技术等相关数据和背景材料。在此基础上，对多渠道获取的资料进行比较、印证和整合，以提高二手资料的可靠性和准确性。

9.4.3　数据收集与分析

在案例研究流程上，本书遵循案例研究草案设计→数据收集→数据分析的案例研究范式（崔淼和苏敬勤，2013）。具体步骤为：①在开始收集案例数据之前，案例研究小组阅读了大量的深圳市新能源公共交通发展的文献资料，包括企业网站、年报、官方发布的统计信息和其他网络资讯。②明确案例研究主题，即制造业企业技术创新生态系统的创新扩散机理研究。③为了更客观地确定这一主题的研究性质，小组成员使用 CNKI 和 ELSEVIER 两个数据库收集相关文献并进行研读。④在确定研究性质的基础上，案例研究小组使用案例数据库对涉及该案例中的两家核心企业的相关案例进行了进一步了解。⑤在调研中以文件档案为主收集数据。资料收集从 2014 年 1 月开始到 2015 年 11 月结束；通过政府相关报告、深圳市发改委官网发布的统计数据公告、企业年报以及有影响力媒体的新闻资讯报道等途径，获取深圳市新能源公共交通的相关资料。⑥在数据分析阶段，基于三角测量的原则，对于每一阶段的数据，都与企业年报、行业研究报告和政府报告等公开数据进行对比验证（Lee and Lim，2001），以案例研究小组的形式进行讨论，筛选真实可信的数据（苏敬勤和崔淼，2011），以保证研究质量。由小组成员独立反复阅读相关文件档案资料并提出结论，最后讨论提出的结论与数据之间的匹配程度（崔淼和苏敬勤，2013）。

通过掌握的数据和资料，参考深圳公交创新生态系统创新扩散经历的大事件，将该系统的演化阶段划分为技术保护期、市场选择期、环境适应期，对每个阶段系统主要成员的相应发展状况进行了描述，进而总结出各阶段扩散特征。

9.4.4　深圳公交创新生态系统创新扩散的案例分析

1. 深圳公交创新生态系统创新扩散的社会情境

在保障能源安全和保护生态环境的大背景下，2009 年元月，国家科技部、财政部、工信部和发改委共同启动"十城千辆"节能与新能源汽车示范推广应用工程，通过财政补贴，鼓励在公交、出租、公务、环卫和邮政等公共服务领域率先推广使用节能与新能源汽车。截至目前，我国新能源汽车的推广使用主要集中在城市公交、出租车等领域，其中，双燃料公共交通汽车已基本全国普及，纯电动汽车和混合动力车正处于从研发、试点向大规模推广的关键过渡期。随着政府支持政策的不断出台，越来越多的传统汽车企业积极投入到新能源汽车的研发生产中，新能源汽车推广扩散速度明显加快。《能源发展战略行动计划（2014～2020 年）》指出，要继续坚定不移地推行公交电动化战略，公交电动化是提升能源利用效率、缓解城市空气污染的重要途径，也是未来新能源汽车企业长期关注和重点投入的发展方向。

2. 深圳公交创新生态系统的构成

深圳公交创新生态系统由核心企业、创新合作单元、技术平台、配套设施等组成。其中核心企业有两家，分别为：五洲龙汽车制造有限公司（以下简称五洲龙）和比亚迪集团（以下简称比亚迪）。二者被公认为全国的行业翘楚，为深圳市新能源公交汽车的发展做出了重要贡献。五洲龙在 2000 年成立于深圳市，成立之初就秉承新能源客车的研发与制造；而比亚迪于 2003 年收购西安秦川后，开始正式步入汽车制造业，且较早于 1997 年就开展了新能源汽车电池的研发工作。这两家汽车企业在新能源汽车研发、制造、销售上取得的成就在全国是有目共睹的：五洲龙主要生产混合动力客车、纯电动客车，比亚迪在新能源公共交通方面主要生产纯电动客车和纯电动出租车。

该生态系统中的创新合作单元众多。五洲龙的产品合作伙伴多来自于企业外部，包括东风底盘、潍柴动力、江淮底盘等供应商，也包括深圳巴士集团、东部公交等运营商；而比亚迪的合作伙伴中，供应商多来自集团内部企业，如比亚迪上海、比亚迪西安、比亚迪长沙等，运营商除了巴士集团、东部公交，还有深圳市鹏程电动汽车出租有限公司（以下简称"鹏程出租"），该公司由比亚迪与深圳巴士集团合资成立，是深圳市唯一的纯电动出租车运营商。同时，在深圳公交创新生态系统中，作为重要的基础配套设施——充电装置的建设对该系统发展不可或缺。担任该项工作的配套商是中国普天信息产业股份有限公司（以下简称"中国普天"）和中国南方电网有限责任公司（以下简称"南方电网"），它们承担着充电装置的建设与运营工作。此外，政府也是创新生态系统中的重要一员，决定了创新生态系统发展的政策环境（表9.2）。

表 9.2　深圳市新能源公共交通创新生态系统成员结构

核心企业	核心产品	创新平台	创新合作单元（技术研发）	创新合作单元（供应商）	创新合作单元（运营商）	创新合作单元（配套商）	政府
五洲龙	混合动力客车；纯电动客车	建设部混合动力电动城市客车标准；深圳市新能源汽车充电站建设标准	深圳市五洲龙汽车有限公司；新能源汽车研究所等	深圳沃特玛电池有限公司；东风底盘；东风康明斯；潍柴动力；玉柴发动机；江淮底盘；信义玻璃；艾里逊变速箱等	深圳东部公交；深圳巴士集团；深圳西部公交	中国普天南方电网	支持
比亚迪	纯电动客车 K9；纯电动出租车 e6	工业和信息化部电动汽车国际标准法规；广东省电动汽车标准	比亚迪汽车工程研究院；比亚迪上海等	比亚迪深圳坪山；比亚迪西安；比亚迪长沙；比亚迪商洛；比亚迪上海；比亚迪惠州；深圳比亚迪-戴姆勒新技术有限公司；博世；上海实业；苏斯帕等	深圳鹏程电动出租车公司；深圳巴士集团；深圳东部公交	中国普天南方电网	支持

值得一提的是，在深圳公交创新生态系统中，技术标准是核心企业与创新合作单元企业共享信息资源的创新平台。其中，五洲龙参与制定了混合动力电动城市客车标准、深圳市新能源汽车充电站建设标准等；比亚迪则承担了广东省电动汽车标准的制（修）订、推广实施等工作，参与制定了工业和信息化部电动汽车国际标准法规等。可见，两家核心企业均能够依据各自参与制定的技术标准，利用创新平台与合作企业共享技术标准信息。

3. 深圳公交创新生态系统的创新扩散

如前所述，在深圳公交创新生态系统中，作为核心企业，五洲龙以生产新能源客车为主，比亚迪则主要生产制造纯电动客车 K9 和纯电动出租车 e6。因此，在深圳公交创新生态系统中，本书将核心产品确定为五洲龙新能源客车 WZL 和比亚迪新能源汽车 K9 与 e6。截至 2014 年 12 月，五洲龙和比亚迪的新能源汽车在深圳公交行业的投放情况以及充电站的建设情况如表 9.3 所示。

表 9.3　深圳公交创新生态系统核心产品及充电站数量统计

名称	2005	2006	2007	2008	2009	2010	2011	2012	2013	2014
五洲龙 WZL	7	7	7	57	57	57	1 511	2 140	2 850	3 000
比亚迪 K9	0	0	0	0	0	0	200	200	490	780
比亚迪 e6	0	0	0	0	50	300	300	800	850
充电站 E	0	0	0	0	0	2	59	61	73	81

数据来源：根据企业年报、深圳市发改委统计数据等整理

通过对表 9.3 的数据进行比较发现，深圳市新能源公交客车的数量在 10 年间涨幅约为 540 倍，纯电动出租车 e6 的数量在 5 年间增长 17 倍，如图 9.11 所示。而充电站的增速则高于纯电动出租车，5 年间数量增长为 40.5 倍，体现出深圳公交创新生态系统的迅猛发展态势。

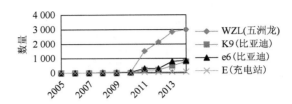

图 9.11　深圳新能源公交车及充电站数量（2005～2014）

深圳发改委碳交办处长周全红在 2015 年 11 月举办的"中国新能源汽车推广应用经验交流与发展研讨会"上明确表示，至 2015 年年底，深圳市新能源公交车将达到 6650 辆，占公交巴士总量的 48%，纯电动出租车约 2400 辆，占据出租车总量的 16%，并计划于三年内将深圳市公交客车全部改为新能源客车。此外，深圳公交集团 2015 年度关于新能源客车采购招标公示结果显示，2015 年底比亚迪 K9 在深圳市场的投放量近 3000 台，e6 的投放量接近 3600 台，建成的充电站达到 169 座。由此，将 2015 年深圳政府关于新能源公交的计划指标与前 10 年实际数据相结合，绘制核心产品数量折线图，如图 9.12 所示。

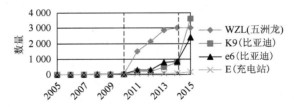

图 9.12　深圳新能源公交车及充电站数量（2005～2015）

为了便于分析，结合该创新生态系统发展 15 年间经历的大事件以及核心产品数量的增长趋势（图 9.13），本书将深圳公交创新生态系统的演化划分为三个阶段。

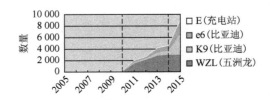

图 9.13　深圳公交创新生态系统核心产品总量（2005～2015）

1）技术保护期（2000～2010 年）

2001 年 9 月，五洲龙研发制造的国内第一辆混合动力客车样车"中国一号"下线并通过相关部门的检测，这标志着中国迈出了新能源汽车的第一步。2005 年 11 月，五洲龙混合动力客车商业化营运项目通过国家 863 计划项目专家组的考察和答辩，正式列入国家 863 计划；同月，经深圳市政府特许，全国第一条混合动力客车商业示范线路启动（7 台五洲龙混合动力客车在深圳龙岗坪上启动），揭开了中国新能源汽车商业示范运行的序幕。2007 年 1 月，五洲龙作为唯一的新能源汽车企业参与了建设部组织的"混合动力电动城市客车标准"的制定。2008 年 10 月，"十城千辆"计划实施、示范启动仪式在深圳举行，首批 50 辆五洲龙混合动力新能源客车交付使用，充电设施由五洲龙公司自供。

2003 年，比亚迪斥资 2.7 亿元收购汽车制造厂西安秦川 77%的股权，正式进军汽车行业。公司耗巨资在上海建立了汽车研发中心，该中心主要承担电动汽车和新款轿车的研发任务。在 2004 年北京国际车展上，比亚迪展出了全球第一辆锂离子混合动力驱动轿车 Hybrid-S、电动概念车 ET、电动汽车等，这些新科技产品成为中外媒体和国际同行关注的焦点。2010 年 5 月，第一批 50 台比亚迪 e6 纯电动出租车在深圳投入运营，每天行驶里程为 450～480 千米。同年，南方电网建成了在深圳市的首个充电站。

根据国家四部委 2009 年 2 月发布的新能源汽车补贴方案，深圳市发改委同年编制完成了《深圳市节能与新能源汽车示范推广试点实施方案（2009～2012 年)》，并于 2010 年 6 月 1 日起正式实施。对于个人、社会团体和企业购买新能源汽车，该方案参照中央财政对公共服务类乘用车补贴标准给予适当补贴；对于投资配套基础设施的补贴，以地方财政为主、中央财政为辅。同时，深圳市还颁布了中国首个充电站技术规范——《深圳市电动汽车充电系统技术规范》，后者涵盖了通用要求、充电站及充电桩设计规范、非车载充电机监控单元、非车载充电机充电接口和城市电动公共汽车充电站等内容①。

可见，在受到能源短缺、全球变暖、空气污染严重等社会技术地景层要素的涨落作用下，技术生态位层面出现了全新的技术机会。此阶段深圳公交创新生态系统位于技术生态位层级，新能源汽车和技术受到五洲龙、比亚迪及其各自供应商企业、少数用户，尤其是深圳市政府的共同孵化和扶持，使得这些新技术和新产品能够避开市场的激烈竞争，在保护性空间中自由成长。在此阶段，主要以核心企业选择适合的合作伙伴进行研发以实现技术创新为主，新产品生产规模很小，充电、维修等配套设施和服务仍很不完善，因此系统的稳定性很弱。

此阶段呈现典型的链式扩散方式。核心企业五洲龙和比亚迪将各自的创新产

品愿景传递给供应链上下游的合作企业，供应链企业为了实现目标共同努力，合力打造新技术或新产品。当创新成果雏形诞生后，核心企业将创新成果、未来发展空间及发展必要性与迫切性展示给它们的第一位客户——政府。政府对产品认可后，进一步出台大力发展新能源汽车的支撑政策，以进一步引导新能源汽车的发展和推广。可见，创新扩散的技术推动论观点又一次被本案例印证，即扩散株自身的属性（技术的相似性与技术的先进性等）以及扩散源的愿景传达能力是影响创新成果形成和扩散的重要因素。

2）市场选择期（2011～2014 年）

2011 年 8 月，深圳市投放新能源汽车总计 2011 辆，其中五洲龙新能源客车1511 辆，比亚迪 e6 纯电动出租车 300 台。五洲龙一举成为新能源客车投放量全球第一的企业，成为名副其实的"新能源客车先锋"。2012 年底，深圳再次追加投放 500 台比亚迪 e6 纯电动出租车；截至 2014 年底，深圳市共有 780 台 K9、850 台 e6 及 3000 台五洲龙新能源客车投入运营，而充电站也从 2010 年的 2 个迅速发展为 81 个。

鹏程出租自引入比亚迪 e6 运营开始，于 2010 年、2011 年分别亏损 254 万元、570 万元；而从 2012 年上半年起，该公司开始扭亏为盈，2012 年盈利 239 万元，2013 年盈利 1200 万元[①]。鹏程出租的盈利证明，纯电动车是可以成功实现市场化运营的。

可见，深圳公交创新生态系统在 2011～2014 年得到很大发展，新能源技术和产品在技术生态位层面发育较成熟后，在政府相关政策的保护下开始走向市场，并已逐渐找到适合其发展的市场生态位。此阶段新能源技术日趋成熟，新能源公共交通的市场规模得以不断扩大，创新成果得以迅速推广扩散，但系统运行依旧不够稳定，其不确定性更多源自市场方面的压力与问题。

随着创新成果本身的成熟，其配套技术或产品以及市场配套设施的加入，使得创新扩散不再是供应链式的链状扩散。此阶段会出现创新链（高校、科研院所、核心企业的合作）、配套链（充电设施的制造商、销售商和用户的合作）、供应链等多种形式的链式合作，核心企业的力量机制使得这些链式合作复杂地交织在一起，呈现出网状扩散方式。随着企业间非线性相互作用、核心企业的网络嵌入性对创新扩散的影响更加显著，创新产品的扩散范围不断加大，创新扩散速度也明显提升。

社会技术地景层的政策导向在此阶段发挥了重要作用，具体体现为：政府出台各项补贴政策，使得更多企业和机构愿意加入新能源汽车及其相关配套产品的研发和生产中，补贴也降低了新能源汽车高昂的售价，使得补贴后的汽车价格符

---

① http://finance.ifeng.com/a/20140528/12422182_0.shtml.

合客户的购买意愿；同时，在政府的大力宣传和推广下，消费者的绿色节能意识也受到深刻影响。消费者逐渐认同新能源汽车是未来发展的趋势，并且认为拥有新能源汽车会提升个人形象。因此，政策性补贴、宣传导向、创新成果的定价、创新成果所带来的消费者形象提升等地景层要素成为此阶段影响创新扩散的涨落要素。

3）环境适应期（2015 年至今）

五洲龙和比亚迪在巩固深圳市场的同时，开始推动新能源汽车在全国各大城市的应用推广。比亚迪相继在其他城市，如长沙、西安、韶关、宝鸡等，开始电动汽车的商业化运营，而五洲龙则在昆明、南昌、海口等地推进五洲龙新能源汽车的批量示范运营。此外，拓展海外市场也是两家企业共同的战略。其中，比亚迪纯电动汽车已遍布全球 20 多个国家，K9 与 e6 全球运行总数已超过 10 000 辆，海内外推广成果显著；五洲龙新能源客车则批量出口澳门、美国、菲律宾等，成为打入国际市场的新能源汽车知名品牌。

按照政府相关部署，2015 年深圳市新增 3600 辆纯电动公交车，使新能源公交数量占全市公交车辆总数的 44%，传统燃油公交被新能源公交替代趋势显著。与此同时，深圳公交创新生态系统保护壁垒开始弱化。自 2015 年起，政府已允许深圳市以外的新能源客车企业参与深圳公交的竞标活动，金龙客车、宇通客车等车企均已积极参与。虽然最终中标企业仍为比亚迪，但随着市场需求的大幅攀升，预计未来会有更多外地车企的新能源客车产品进入到深圳公交市场。

环境适应期是一个漫长的过程，新、旧技术范式将在很长一段时间内共存，二者会进行持续的竞争，适应环境的技术范式能够获得成熟健康的发展，不适应环境的技术范式就会因衰退而被淘汰。此阶段，制造业企业技术创新生态系统会不断丰富平台产品，强调产品的兼容性，不断进行技术创新以降低生产成本，给予用户更好的产品体验，满足用户的需求，进而增强市场竞争力。环境适应期的核心企业拥有该技术领域较多的核心技术专利所有权。随着该领域新进入企业数量增多，核心企业通过技术授权或技术转让等方式使得新技术被采纳的范围变大，因此，环境适应期呈现出平台扩散方式。核心企业拥有市场主导技术标准的控制权，平台扩散导致技术标准锁定，进而使得创新成果能够大规模地普及扩散。

可见，竞争加速了新能源公交的推广扩散。在本案例中，五洲龙和比亚迪的新能源汽车已经成功脱离创新生态位的保护，开始拓宽用户群、扩大市场份额，进行大规模生产制造。值得一提的是，在此阶段，两家核心企业虽然在实施快速扩张战略抢占国际市场的过程中表现为竞争关系，但是与此同时，它们各自的市场开拓行为也为中国的新能源汽车树立了良好的品牌形象，从而也为对方进一步开拓国际市场创造了条件，因此从系统整体的角度来说，两个核心企业之间也存在着合作共生关系。正是在核心企业之间的竞争、合作关系交替存在、非线性相互作用的影响下，新能源汽车得以在主流市场上与传统能源汽车（即旧技术）展开全面竞争，并致力于打破旧范式、确立新范式。

9.4.5　结论与讨论

通过上述纵向案例研究，本书深入剖析了 MLP 框架下深圳公交创新生态系统的创新扩散及演化机理。起初，受到社会技术地景（能源危机、空气污染、汽车尾气等）的影响，传统的燃油公交汽车已经不能很好地满足社会需求。核心企业五洲龙和比亚迪发现了这个技术机会，于是各自选择合作伙伴在技术生态位层完成了新能源汽车的研发，并借助政府政策获得了商业化试验的机会，即为创新成果创造了孵化空间，这验证了理论模型的技术保护期。当社会技术地景层不断对原技术范式层施加压力时，技术生态位中的创新成果得到发展，进入到市场生态位中；随着捕获市场信息的积累以及市场份额的不断增加，创新成果得到了市场的认可，创新成果迅速被社会采纳，并成为已有核心技术产品的互补品，这验证了理论模型中的创新扩散在市场生态位中所经历的制造业企业技术创新生态系统的市场选择期。随着创新成果不断扩散，其影响力随之扩大，导致原技术范式内部技术结构发生改变。创新成果逐渐在技术结构中占据一隅，其市场竞争力越发增强，对传统燃油公交的冲击力逐步增大，后者的市场主流地位逐渐弱化。于是新能源公交创新产品顺利进入主流市场，与传统燃油公交产品各领风骚，并逐步确立新的技术范式。由此，理论模型中创新成果在环境适应期的扩散过程得以验证。

经过深入分析，本书认为，深圳公交创新生态系统的创新扩散及演化过程与核心企业的发展战略、政府的政策支持以及系统内成员的协同发展等因素密切相关。

首先，核心企业的发展战略对于制造业企业技术创新生态系统的创新扩散具有决定性作用。通过比较五洲龙和比亚迪这两家核心企业，可以发现，二者具有相似的战略发展方向，即发展新能源汽车。在制造业企业技术创新生态系统的技术保护期和市场选择期，两家核心企业均构建了符合自身生态位发展的愿景机制、力量机制、学习机制，且在较长时间内投入大量资源选择合作伙伴进行新技术研发，并不断完善扩散网络，不仅为创新成果提供了较优越的保护空间，也为后来的快速推广与扩散奠定了市场基础；在巩固本地市场后，两家企业均将市场战略迅速拓展到深圳以外的城市乃至海外市场，并取得了显著成绩，由此推动了新能源公交创新生态系统创新扩散步入环境适应期。此外，本书认为，二者在深圳市的新能源公共交通领域的生态位布局方面也有意识地进行了部署，使得二者之间虽然存在着部分生态位的重叠，但重叠度不高，从而避免了在创新生态系统技术保护期和市场选择期发生激烈的市场竞争，也使得各自的产品获得了较大的市场成长空间。

其次，政府的政策支持对创新生态系统的创新扩散功不可没。本书通过深入分析本案例的发展背景发现，政府的支持在深圳市新能源公交创新生态系统的创新扩散中发挥了重要的支撑作用。2011 年是深圳市新能源公共交通突破式发展的一年，深圳市政府充分利用了承办 2011 年世界大学生运动会的契机，对新能源公共交通给予了很大的政策支持，有力地推动了新能源客车和纯电动出租车的推广扩散。同时，深圳市政府也通过对购买本地品牌的新能源客车给予大额补贴的优惠政策，且提高注册资金门槛，使得外地的新能源汽车企业在初期无法进入深圳市的新能源公共交通市场，从而为当地的新能源汽车发展构建了良好的保护空间，由此也为深圳公交创新生态系统的成长和发展争取了足够的时间。同时，深圳市政府还在电动汽车产业发展战略和产业政策方面予以辅助支持，即根据不同的用车对象采取有所区分的投资管理模式，市政府负责投资建设公交车充电基础设施，各级政府负责投资建设公务车充电基础设施，社会公共充电设施则交由社会资本进行建设和运营，从而为创新生态系统的功能完善提供了有力支撑，进而促进了创新成果的大规模推广和采纳。

最后，深圳公交创新生态系统的创新扩散是系统内成员间协同合作的结果。为了说明这一点，本书选择了与深圳市具有相似的人文、地理、经济环境的广州市作为对象，将二者进行了简略比较。同为广东省的一线城市，广州拥有本地的汽车制造企业——广汽集团，而深圳从严格意义上说没有本地的汽车制造企业。因此，从发展新能源汽车的基础条件来看，广州较深圳具有一定的优势。但从新能源汽车发展的实际成效来看，广州却落后于深圳。究其原因，在于广州市的新能源汽车的推广工作缺乏政府和企业间的协同合作。表现为：政府虽然出台了一些扶持和保护政策对相关企业发展新能源汽车进行了积极的引导，但是由于一些传统汽车企业受到企业惯例和技术锁定的影响较大，不愿放弃已有成熟的技术范式而进行耗资巨大的突破式创新，因此在政府和企业间无法形成有效的合力。相比之下，深圳市政府的政策引导与核心企业的发展战略方向一致，创新生态系统成员在创新扩散过程中虽然是合作与竞争交替的关系状态，但从扩散网络整体利益出发，系统成员是相互促进、有效协同的，进而使得深圳公交创新生态系统的创新扩散绩效更显著。

本 章 小 结

本章首先结合基于创新生态位、技术范式和社会技术地景的创新扩散机理分析，运用 MLP 框架对制造业企业技术创新生态系统创新扩散机理进行了整体性描述，并对创新扩散的时空演化机理进行了分析，阐述了在制造业企业技术创新生态系统不同阶段中创新扩散演化的规律与方式。其次，运用 Netlogo 软件构建了智能体模型，对制造业企业技术创新生态系统不同阶段的创新扩散中 Agent 的策略演化趋势进行了数值模拟和视图仿真；最后，通过对深圳新能源公共交通创新生态系统近 15 年成长历程的案例研究，围绕核心企业的创新成果，进一步验证和讨论了制造业企业技术创新生态系统创新扩散及演化机理。

第10章 制造业企业技术创新生态系统创新扩散相关对策研究

鉴于制造业企业技术创新生态系统创新扩散具有层次多、参与主体多、过程复杂、创新成果多样等特点，制定促进创新扩散的相关对策需要考虑的因素较多。因此，本章将借鉴 Bergek 等（2008）的研究提出对策分析框架，基于该框架分别从创新扩散动力以及企业、市场和政府三个角度提出制造业企业技术创新生态系统创新扩散的相关对策建议，将理论与实践紧密结合，以期促进创新扩散的健康发展。

10.1 制造业企业技术创新生态系统创新扩散对策的理论基础

本书将首先梳理新古典理论中的"市场失灵"以及系统制度方法中的"系统失灵"，为相关对策的设计提供理论基础。

新古典经济学理论认为，政府干预技术创新的合理性在于市场失灵，即创新的不确定性、外部性等导致市场无法有效率地分配商品和劳务的情况，市场机制无法实现资源的最优配置。这种理论主张将技术创新过程看作一个黑箱，认为良好的市场机制会自动使这个黑箱的内部运行达到最优，并不关心这个黑箱内部的运作。

创新系统理论认为，政府干预创新的合理性在于系统失灵，其中不仅仅包括市场失灵，还包括系统制度和结构等缺陷，导致机构间在协调、联结和解决不同系统需求方面出现失灵，使企业学习行为及其创新扩散能力的提升受到阻碍（Fagerberg et al.，2005），即阻碍创新系统发展的问题被统称为系统失灵。系统失灵分为四种类型：基础设施失灵、制度失灵、交互失灵、能力失灵。基础设施失灵是指某种基础设施的缺乏，或现有的设施功能无法满足创新发展的新需要。基础设施失灵通常具有规模较大、正外部性强、建设周期长等特点，由于私人投资回报率低导致供给数量低、创新扩散受阻，所以需要政府行使公共服务职能投入建设。制度失灵指各种正式或非正式的制度中存在阻碍创新及其扩散的因素，包括知识产权法、反垄断法、社会规范、价值观等，制度问题严重可能导致垄断陷阱，而制度薄弱则可能阻碍创新扩散。交互失灵包括强交互失灵和弱交互失灵。

能力失灵也称行为人失灵，是指行为人的竞争力、学习能力等存在不足，在设计研发等创新环节不具备自主实现的能力，无法适应环境变化、获取新知识与新技术，未能形成愿景，因此导致锁定在原有技术水平上而无法跃迁至新的技术轨道，更无法进行创新扩散。

本书认为，系统化创新政策范式比新古典政策范式更适合于揭示创新及其扩散过程本质，对实践具有更强指导意义。大多数讨论创新系统失灵的文献倾向于将研究重点放在系统结构的脆弱导致的"系统失灵"。陈卓淳（2016）指出，系统结构与系统功能在系统的形成与发展中密不可分，功能分析强调系统内的活动和变化过程的重要性。因此，如何识别制造业企业技术创新生态系统创新扩散的系统失灵病症，为具体的对策建议提供依据，成为亟待解决的问题。

10.2　制造业企业技术创新生态系统创新扩散相关对策框架

Tödtling 和 Trippl（2005）的研究显示，具体的创新对策是从高技术或发达创新系统的经验中总结得到的一种"最佳实践模型"。所以往往在很多系统中，存在相似的对策类型。但事实上，由于系统之间特征不同，创新扩散活动也具有很大的差别。孙冰和袭希（2014）认为，与其描述具体的相关对策，不如运用动态、系统且演化的思想提出设计框架，以指导不同技术创新生态系统的创新扩散实践过程选择适合的对策工具。由此，基于 Bergek 等（2008）和袭希（2013）的研究设计框架，结合制造业企业技术创新生态系统创新扩散的机理分析，本书提出了一个动态的对策分析框架（图 10.1），并以第 9 章的案例研究对象为例加以说明。

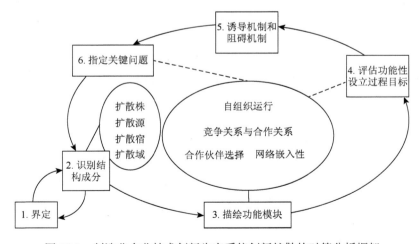

图 10.1　制造业企业技术创新生态系统创新扩散的对策分析框架

该框架包括六个步骤：第一步，界定制造业企业技术创新生态系统创新扩散的聚焦点；第二步，识别制造业企业技术创新生态系统创新扩散的主体和各组成成分；第三步，描绘制造业企业技术创新生态系统创新扩散的各功能模块；第四步，评估制造业企业技术创新生态系统创新扩散的功能性并设定过程目标；第五步，分析制造业企业技术创新生态系统创新扩散的诱导与阻碍机制；第六步，针对创新扩散的功能模块、诱导与阻碍机制指定关键对策问题。

10.2.1　界定制造业企业技术创新生态系统的创新扩散

依据研究需要对制造业企业技术创新生态系统创新扩散进行界定，这是本书对策设计的逻辑起点。进行界定时，需主要考虑以下三个方面：一是确定目标的创新成果；二是选择创新成果的扩散范围与领域；三是选择空间环境。由此设计的创新扩散对策可能针对一项或多项创新成果，需要由研究者、实践者、管理者等多方商讨后进行科学界定，确定实施创新扩散对策的目标，进而测度该创新成果扩散的范围和扩散领域，最后聚焦到某一地区空间，结合空间环境进行深入研究。如第 9 章案例研究的新能源汽车为本分析框架中的目标创新成果，扩散领域为公共交通运输领域，创新成果的扩散范围是深圳市，空间环境包括自主创新的政策环境和开放的人文环境等。

10.2.2　识别制造业企业技术创新生态系统创新扩散的结构成分

如前面所述，制造业企业技术创新生态系统创新扩散是指在扩散域作用下扩散株在扩散源与扩散宿之间传播与采纳的过程。因此，制造业企业技术创新生态系统创新扩散的结构成分主要包括扩散株、扩散源、扩散宿和扩散域。在制造业企业技术创新生态系统中，扩散株为创新成果；创新扩散主体主要包括扩散源和扩散宿，扩散源一般指核心企业（如比亚迪、五洲龙），扩散宿则是指创新合作单元中的企业和用户，包括供应商和销售商等，例如，深圳市沃特玛电池有限公司、中航锂电（洛阳）有限公司等；扩散域即为创新扩散的社会技术地景，包括文化环境、政策环境、资源环境等。如在第 9 章案例中，社会技术地景层面中积极的政策环境和开放的文化环境占据主导地位，为创新成果（即扩散株）提供了优越的扩散环境与发展空间。

10.2.3　描绘制造业企业技术创新生态系统创新扩散的各功能模块

针对功能模块进行描述的目的在于，确定各功能在制造业企业技术创新生态系统创新扩散过程中所起到的关键作用，有助于下一步识别阻碍机制和诱导机制，以明确对策分析的基础和方向。本书所指的各功能模块对应着制造业企业技术创新生态系统各层面的创新扩散机理，分别为合作伙伴选择、网络嵌入、竞争与合作和自组织运行。

（1）合作伙伴选择。合作伙伴选择是核心企业构建制造业企业技术创新生态系统的第一步，且贯穿于创新扩散的全过程。虽然技术和市场的未来发展具有很大不确定性，但是愿景机制能使各系统成员对创新成果的未来市场发展前景达成共识。核心企业在众多潜在合作伙伴中，依据技术和资源互补性、兼容性、信息对称性和预期收益最大化等原则，采用科学方法甄选未来能够进行长期合作的合作伙伴。这种合作的愿景与技术市场的不平衡性推动了创新成果的不断产生及技术产品的更新换代，加快了创新成果被采纳的速度。可见，合作伙伴选择是创新扩散的重要功能模块。例如，比亚迪在新进入纯电动汽车制造领域时，既要选择共同进行技术攻关的研发合作伙伴，也要选择汽车制造零部件供应商、整车销售商等。因此，合作伙伴选择功能对应着制造业企业技术创新生态系统技术保护期的扩散株产生过程，此时对新技术的市场认知尚待培养，创新成果的形成和成长需要各种政策制度的培育与支持。

（2）网络嵌入。为了更有力地发展创新成果并从中获取更多收益，核心企业往往会积极嵌入到创新扩散网络中，并占据结构洞位置，通过与制造业企业技术创新生态系统中扩散主体进行不同程度的关系作用，合理地配置资源，进而整合制造业企业技术创新生态系统及其创新扩散网络中的各种资源（如人力资源、信息资源、创新资源等），力争共同打造适宜的创新生态位空间，促进创新成果的扩散。与此同时，核心企业的网络嵌入性也带动了相关配套技术和配套产品的发展，扶持了相关配套厂商，进一步扩大了网络规模、增强了网络主体的多样性。例如，新能源汽车的出现带动了充电桩与充电站的研发，新能源汽车的快速增长同样加快了充电桩与充电站的建设推广速度，进而使创新生态系统的结构逐渐完善。因此，网络嵌入功能对应制造业企业技术创新生态系统市场选择期的创新扩散活动，随着市场需求的确立和用户认知度的提升，创新成果的市场规模开始壮大，创新扩散的范围也随之扩大。

（3）竞争与合作。"知识机制"贯穿于制造业企业技术创新生态系统创新扩散的全过程。知识是技术创新的基础，创新扩散主体（扩散源与扩散宿）在不断演替的竞争关系与合作关系的作用下，能够在创新生态系统中共享知识和技术，增强自身的学习能力和技术创新能力。在相关法律法规保护下，创新扩散主体能够有序开展竞争与合作活动。在此过程中，不同的竞争强度与合作紧密程度都会影响创新扩散的速度和范围。在深圳新能源公交创新生态系统的技术保护期和市场选择期，随着新能源公交的技术、产品系列以及市场环境逐渐成熟，五洲龙和比亚迪之间产生了竞争关系，它们不仅争夺深圳本地市场，还不约而同地争相进军全国市场、全球市场。从表面上看，是两家核心企业的竞争关系使得全国、全球范围的新能源公交产品的销售量在近几年得到大幅攀升。然而，从实质来看，两家核心企业之间也是合作关系，正是二者与系统中的合作伙伴共同培育了新能源汽车市场。可见，竞争关系与合作关系的交互作用共同加速了创新成果的推广与扩散。因此，竞争与合作功能模块对应着制造业企业技术创新生态系统市场选择期的创新扩散活动，随着技术标准的形成和锁定，市场趋于成熟，创新成果得以大规模的推广与采纳。

（4）自组织运行。制造业企业技术创新生态系统创新成果受到扩散域的作用才得以推广和扩散，社会技术地景层的变化会导致技术生态位、市场生态位以及现有的技术范式的愿景机制发生变化，使得系统结构也随之改变，进而影响制造业企业技术创新生态系统的创新扩散的进程和效果。如第 8 章研究所示，自组织运行是制造业企业技术创新生态系统创新扩散三个层级相互作用的结果。第一，社会技术地景层的变化引发核心企业选择合作伙伴进行研发创新，并嵌入创新扩散网络，主导构建了技术生态位和市场生态位，进而实现创新成果的形成和初步扩散，解决了最初的技术与市场不确定性问题；第二，随着创新扩散主体间的竞争关系与合作关系的交替作用，创新扩散的网络规模和网络结构也随之改变，随着扩散源和扩散宿的不断增加，技术标准得以形成和推广，既适应了社会技术地景层的变化，又引发社会技术地景层产生新的需求，从而推动新一轮的创新扩散。因此，制造业企业技术创新生态系统创新扩散的自组织运行是社会技术地景层作用下上述三种功能模块交互作用的过程和结果，它同时对应并影响着制造业企业技术创新生态系统技术保护期、市场选择期和市场适应期的创新扩散活动。

10.2.4　评估制造业企业技术创新生态系统创新扩散的功能性及设定过程目标

制造业企业技术创新生态系统创新扩散的四大功能模块对创新扩散的作用有强有弱，因而有效评估各功能模块的功能性，有利于明确对策设计的目标，进而提出更有针对性的对策建议。

评估上述模块的功能性需要从三方面着手：一是评估"合作伙伴选择"和"网络嵌入"两个功能模块是否促进了创新生态位的形成；二是评估"竞争与合作"功能模块是否推动了技术标准的形成与锁定；三是评估"自组织运行"功能模块是否能够适应社会技术地景。

创新生态位的形成离不开三个机制，即愿景机制、力量机制和知识机制。如果合作伙伴选择模块和网络嵌入模块能够实现创新生态位形成的三个机制，那么就判定上述两个模块能够较充分体现各自的功能性。首先，基于创新生态位的创新扩散机理的研究结果表明，合作是新技术形成及相关知识、信息扩散的重要前提和基础。在新技术形成初期，作为扩散源的核心企业与其合作伙伴只有对新技术产生共同的美好愿景，才能够做到密切合作、共同培育新技术，进而形成技术生态位。因此，合作伙伴选择体现了创新生态位的愿景机制。其次，新技术只有进入市场才能产生经济价值。为此，核心企业带领合作伙伴嵌入到创新扩散网络中，并占据网络结构洞位置，构建和巩固了市场生态位，主导了创新成果的商业化和市场扩散进程。可以说，作为扩散网络中具有"控制力"的领导者，核心企业在创新生态位形成过程中展现了力量机制。最后，创新扩散网络成员在核心企业的组织协调和领导下，通过学习和吸收知识实现网络关系的交互，借助知识机制共同促进市场生态位的形成与发展。由上述分析可见，合作伙伴选择模块和网络嵌入模块促进了创新生态位的形成，进而较充分地体现了各自的功能性。

技术标准的形成与锁定离不开技术所有者的市场策略。技术所有者需要在激烈的技术竞争中胜出，继而启动正反馈机制促进技术标准的形成和锁定，并通过渐进式创新巩固对技术标准的锁定。根据技术范式层的创新扩散机理的研究结果，创新扩散主体间的竞争关系与合作关系对创新扩散的大范围推广起到重要作用。一方面，当扩散株进入到技术范式层后，新技术将与原有主导技术产生竞争，而采用新旧技术的核心企业之间、非核心企业之间则要进行激烈的竞争，以争夺技术主导地位，进而形成新的技术标准主导市场。因此，竞争关系是技术标准形成的前提。另一方面，当技术标准形成后，标准拥有者不仅能获得更大的市场份额，而且可以借助技术标准核心专利技术的授权许可进一步获取巨大的经济收益。因此，技术标准拥有者倾向于锁定技术标准。为了使自己的技术标准一直处于竞争优势地位，核心企业一定会与创新生态系统成员展开更为密切的合作，不断进行协同创新，共享技术资源等，从而进一步锁定技术标准。由上述分析可见，竞争与合作模块能够推动技术标准的形成与锁定，进而充分实现了各自的功能性。

创新扩散主体与社会技术地景实现适应和协调离不开自组织运行。创新扩散主体与开放的环境不断地进行资源、信息和能量的交换，以提高自身的技术研发实力。在社会技术地景发生涨落时，技术发展的平衡态被打破，核心企业将与合作伙伴共同研发和保护新技术。通过扩散主体之间的非线性资源交互作用、竞争与合作关系的交互作用，新技术不断发生扩散，进而形成技术标准，从而实现了与社会技术地景的适应和协调。可见，自组织运行模块能够适应社会技术地景，其功能性作用突出。

综上所述，四个功能模块均能够实现各自的功能性。因此，过程目标的设定应以促进制造业企业技术创新生态系统创新扩散为宗旨，紧密围绕合作伙伴选择、网络嵌入、竞争与合作、自组织运行这四大功能的过程实现来进行。

10.2.5　分析制造业企业技术创新生态系统创新扩散的诱导机制与阻碍机制

　　本节将分析制造业企业技术创新生态系统创新扩散的诱导机制和阻碍机制，以明确对策设计的方向和目标。

　　诱导机制就是制造业企业技术创新生态系统实现创新扩散已经具备的有利条件。本书认为，诱导机制主要体现在两方面。一是企业对新技术的应用前景充满信心，对未来的市场收益预期乐观；二是社会技术地景产生相关需求，政府能够提供有利的政策环境。以深圳市新能源汽车扩散案例为例，一方面，很多驱动性环境因素，如气候环境变化、能源短缺问题显著等，为新能源汽车的发展提供了机会，使得系统成员对新能源汽车的发展充满信心，并预计未来能够获得较高收益；另一方面，政府对新能源汽车推广给予了全方位的政策支持，为企业研发试验提供了很强的政策和资金保障，对消费者购买新能源汽车进行了高额产品补贴。这些因素都成为创新扩散的有利条件。

　　阻碍机制主要体现在抑制制造业企业技术创新生态系统创新扩散的因素方面。它不仅会对企业创新试验、市场形成、竞争与合作等产生影响，而且会减弱消费者的购买意愿。仍以深圳市新能源汽车扩散案例为例，阻碍机制主要包括三个方面。一是产品性能存在缺陷。如锂电池技术在安全性和稳定性方面仍然存在相对的劣势，安全隐患倍受市场关注；同时，电池的充电时间长、充电不便捷等也影响了消费者的购买意愿。二是产品价格缺乏竞争力。虽然国家政策补贴退坡是必然趋势，符合产业发展的一般规律，但是未来补贴退坡对新能源生产制造商所带来的冲击仍然取决于企业自身技术路线的成熟度和成本的下降速度。在此过程中，技术提升速度滞后、市场反应较慢的中小企业的成本控制能力将受到市场的考验。三是配套设施建设不到位。充电桩、充电站的建设一直未能全面普及，充电网络的投资建设速度不达预期，也制约着新能源汽车的推广。

10.2.6　指定关键的对策问题

　　前面评估了制造业企业技术创新生态系统创新扩散四个功能模块的功能性，并在设定过程目标的基础上，分析了制造业企业技术创新生态系统创新扩散的诱导机制与阻碍机制。本书认为，指定关键的对策问题应从诱导机制和阻碍机制入手，即关键对策应能加强诱导机制，弱化或消除阻碍机制。为此，应着眼于多个层面，以功能实现的动态视角提出促进创新扩散实现的相关对策。

10.3　促进制造业企业技术创新生态系统创新扩散的相关对策

本书将基于 10.2 节提出的对策分析框架，参考制造业企业技术创新生态系统创新扩散功能性评估、诱导机制与阻碍机制的分析，结合前 9 章的研究内容，依据创新扩散动力研究以及创新生态位、技术范式、社会技术地景层面的创新扩散机理分析，在考量增强创新扩散动力的基础上，立足于企业、市场和政府三个视角，提出促进制造业企业技术创新生态系统创新扩散的对策建议。

10.3.1　增强制造业企业技术创新生态系统创新扩散动力的对策

1. 把握技术创新特性，增强扩散株维度动力

前面在研究扩散株动力要素时发现，扩散株的重叠度与进夺性对于制造业企业技术创新生态系统的创新扩散具有重要促进作用。扩散株若想真正形成创新扩散的驱动力，其本身必须经过制造业企业技术创新生态系统的适应性改进，变成面向市场、面向需求、真正适用、真正实用、并能为系统成员创收的技术。因此，恰当地增强扩散株维度动力、最大限度地发挥其积极作用，是扩散株能够实现快速、大面积扩散的基本要求。据此，本书提出增强扩散株维度动力要素的相应对策。

1）以扩散株的形成与吸收为切入点，增强扩散株的重叠度渗透力

本书从扩散株的形成与吸收两个视角入手，提出增强扩散株重叠度渗透力的如下对策。

从扩散株的形成视角来看，无论是制造业企业，还是高校、科研机构都应以实事求是的市场调研作为技术创新活动的起点，并以技术创新成果的商业化应用为最终落脚点，保证技术创新活动与市场需求有效对接。同时，高校、科研机构或者制造业企业要以制造业企业创新生态系统的现行技术为出发点，将新旧技术之间的重叠度水平保持在一个适当水平，秉承不复制已有技术，但也不脱离现行技术体系的原则，进行指向性的技术创新研发。

从扩散株的吸收视角来看，制造业企业应该着力提升自身的技术学习与知识吸收能力，以发挥重叠度渗透力对扩散株扩散的推动作用。制造业企业的技术学习贯穿了"引进、模仿、改进、创新"的技术创新全过程。企业要合理运用知识获取、吸纳、转化和开发利用能力，协调基层、中层和高层等不同层次的技术学习。首先，以知识获取、知识吸纳能力为主的基层技术学习要加强技

术交流与共享，加快技术知识的流动与积累；其次，以知识转化能力为主的中层技术学习要关注核心技术的专利进展，围绕重叠技术知识，进行适应性改进；最后，以知识开发利用能力为主的高层技术学习要重点考虑新技术与现行的成熟技术体系的兼容性与相关性，将形成技术标准作为新技术的战略发展方向，再通过技术标准的权威性、规范性来推动新技术的有效扩散。同时，不同层次的技术学习与知识吸收能力应相辅相成，以高层战略引导中层行为，以中层行为控制基层实践，有方向、有意识地提高扩散株的重叠度，最终提高新技术的扩散效率。

2）以扩散株的形成为切入点，增强扩散株的进夺性渗透力

为了增强进夺性渗透力对扩散株创新扩散的促进作用，制造业企业或高校、科研机构在形成扩散株的过程中应该努力降低系统成员在面临新旧技术转换决策时所需付出的实际成本，以此突出扩散株的进夺性优势。为此，本书考虑从以下三个环节入手：第一，在新技术研发环节，制造业企业、高校或者科研机构应力争在保证新技术的技术性能显著提升的前提下，合理控制新技术的研发成本，进而降低新技术的进入门槛。第二，在新技术推介环节，制造业企业或高校、科研机构应加强新技术的示范性推广，通过诸如新技术推介会等形式，帮助系统成员了解新技术。第三，在新技术的扩散和采纳环节，新技术的扩散应结合制造业企业技术创新生态系统内部的社会网络关系展开，以先赋性关系为起点，充分利用社交网络服务的优势，通过虚拟社区与现实人际关系共同形成新技术的口碑效应与从众效应，增强新技术的进夺性渗透力。

2. 提高技术创新的利润，增强扩散源维度动力

在市场经济条件下，无论是高校、科研机构作为扩散源，还是企业作为扩散源，其创新扩散行为均不约而同地染上了浓厚的利益色彩。制造业企业技术创新生态系统的创新扩散不可避免地造成了系统内部出现大量低成本高利润的搭便车行为，直接抑制了扩散源动力，由此看来，增强利润吸引力的根本在于减少制造业企业技术创新生态系统范围内的搭便车行为。为此，扩散源应该做到以下几点，以增强利润吸引力的积极影响。

首先，在技术创新成果的形成初期，作为扩散源的制造业企业、高校或科研机构应该采取一定的保密措施，阻止搭便车行为的发生。拥有新技术的系统成员要对处于引入期的技术创新成果采用相应的隔离保护手段，避免其他系统成员的模仿性创新或者技术学习，减少创新扩散对扩散源创新利润的负面影响，保证扩散源享有相当的创新利润。

其次，在技术创新成果较为成熟时，作为扩散源的制造业企业、高校或科研机构应该恰当地选择技术转让时机。技术创新成果发展至成长期甚至是成熟期，

扩散源应根据技术自身的成本约束，选择性减少保密措施，并在恰当情况下转让该项技术，以延长新技术的生命周期，收取相应的转让利润。

最后，扩散源企业应加强与政府相关部门的沟通与联系，通过积极的交流及时获取相关政策信息，关注新出台的相关法律法规，进而及时掌握政府的行业发展导向、扶持和补贴政策，这样一方面确保新技术能够满足社会与公众的需求，取得良好的市场销售业绩，另一方面可以充分利用政府给予的资金支持、财政补贴、税收优惠等有利政策，降低自身及其合作伙伴的创新成本，从而提高利润水平。

3. 借助"互联网+"优势，增强扩散宿与扩散域维度动力

1）以社交网络服务培育无组织的组织力量

如扩散宿动力要素分析所述，社会网络是扩散宿主观行为的结果，一定程度上体现了扩散宿做出扩散行为的主观能动性。并且，社会网络根植于制造业企业技术创新生态系统本身，与技术创新成果的扩散天然地结合在一起，复杂交织的社会关系犹如一条条触角，可以伸达到不同类型、不同层次的系统成员，最大限度地发挥制造业企业技术创新生态系统自身的组织特性，实现创新扩散中各类资源的整合，从而提高新技术的扩散效率，扩大新技术的面向范围和用户基数。

为此，本书建议借助"互联网+"的优势，建立制造业企业技术创新生态系统的虚拟社区，以增强社会网络驱动力。在虚拟社区的构成方面，制造业企业、高校、科研机构、中介机构、金融机构等系统成员要各展所长，根据自身特征参与虚拟社区的在线互动。例如，高校和科研机构可以发布技术转让信息，金融机构也可以提供最新的投融资状况。在虚拟社区的管理方面，各类系统成员应建立专职管理小组进行虚拟社区的日常管理与更新维护。例如，新技术的相关信息可以通过各个系统成员在虚拟社区中的活动实时发生，由专业工作人员进行收集、汇总与发布，从而实现新技术的信息扩散（Minhi et al.，1994）。通过社交网络服务的在线互动，充分发挥互联网应用的综合优势，有效消弭时间和空间的物理阻隔，引导交流空间由万籁俱寂变为沸反盈天；同时，维系制造业企业技术创新生态系统的既定社会关系，在制造业企业、高校、科研机构、中介机构、金融机构等各类系统成员之间建立互助、互教、互学的自主式交往，产生一种无组织的组织力量，使社会关系呈现出一种不同以往的面貌，以进一步促进新技术在制造业企业创新生态系统的扩散进程。

2）以众创众筹众包，保障制造业企业技术创新生态系统的创新资源

本书将结合"互联网+"的时代背景，更新制造业企业技术创新生态系统的资源整合与配置方式，从而增强扩散域维度的创新资源保障力。为此，本书以扩展

制造业企业、政府、高校及科研机构、行业协会、中介机构、金融机构与用户的互动程度和范围为目的，提出以下三点建议和对策。

首先，制造业企业技术创新生态系统应该围绕制造业企业的技术需求，建立以制造业企业为核心、以高校和科研机构为支持、以中介机构为平台的网络众包众创平台，实现人才利用社会化，建立人力资源保障。目前，以小米、美的、海尔为代表的制造业企业均建立了不同类型的网上众创平台，对接用户需求与全球研发资源，征集产品创意和技术解决方案。借鉴上述经验，制造业企业应该以满足客户的多样化需求为出发点，联合高校、科研机构、金融机构等相关系统成员建立系统内部的众创平台，形成智力资源储备；还要借助现有的众创平台，如猪八戒网等，广泛收集客户和系统外部人员的想法与智慧，扩展创意来源，实现人才利用社会化。

其次，制造业企业技术创新生态系统各类系统成员要充分发挥各自的特征优势参与系统内部众包，以更高的效率、更低的成本将传统由特定企业和机构完成的任务向制造业企业技术创新生态系统中自愿参与的所有成员进行分工，既能够实现高校与科研机构进行科技成果转化的服务性需求，又能够满足制造业企业低成本高效率的生产性需求。并且，这种大规模社会化协同的生产方式可以汇集系统内部的大众力量以及各类闲置资源，能够做到群力群策，共同保障了制造业企业技术创新生态系统的各类创新生产要素。

最后，制造业企业应该加强与金融机构的合作，创立众筹类融资渠道，实现金融配置网络化，形成资金保障。相比传统金融服务，互联网金融具有透明度更强、参与度更高、协作性更好、中间成本更低、操作上更便捷等特征。制造业企业应该利用互联网金融的优势，在寻求金融机构的专业支持基础上，联合科研机构、中介机构、行业协会等系统成员共同发展互联网金融平台，创建众筹类融资渠道，募集系统内部的小额闲散资金，聚沙成塔，形成资金保障，以灵活高效地满足产品开发、企业成长和个人创业的融资需求。

10.3.2　企业视角下促进制造业企业技术创新生态系统创新扩散的对策

此方面对策的提出主要围绕制造业企业技术创新生态系统中的核心企业、创新合作单元、其他合作单元中的创新扩散主体而展开。

第一，核心企业应增强创新能力，提高新技术研发水平。作为扩散源的核心企业是制造业企业技术创新生态系统的愿景勾画者与核心领导者。它能否研发出令潜在技术采纳者满意的新技术，是使新技术得以扩散的关键步骤。因此，核心企业应依托自身优势，加大研发投入，增强自主创新能力，进而开发出性能优越的新技术；同时，通过不断推陈出新，巩固自己的主体地位和中心作用，激发制造业企业技术创新生态系统成员企业的采纳扩散株的意愿，进而提高创新扩散的深度和广度。

第二，核心企业应优化技术体系，不断完善技术生态位和市场生态位的孵化功能。核心企业的技术体系包括企业拥有的技术专利、技术知识、技术设备和规范等。核心企业应制定新技术的转化和使用规范，努力降低新技术的采纳成本，以保障扩散株能够快速被采纳者接收并使用；并将良好的价值观植入技术体系中，不断优化技术体系，维护技术共享平台，促进新技术交流。同时，核心企业应不断加强技术生态位建设，完善市场生态位的功能，能够为新技术提供良好的技术保护空间与市场孵化空间，加速创新成果市场化进程，进而提高创新扩散效率，为未来的市场竞争奠定坚实基础。

第三，核心企业应提高网络关系构建能力和关系管理能力。为了提高制造业企业技术创新系统成员的协同创新能力，核心企业应选取有市场前景的新技术，带领系统成员围绕此技术共同进行技术孵化。同时，为了避免制造业企业技术创新生态系统内的激烈竞争，核心企业应考虑合作伙伴资源和能力的互补性，选择适合的合作伙伴以降低网络内技术重叠度，提升网络多样性，避免合作双方因知识异质性水平过高或过低而导致的合作效率低下问题，进而优化网络结构，提升合作伙伴选择和网络嵌入模块的功能性。

第四，创新合作单元企业应不断提高知识吸收能力，增强技术创新能力。供应商企业可以通过提升技术能力降低生产成本、改善零部件性能。配套企业可以参与核心企业开发新技术的进程，与核心企业合作进行配套技术的研发以及配套产品的生产制造。同时，创新合作单元企业可以与高校科研院所共建实验室，开展多种形式的产学研合作创新，在技术创新知识共享情况下，进一步提高创新成果的性能、品质、安全性、便捷性，降低生产成本，促进消费者购买意愿，进而刺激购买行为。

第五，其他合作单元中的机构应积极探索服务创新模式。中介机构应提高自身业务素质，搭建高效的信息服务平台，形成创新扩散的关键节点，促进高校和科研院所的科研成果转化，为创新成果和技术在企业间的扩散搭建有效的桥梁；投融资机构应提供丰富的投融资产品为科技创新型中小企业提供资金保障，确保企业能够通过有效的融资采纳新技术；行业协会应该加大监督管理力度，给予创新成果更有效的保护。

10.3.3 市场视角下促进制造业企业技术创新生态系统创新扩散的对策

此方面对策主要以维护市场秩序、优化市场环境为目标，着眼于调整与优化制造业企业技术创新生态系统创新扩散网络关系，旨在加强创新扩散网络建设，进而提升竞争与合作模块的功能。

第一，应优化创新扩散主体间的市场作用关系，形成良性的市场竞争环境，促进创新成果的共享与扩散。首先，在保证创新扩散各方主体自身利益的前提下，应加强网络关系的规制建设，即对责任分工、利益分配、技术转让、市场行为、资金投入等涉及创新扩散的各种活动进行规制，实现创新扩散网络中各方主体创新资源的优化配置和共享、创新成果的公平分配，确保扩散网络的良性运行。其次，应适当推行技术共享激励机制，以期引导网络内成员企业共同推动新技术的研发与普及，促成产学研间的合作创新。即在维护共同利益基础上，一方面要稳固创新扩散主体间的合作关系，保证创新成果的扩散与分享，提升网络的稳定性；另一方面要确保创新扩散主体间的良性市场竞争，通过及时跟踪并获知其他企业的策略信息，促进自身的模仿学习，加快创新速度，以获得更大的市场竞争优势。最后，在创新扩散网络中，应对网络中的扩散主体行为进行规范，优化信息沟通方式，减少或避免沟通过程的冲突，创造良好的市场沟通氛围。

第二，应促进战略联盟的发展，积极打造市场主导技术标准。在技术标准竞争中，越来越多的企业开始采用战略联盟这一重要竞争策略。技术标准形成与新技术在市场的动态扩散过程密切相关，战略联盟的目的是形成技术标准，并不断维护技术标准使其能够保持长期锁定的状态，进而获取大量的市场份额。为此，核心企业可以联合供应链企业或者技术互补的合作伙伴组成战略联盟，共同建立市场技术标准；并进一步运用战略联盟在人才资源、信息流通、资金支持等方面的优势，汲取企业的生产能力、创新能力、知识产权、互补产品的品牌等决定技术标准取胜的关键资源，通过良性竞争形成市场主导的技术标准，进而推动新技术体系的成熟与新产品的大范围扩散。

第三，应加强市场配套体系建设，完善售后服务网络。配套产品的研发与生产为消费者购买新产品提供更有效的保障，而完善的售后服务网络则为消费者提供了更便捷、更优质的使用体验。结合前面案例分析结果，新能源汽车市场目前遇到的发展瓶颈在于其配套设施的建设仍不完善，且售后服务网点较少，这些都严重影响了消费者的购买决策。借鉴上述经验，应该以满足市场上消费者的多样化需求为出发点，以扩展制造业企业、政府、高校及科研机构、行业协会、中介机构、金融机构等系统成员与消费者的互动范围为目的的，重点发展制造业企业技术创新生态系统的配套产品体系和售后服务网络，以实现创新成果在市场上的顺利扩散。

10.3.4　政府视角下促进制造业企业技术创新生态系统创新扩散的对策

政府是创新政策的制定者，又是促进创新扩散的激励者，同时也是制造业企业技术创新生态系统创新扩散的引导者和协调者。政府制定促进创新扩散政策的目的就是减少抑制因素，引导系统朝着规范化的方向发展。为此，本节将分别针对创新扩散主体、创新扩散网络、创新扩散环境提出相关政策，以更好地发挥政策的宏观调控作用，由此提升自组织运行模块的功能，进而保障创新扩散的整体有效运行。

1. 激励制造业企业技术创新生态系统创新扩散主体的具体政策

第一，政府应加大对关键性技术研发项目的激励与支持力度，加强对扩散株的保护力度。政府可引导制造业企业技术创新生态系统成员对关键技术进行合作攻关，并且给予一定的资助支持，例如，对新产品采取政府批量采购，通过国家重大项目基金对研发项目给予资助，对关键技术项目进行一定的税收减免、贷款贴息或财政补贴，对关键技术项目的核心研发人员给予特殊贡献奖励等。同时，加强专利池的建设与管理，严格执行知识产权保护法，加强对扩散株的知识产权保护。

第二，政府应积极推动中介机构和投融资机构的建设。政府可以牵头，搭建完善、高效的中介服务平台，通过中介机构促进创新产品的推广与扩散。对于营利性中介机构，政府应该任其在市场机制下自由发展，对其进行企业化管理，并为其发展营造公平良好的环境。对于非营利性中介机构，政府应该对其进行政策性引导，并给予必要的资金和政策扶持。此外，还要加强公共信息平台的建设，将中介机构作为重要主体纳入公共信息平台，建立信息共享机制，保持信息渠道的通畅。

第三，政府应积极探索与商业银行、风险投资基金、资本市场的多种合作方式，鼓励和动员多方资金共同参与国家、社会需要的前景性高技术的产业化，并协助相关技术创新企业获得必要的资金支持。同时，降低风险投资机构的进入门槛，培养风险投资群体，为有发展潜力的中小企业搭建新技术研发的投融资平台，以此加大新技术培育与创新成果扩散的机会。

2. 强化制造业企业技术创新生态系统创新扩散网络关系的具体政策

第一，政府应进一步完善标准体系，出台相应行业规范及标准化政策。应加强对关键技术领域的扶持导向政策，支持自主创新，鼓励技术实力雄厚的制造业企业积极参与重点领域的技术研发和技术标准制定；政府也要做好标准实施的监督管理以及服务工作，进一步调动制造业企业加入标准的申请与制定的积极性。

第二，政府应鼓励企业间建立稳固的合作关系。政府要发挥好产业发展和技术规划的导向作用，积极鼓励建设创新合作网络。制造业企业技术创新生态系统中的合作既涉及原材料供应、研发、生产销售等供应链上的纵向合作，也涉及同一层次的竞争者间的合作。政府应当引导这些组织加强合作、优势互补，保证系统正常运行。同时，应充分调动系统成员的积极性，鼓励并引导其共同建立稳固的网络结构，以核心企业为中心，倡导通过模块化模式进行纵向的网络内分工、重组，提高生产、创新效率，通过产学研模式进行横向一体化合作，继而提升网络整体创新扩散效率。

第三，政府应建立和完善产学研创新的良性运行机制。政府可以积极引导企业、高校、科研院所逐步建立起产学研合作的责任制度，并协助它们完善创新利益与风险共担机制。政府应适时对网络关系进行协调，促进产学研的联系，缓和产学研机构间的利益冲突，进而产生网络协同效应，以解决制造业企业技术创新生态系统的"系统失效"问题，从而提高整个网络的创新扩散能力。

第四，政府应制定和出台促进生产性服务业创新发展的政策。具体包括：制定加快技术转移中介服务机构发展的相关政策，全面提升生产性服务业创新能力；落实各项政策法规，推进试点工程的建设；贯彻落实相关配套政策，出台有关产学研合作、推进平台建设等政策，不断优化创新政策环境；采用多种政策手段，增强政府采购促进科技发展的功能；完善政府采购促进自主创新的政策法规，健全自主创新产品的认定机制。

第五，政府应营造良好的学习氛围，激发创新生态系统内部成员进行知识交流与共享的积极性。良好的学习环境与知识共享机制有助于企业间形成良性互动，有利于增强网络结构的稳定性。为此，地方政府应鼓励企业之间、企业与高校、科研机构之间的知识交流与技术研讨，促使高校和科研机构积极参与企业创新，改变企业、高校和科研机构各自孤立发展的局面。同时，政府应牵头制定行业技术标准，加强产业技术研发的基础设施建设和行业公共研发平台的建设，由此巩固和强化创新扩散网络关系。

3. 优化制造业企业技术创新生态系统创新扩散环境的具体政策

第一，政府应营造良好的创新环境。具体包括：规范国内整体市场环境，制止制造业企业技术创新生态系统创新扩散过程中的恶性竞争，建设知识产权保护有力、市场交易操作规范的良好环境；积极营造鼓励创新容忍失败的社会文化氛围，形成有利于制造业企业竞相采用创新的大环境，从而达到加快创新扩散速度的目的；积极完善相关基础设施的建设，使创新要素之间相互作用的渠道变得畅通，为新技术的顺畅扩散创造条件并提供保障。

第二，政府应营造良好的产学研合作氛围。协调制造业企业与高校、科研机构的价值体系，斧正合作创新关系，强化合作实效性。在新技术的扩散与产业化过程中，为防止产学研三方价值理念不匹配、合作创新关系止步于形式、"夹生技术"难以消化等现象的频繁发生（李捷等，2014），政府应不遗余力地发挥扶持与引导作用，有效指引系统成员遵循政府规划的技术方向进行相应的技术选择决策。

同时，以政府建设项目为牵引，积极创造联合攻关、技术合作的机会，打造企业、高校与科研机构合作的平台，通过强化合作关系和氛围加速制造业企业技术创新生态系统创新扩散的进程。

第三，加大政府宣传力度，营造创新成果转化的良好环境。首先，在企业、高校和科研机构的配合下，政府应在新技术出现初期做好宣传和推荐工作，让系统成员更全面地了解新技术的功能与价值；其次，政府应该扶持有影响力的核心企业率先研发或采用新技术，建立多个创新生态位试点，从了解到采用的全过程入手，缩短市场在"采用"阶段之前进行"了解"和"评估"的时间；最后，政府应该完善相关配套措施，实现新技术的全方位推进，全面把控新技术的产业化进程，给予系统成员足够的信心和动力去接纳新技术，消除系统成员的采用顾虑，使新技术更迅速地被市场所接受。

本 章 小 结

本章首先梳理了新古典理论中的"市场失灵"以及系统制度方法中的"系统失灵"问题，为相关对策的设计提供理论基础。其次，根据 Bergek 等（2008）的研究设计框架，设计了本书的对策研究框架，并基于前面的研究结论，在考量增强创新扩散动力的基础上，立足于企业、市场和政府三个视角，提出了促进制造业企业技术创新生态系统创新扩散的具体对策建议。

参 考 文 献

埃弗雷特·M.罗杰斯, 2002. 创新的扩散. 4版. 辛欣, 译. 北京: 中央编译出版社.

奥德姆, 2009. 生态学基础. 5版. 陆健健, 王伟, 王天慧, 等译. 北京: 高等教育出版社.

包庆德, 刘桂英, 2005. 生态学: 学科视界的扩充与研究层次的提升. 科学学研究, 23 (5): 606-610.

彼得·圣吉, 2005. 第五项修炼. 张成林, 译. 上海: 三联书店.

毕克新, 张松岭, 赵林海, 2000. 中国中小企业技术创新的扩散机制. 科技与管理, (3): 52-54.

布莱恩·阿瑟, 2014. 技术的本质. 曹东溟, 王健, 译. 杭州: 浙江人民出版社.

曹东, 吴晓波, 2012. 制造企业绿色产品创新与扩散过程中的博弈分析. 系统工程学报, 27 (5): 617-625.

曹国华, 潘强, 2007. 基于期权博弈理论的技术创新扩散研究. 科研管理, (1): 188-191.

常向阳, 戴国海, 2003. 技术创新扩散的机制及其本质探讨. 技术经济与管理研究, (5): 101-102.

常向阳, 韩园园, 2014. 农业创新扩散动力及渠道运行对农业生产效率的影响研究——以河南省小麦种植区为例. 中国农村观察, (4): 63-70.

常悦, 鞠晓峰, 2013. 创新供给者、中介与潜在采纳者之间的博弈研究. 中国软科学, (3): 152-157.

陈劲, 王焕祥, 2008. 演化经济学. 北京: 清华大学出版社.

陈锟, 2009. 基于复杂系统仿真的创新扩散研究述评. 外国经济管理, 31 (4): 10-14.

陈理飞, 曹广喜, 李晓庆, 2008. 产业集群创新系统的演化分析. 科技管理研究, (11): 228-230.

陈斯琴, 顾力刚, 2008. 企业技术创新生态系统分析. 科技管理研究, (7): 453-454, 447.

陈欣荣, 蔡希贤, 1995. 技术创新扩散的非线性特征. 科技管理研究, (6): 40-42.

陈宇科, 2004. 竞争条件下的技术扩散模型研究. 重庆: 重庆师范大学.

陈钰芬, 陈劲, 2008. 开放度对企业技术创新绩效的影响. 科学学研究, 26 (2): 419-426.

陈卓淳, 2016. 特定技术创新系统结构与功能分析——可持续创新政策干预的新论据. 中国科技论坛, (2): 28-33.

陈子凤, 官建成, 2009. 合作网络的小世界性对创新绩效的影响. 中国管理科学, 17 (3): 115-120.

崔淼, 苏敬勤, 2013. 技术引进与自主创新的协同: 理论和案例. 管理科学, 26 (2): 1-12.

戴彬, 屈锡华, 李宏伟, 2011. 基于模糊综合评价的技术创新合作伙伴选择模型研究. 科技进步与对策, 28 (1): 120-123.

邓忆瑞, 徐小峰, 赵金楼, 2008. 网络环境下信息扩散的动力机制研究. 情报杂志, 27 (4): 61-63.

丁栋虹, 2015. 企业家精神——全球价值的道商解析. 上海: 复旦大学出版社.

董慧梅, 侯卫真, 汪建苇, 2016. 复杂网络视角下的高新技术产业集群创新扩散研究——以中关村产业园为例. 科技管理研究, (5): 149-154.

董景荣, 2009. 技术创新扩散的理论、方法与实践. 北京: 科学出版社.

段存广，赖小东，2012. 基于产业集群的技术创新扩散动力因素分析. 上海管理科学，34（2）：88-92.

段文奇，陈忠，惠淑敏，2007. 基于复杂网络的网络市场新产品扩散：采用网络和初始条件的作用. 系统工程，（5）：15-19.

段文奇，2015. 用户网络耦合视角的第三方支付平台扩散模型. 管理科学学报，18（7）：27-38.

方薇，陈世平，2000. 共同进化——当代企业竞争新思维. 福建论坛（经济社会版），（3）：22-24.

冯·贝塔朗菲，1987. 一般系统论：基础、发展和应用. 林康义，魏宏森，译. 北京：清华大学出版社.

冯云生，李建昌，2012. 基于产业集群的技术创新扩散动力因素分析. 东吴学术，（1）：85-90.

戈峰，2008. 现代生态学. 北京：科学出版社.

龚晓光，黎志成，2003. 基于多智能体仿真的新产品市场扩散研究. 系统工程理论与实践，23（12）：59-62.

龚业明，蔡淑琴，1999. 博弈论对企业管理战略的影响. 中国软科学，（8）：74-76，79.

贵淑婷，彭爱东，2016. 基于专利引文网络的技术扩散速度研究. 情报理论与实践，（5）：40-45.

韩国元，陈伟，冯志军，2014. 企业合作创新伙伴的选择研究——基于微粒群算法定权的改进TOPSIS法. 科研管理，35（2）：119-126.

韩裕光，孙伟，朱力，2015. 比特币的崛起：扩散速度与扩散动力. 东华经济管理，（3）：171-177.

韩志华，2010. 核心专利判别的综合指标体系研究. 中国外资，（2）：193-196.

郝祖涛，2014. 基于复杂社会网络的资源型企业绿色行为扩散机制研究. 武汉：中国地质大学.

贺团涛，曾德明，2008. 高科技企业创新生态系统形成机理研究. 科技管理研究，（11）：28-31.

胡京波，欧阳桃花，谭振亚，等，2014. 以SF民机转包生产商为核心企业的复杂产品创新生态系统演化研究. 管理学报，11（8）：1116-1125.

黄海洋，2013. 我国大学技术创新的扩散机理与模式研究. 上海：上海交通大学.

黄鲁成，王宁，2011. 专利视角下的技术扩散研究综述. 科学学与科学技术管理，32（10）：27-34.

黄玮强，姚爽，庄新田，2013. 基于复杂社会网络的创新扩散多智能体仿真研究. 科学学研究，31（2）：310-320.

黄玮强，庄新田，2007. 基于随机网络的创新扩散研究. 管理学报，4（5）：622-627.

黄晓斌，梁辰，2014. 基于专利引用网络的4G通信技术竞争态势分析. 情报杂志，（4）：52-58.

姜方桃，2013. 基于平衡供应链记分法和层次分析法的供应链企业绩效评价. 商业时代，（9）：57-58.

蒋军锋，党兴华，薛伟贤，2007. 技术创新网络结构演变模型：基于网络嵌入性视角的分析. 系统工程，25（2）：11-17.

蒋石梅，吕平，陈劲，2015. 企业创新生态系统研究综述——基于核心企业的视角. 技术经济，34（7）：18-23，91.

蒋天颖，孙伟，2012. 关系嵌入强度、知识吸收能力与集群企业技术创新扩散. 情报杂志，31（10）：201-206.

焦李成，刘静，钟伟才，2007. 协同进化计算与多智能体系统. 北京：科学出版社.

金晓彤，陈艺妮，焦竹，2010. 不同类型转换成本的调节作用机制研究. 管理评论，22（5）：42-46.

靳洪，2011. 企业战略创新生态系统：一种新的竞争模式. 统计与决策，（16）：181-182.

邝浩源，2013. 农业创新扩散中社会网络的作用研究. 长沙：湖南农业大学.

李保红, 毋燕燕, 吕廷杰, 2005. 企业技术创新扩散过程的博弈分析. 现代管理科学, (8): 11-12.

李昌麟, 1995. 产品质量法学研究. 成都: 四川人民出版社.

李岱松, 张革, 李建玲, 等, 2009. 区域技术标准创新——北京地区实证研究. 北京: 科学出版社.

李纲, 刘益, 2008. 组织间的重叠知识与知识转移的关系模型. 科技管理研究, (2): 211-213.

李恒毅, 宋娟, 2014. 新技术创新生态系统资源整合及其演化关系的案例研究. 中国软科学, (6): 129-141.

李红, 孙绍荣, 2007. 基于复杂网络的创新扩散研究. 科技进步与对策, (4): 52-55.

李捷, 霍国庆, 孙皓, 2014. 我国战略性新兴产业集群效应决定因素分析. 科技进步与对策, 31 (17): 55-59.

李金勇, 李莎, 钟雪梅, 2015. 技术创新扩散的内涵与动力研究述评. 商业经济研究, (16): 88-89.

李瑾, 2009. 环境政策对技术变迁的作用机制研究. 上海: 复旦大学.

李磊, 郭燕青, 2014. 我国新能源汽车产业创新生态系统构建研究. 科技管理研究, (23): 59-63.

李太勇, 2000. 网络效应与标准竞争战略分析. 外国经济与管理, 22 (8): 7-11.

李万, 常静, 王敏杰, 等, 2014. 创新 3.0 与创新生态系统. 科学学研究, 32 (12): 1761-1770.

李先国, 段祥昆, 2011. 转换成本、顾客满意与顾客忠诚: 基于移动通信客户行为的研究. 中国软科学, (4): 154-160.

李阳阳, 焦李成, 2007. 量子克隆遗传算法. 计算机科学, 34 (11): 147-149.

李英, 蒋录全, 2010. Pareto-Nash 混合策略下小世界网络中创新扩散模型仿真分析. 上海交通大学学报, (3): 345-348.

李煜华, 高杨, 胡瑶瑛, 2012. 基于结构方程模型的复杂产品系统创新扩散影响因素分析. 科研管理, 33 (5): 146-152.

李智敏, 2003. 供需链核心企业绩效评价方法的研究. 统计与信息论坛, 18 (5): 33-37.

林略, 周力全, 2009. 小世界网络下用户创新扩散效果分析. 技术经济, (7): 8-21.

林婷婷, 2012. 产业技术创新生态系统研究. 哈尔滨: 哈尔滨工程大学.

林向义, 张庆普, 罗洪云, 2008. 知识创新联盟合作伙伴选择研究. 中国管理科学, (10): 404-408.

刘鹤玲, 2005. 从竞争进化到合作进化: 达尔文自然选择学说的新发展. 科学技术与辩证法, 222 (1): 38-41.

刘健挺, 2006. 基于产业集群的技术创新扩散研究. 贵阳: 贵州大学.

刘军, 2014. 整体网分析——UCINET 软件实用指南. 2 版. 上海: 格致出版社, 上海人民出版社.

刘满凤, 2011. 高技术产业集群中技术创新与扩散的系统基模分析与政策解析. 科技进步与对策, 28 (24): 65-69.

刘新艳, 秦政强, 2010. 基于创新扩散的企业后动优势的形成分析. 南京工业大学学报 (社会科学版), 9 (3): 65-70.

刘友金, 罗发友, 2004. 企业技术创新集群行为的行为生态学研究——一个分析框架的提出与构思. 中国软科学, (1): 68-72.

刘友金, 罗发友, 2005. 基于焦点企业成长的集群演进机理研究——以长沙工程机械集群为例. 管理世界, (10): 159-161.

娄思源, 2012. 基于社会网络的创新扩散仿真研究. 杭州: 浙江大学.

栾永玉, 2007. 高科技企业跨国创新生态系统: 结构、形成、特征. 财经理论与实践, 28 (5): 113-116.

吕文震, 2006. 技术创新扩散中企业采用行为的博弈分析. 南京: 南京航空航天大学.

吕友利, 2010. 高新技术企业技术创新扩散路径研究. 成都: 西华大学.

吕玉辉, 2011. 企业技术创新生态系统探析. 科技管理研究, (16): 15-17, 48.

马艳艳, 刘凤朝, 孙玉涛, 2012. 中国大学专利被企业引用网络分析——以清华大学为例. 科研管理, 33 (6): 92-99.

梅亮, 陈劲, 刘洋, 2014. 创新生态系统: 源起、知识演进和理论框架. 科学学研究, 32 (12): 1771-1780.

梅特卡夫, 2007. 演化经济学与创造性毁灭. 冯健, 译. 北京: 中国人民大学出版社.

孟庆伟, 孙立楠, 2007. 制造业工艺创新的扩散机制. 科学学研究, (S2): 433-437.

苗东升, 2010. 系统科学精要. 3 版. 北京: 中国人民大学出版社.

欧阳桃花, 胡京波, 李洋, 等, 2015. DFH 小卫星复杂产品创新生态系统的动态演化研究: 战略逻辑和组织合作适配性视角. 管理学报, 12 (4): 546-557.

彭爱东, 黎欢, 王洋, 2013. 基于专利引文网络的技术演进路径研究——以激光显示技术领域为例. 情报理论与实践, 36 (8): 57-61.

钱锡红, 杨永福, 徐万里, 2010. 企业网络位置、吸收能力与创新绩效. 管理世界, (5): 118-129.

邱昭良, 2009. 系统思考实践篇. 北京: 中国人民大学出版社.

任爱莲, 2010. 创新开放度、吸收能力与创新绩效的关系研究. 科技进步与对策, 27 (20): 10-14.

任斌, 邵鲁宁, 尤建新, 2013. 基于创新扩散理论的中国电动汽车广义 Bass 模型. 软科学, 27 (4): 17-22.

盛亚, 2002. 技术创新扩散与新产品营销. 北京: 中国发展出版社.

盛昭瀚, 蒋德鹏, 2002. 演化经济学. 上海: 上海三联书店.

施卫东, 朱俊彦, 2011. 知识密集型服务业在国家创新体系中的创新扩散模式研究——基于网络分析的视角. 研究与发展管理, 23 (1): 54-61.

时洪梅, 2012. 新能源企业创新生态系统的成长路径研究. 沈阳: 辽宁大学.

苏斌, 2008. 我国中小企业技术创新扩散动力机制研究. 镇江: 江苏大学.

苏敬勤, 刘静, 2013a. 案例研究规范性视角下二手数据可靠性研究. 管理学报, 10 (10): 1405-1418.

苏敬勤, 刘静, 2013b. 复杂产品系统制造企业的动态能力演化: 一个纵向案例研究. 科研管理, 34 (8): 58-67.

苏敬勤, 崔淼, 2011. 工商管理案例研究方法. 北京: 科学出版社.

孙冰, 袭希, 余浩, 2013. 网络关系视角下技术生态位态势研究——基于东北三省新能源汽车产业的实证分析. 科学学研究, 31 (4): 518-528.

孙冰, 袭希, 2014. 知识密集型产业技术创新演化机理研究. 北京: 科学出版社.

孙冰, 赵健, 2013. 知识密集型产业技术创新扩散演化研究——基于网络结构演化分析的视角. 情报杂志, 23 (1): 198-203.

孙冰, 周大铭, 2011. 基于核心企业视角的企业技术创新生态系统构建. 商业经济与管理, 241 (11): 36-43.

孙冰, 2003. 企业技术创新动力研究. 哈尔滨: 哈尔滨工程大学.

孙洪涛, 1998. 跨国公司直接投资的技术扩散效应和效果. 经济纵横, (6): 28-31.

孙圣兰, 陈雯, 吴祈宗, 2010. 突破性技术创新研发联盟伙伴选择研究. 数学的实践与认识,

40（16）：25-30.

孙耀吾，卫英平，2011. 高技术企业联盟知识扩散研究——基于小世界网络的视角. 管理科学学报，14（12）：17-26.

汤长安，2008. 产业集群成熟期技术创新扩散过程的博弈分析. 科技管理研究，28（11）：224-227.

陶爱萍，井姗姗，宋秋菊，2015. 技术标准锁定的影响因素和形成机理研究. 工业技术经济，（2）：63-70.

田红娜，李香梅，2014. 制造业绿色工艺创新扩散过程研究. 科技进步与对策，（4）：50-55.

童有好，2015-06-16. "互联网+"促进制造业转型升级. 中国电子报，第6版.

涂振洲，顾新，2013. 基于知识流动的产学研协同创新过程研究. 科技进步与对策，31（15）：133-137.

万谦，董景荣，万涛，2006. 创新特征对技术扩散的影响. 工业技术经济，25（11）：78-80.

万谦，万涛，2007. 再论创新特征对技术扩散的影响. 科技进步与对策，24（12）：172-174.

汪小帆，李翔，陈关荣，2006. 复杂网络理论及其应用. 北京：清华大学出版社.

汪志波，2012. 产业技术创新生态系统演化机理研究. 生产力研究，（3）：192-194.

王帮俊，吉峰，周敏，2009. 产业集群中技术创新扩散的学习机制——一个动态博弈分析的视角. 工业技术经济，28（12）：123-125.

王帮俊，2011. 技术创新扩散的动力机制研究. 北京：中国经济出版社.

王飞，2007. 空间双寡头竞争下的创新扩散——基于博弈论的模型. 南开经济研究，（3）：80-96.

王国红，刘隽文，邢蕊，2015. 竞合视角下中小企业协同创新行为的演化博弈模型研究. 中国管理科学，23（S1）：662-666.

王俊峰，陈晓莉，2013. 企业创新文化对技术创新扩散的影响分析. 企业导报，（6）：170-172.

王瑟，2010. 广州高新技术产业集群的创新扩散研究. 广州：华南理工大学.

王为，2011. 东北地区制造业产业自主创新动力机制研究. 哈尔滨：哈尔滨工程大学.

王小芳，2006. 企业间创新采用的多阶段序贯博弈分析. 财经问题研究，（7）：18-23.

王晓新，邹艳，叶金福，2008. 企业合作创新伙伴选择的多层次优属度评价. 科技进步与对策，25（7）：55-67.

王永平，孟卫东，2004. 供应链企业合作竞争机制的演化博弈分析. 管理工程学报，18（2）：96-98.

王志伟，2002. 创新扩散过程的几类限制性因素. 自然辩证法研究，18（1）：23-26.

魏宏森，曾国屏，1995. 系统论系统科学哲学. 北京：清华大学出版社.

魏静，朱恒民，宋瑞晓，等，2015. 在线知识转移网络的复杂性扩散研究. 管理评论，27（7）：58-65.

魏露露，王文平，2006. 产业集群中小团体网络结构对技术扩散的影响. 中国管理科学，14（10）：128-131.

吴菲菲，张辉，黄鲁成，等，2015. 基于专利引用网络度分布研究技术跨领域应用. 科学学研究，33（10）：1456-1463.

吴锡英，2000. 论相似性思维与技术创新. 成组技术与生产现代化，（1）：10-12.

武春友，戴大双，苏敬勤，1997. 技术创新扩散. 北京：化学工业出版社.

裘希，2013. 知识密集型产业技术创新演化机理及相关政策研究. 哈尔滨：哈尔滨工程大学.

向永胜，2012. 文化嵌入对集群企业创新能力的作用机制及协同演进研究. 杭州：浙江大学.

肖亮，2008. 基于情境管理的分布式企业知识管理系统研究——以浙江企业为例. 科学学与科学技术管理，29（3）：81-85.

肖灵机, 汪明月, 万玲, 等, 2016. 新兴产业技术扩散路径优化研究. 中国科技论坛, (4): 37-42.

谢逢洁, 2016. 复杂网络上的博弈. 北京: 清华大学出版社.

谢洪涛, 李国良, 严伟, 2013. 建筑技术创新扩散演化规律与影响因素研究. 科技进步与对策, 30 (23): 30-33.

谢伟, 吴贵生, 2000. 技术学习的功能和来源. 科研管理, 21 (1): 8-13.

熊鸿军, 戴昌钧, 2009. 技术变迁中的路径依赖与锁定及其政策含义. 科技进步与对策, 26 (11): 94-97.

徐莹莹, 2015. 制造企业低碳技术创新扩散研究. 哈尔滨: 哈尔滨工程大学.

徐臻, 王理平, 2005. 技术溢出对创新模式选择的影响. 上海管理科学, 27 (1): 43-45.

许惠煌, 张良强, 2006. 基于三维结构模型的 TID 动力分析. 科技管理研究, (11): 230-232.

许慧敏, 王琳琳, 2013. 技术创新扩散系统的动力机制研究. 科学学研究, 24 (Z1): 291-294.

许琦, 2013. 基于专利引证网络的技术范式分析——以半导体制造领域为例. 图书情报工作, 57 (4): 112-119.

薛奕曦, 邵鲁宁, 尤建新, 等, 2013. 面向新能源汽车的社会—技术域分析及其转型推动研究. 中国软科学, (3): 78-88.

闫振宇, 2007. 技术创新扩散及其影响因素研究. 广州: 华南师范大学.

阳银娟, 2015. 知识伙伴对企业创新绩效的影响研究. 杭州: 浙江大学.

杨国忠, 许超, 2012. 有限理性条件下技术创新扩散的演化博弈分析. 工业技术经济, (4): 113-118.

杨建君, 梅晓芳, 陈曼, 2009. 合作创新的伙伴选择: 一个综合评价体系. 科技管理研究, (1): 6-9.

杨荣, 2014. 从企业创新系统到创新生态系统: 创新系统研究的演变及其比较. 科技和产业, 14 (2): 136-141.

杨文佳, 李伊松, 2010. 基于生命周期的敏捷供应链中核心企业的绩效评价体系研究. 物流技术, 29 (9): 116-118.

杨勇华, 2008. 技术变迁演化理论研究述评. 经济学家, 1 (1): 18-24.

杨勇华, 2014. 简论技术创新扩散的两种演化机制及其关系. 湖北经济学院学报, (4): 5-8.

叶芬斌, 2012. 基于生态位思想的技术进化研究. 杭州: 浙江大学.

叶芬斌, 许为民, 2012. 技术生态位与技术范式变迁. 科学学研究, 30 (3): 321-327.

叶芬斌, 2013. 基于 SNM 理论的技术范式变迁实证研究——以数码化图像显示技术为例. 科学学研究, 31 (6): 818-828.

尤天慧, 高美丽, 2014. 一种基于误差分析的区间数多属性决策方法. 系统管理学报, (2): 224-228.

张诚, 林晓, 2009. 技术创新扩散中的动态竞争: 基于百度和谷歌 (中国) 的实证研究. 中国软科学, (12): 122-132.

张凤杰, 陈继祥, 张立, 2008. 生产性服务业集群中的技术创新扩散转让费博弈. 工业工程, 11 (3): 20-23.

张海, 陈国宏, 李美娟, 2005. 技术创新扩散的博弈. 工业技术经济, 24 (8): 56-57.

张立超, 刘怡君, 2015. 技术轨道的跃迁与技术创新的演化发展. 科学学研究, 33 (1): 137-145.

张利飞, 2009. 高科技产业创新生态系统耦合理论综述. 研究与发展管理, 23 (3): 70-75.

张利飞，2013. 高科技企业创新生态系统平台领导战略研究. 财经理论与实践，34（4）：99-103.

张敏，2011. 东北地区制造业产业自主创新动力系统协同机理与动力模式演化研究. 哈尔滨：哈尔滨工程大学.

张箐，2009. 企业战略生态系统学习的理论和实证研究. 武汉：武汉理工大学.

张伟，刘德志，2007. 新兴技术生命周期及其各阶段特征分析. 菏泽学院院报，29（5）：16-20.

张小芝，朱传喜，2013. 时序多属性决策的广义等级偏好优序法. 系统工程理论与实践，33（11）：2852-2858.

张晓军，李仕明，何铮，2009a. 基于复杂网络的创新扩散特征. 系统管理学报，（2）：186-192.

张晓军，李仕明，何铮，2009b. 社会关系网络密度对创新扩散的影响. 系统工程，27（1）：92-97.

张运生，2008. 高科技企业创新生态系统边界与结构解析. 软科学，22（11）：95-102.

张运生，韦小彦，王吉斌，2013. 高科技企业创新生态系统技术标准许可定价策略研究. 科技进步与对策，30（22）：86-90.

张运生，邹思明，2010. 高科技企业创新生态系统治理机制研究. 科学学研究，28（5）：785-792.

赵骅，吴丹黎，2010. 企业集群技术创新扩散过程的博弈分析. 技术经济，29（5）：37-41.

曾国屏，苟尤钊，刘磊，2013. 从"创新系统"到"创新生态系统". 科学学研究，31（1）：4-12.

赵良杰，赵正龙，陈忠，2012. 社会网络与创新扩散的共生演化. 系统管理学报，21（1）：62-69.

赵永杰，2011. 基于企业家精神的动态能力生成机理研究. 大连：东北财经大学.

赵正龙，2008. 基于复杂社会网络的创新扩散模型研究. 上海：上海交通大学.

郑小勇，2010. 创新集群的形成模式及其政策意义探讨. 外国经济与管理，32（2）：58-64.

周密，2009. 非均质后发大国技术空间扩散的影响因素——基于扩散系统的分析框架. 科学学与科学技术管理，30（6）：63-67.

周琴，2012. 全生命周期视角下新能源汽车市场扩散的系统动力学仿真研究. 上海：华东理工大学.

Abdol S S，Sepehr G，2011. The network of the Iranian techno-economic system. Technological Forecasting and Social Change，78（4）：591-609.

Adner R，2006. Match your innovation strategy to your innovation ecosystem. Harvard Business Review，84（4）：98-107.

Adner R，Kapoor R，2010. Value creation in innovation ecosystems：How the structure of technological interdependence affects firm performance in new technology generations. Strategic Management Journal，31（3）：306-333.

Adomavicius G，Kwon Y O，2007. New recommendation techniques for multicriteria rating systems. Intelligent Systems IEEE，22（3）：48-55.

Agnolucci P，McDowall W，2007. Technological change in niches：Auxiliary power units and the hydrogen economy. Technological Forecasting and Social Change，74（8）：1394-1410.

Ahuja G，Katila R，2002. Technological acquisitions and the innovation performance of acquiring firms：A longitudinal study. Academy of Management Review，22：197-220.

Albert R，Barabasi A L，2000. Topology of evolving networks：Local events and universality. Physical Review Letters，85（24）：5234-5236.

Albino V，Carbonara N，Giannoccaro I，2006. Innovation in industrial districts：An agent-based simulation model. International Journal of Production Economics，104（1）：30-45.

Allen R H，Sriram R D，2000. The role of standards in innovation. Technological Forecasting and Social Change，64（2/3）：171-181.

Alvaro E，Andrea F，Josep A，et al，2009. Management external knowledge flows：The moderating role of absorptive capacity. Research Policy，38（1）：96-105.

Andrew C I，Tsang E W K，2005. Social capital，networks and knowledge transfer. Academy of Management Review，30（1）：146-165.

Arthur W B，1989. Technologies，increasing returns，and Llock-in by historical events. The Economics Journal，394：116-131.

Attewell Paul，1992. Technology diffusion and organizational learning：The case of business computing. Organization Science，3（1）：1-19.

Audley G，Coles A M，2008. Rethinking the multi-level perspective of technological transitions. Research Policy，37（9）：1436-1445.

Barabasi A L，Albert R，1999. Emergence of scaling in random networks. Science，286（15）：509-512.

Barabasi A，Hawoong J，1999. Mean-field theory of scale-free random networks. Physica a Statistical Mechanics and Its Applications，272（1/2）：173-187.

Bengtsson M，Kock S，1999. Co-operation and competition in relationship between competitors in business networks. Journal of Business and Industrial Marketing，14（3）：178-193.

Bergek A，Jacobsson S，Carlsson B，et al，2008. Analyzing the functional dynamics of technological innovation systems：Ascheme of analysis. Research Policy，237：407-429.

Bloom P，Dees G，2008. Cultivate your ecosystem. Stanford Social Innovation Review，（6）：47-53.

Brandenburger A，Nalebuff B，1997. Coopetition. London：Harper Collins Business.

Casti J，1997. Would-be Worlds：How Simulation is Changing the World of Science. New York：Wiley.

Casti J，1994. Complexification. New York：Harper Collins.

Caves R E，1971. International corporations：The industrial economics of foreign investment. Economica，38：1-27.

Chang S K，Andrew C，2005. Cross-border R&D alliances，absorptive capacity and technology learning. Journal of International Management，11（3）：313-329.

Charles W，2007. Transfer in contex：Replication and adaptation in knowledge transfer relationships. Strategic Management Journal，28（9）：867-889.

Chen S H，Wang P H，Chen C M，et al，2010. An analytic hierarchy process approach with linguisticvariables for selection of an R&D strategic alliance partner. Computers and Industrial Engineering，58（2）：278-287.

Cho Y，Hang J H，Lee D，2012. Identification of effective opinion leaders in the diffusion of technological innovation：A social network approach. Technological Forecasting and Social Change，79（1）：97-106.

Choi H，Kim S H，Lee J，2010. Role of network structure and structure and network effects in diffusion of innovations. Industrial Marketing Management，39（1）：170-177.

Cohen W M，Levinthal D A，1990. Absorptive capacity：A new perspective on learning and innovation. Administrative Science Quarterly，35：128-152.

Coll M H, Vandersmissen M H, Thériault M, 2014. Modeling spatio-temporal diffusion of car sharing membership in Québec City. Journal of Transport Geography, 38: 22-37.

Cowan R, 2004. Network structure and the diffusion of knowledge. Journal of Economic Dynamics and Control, 28 (8): 1557-1575.

Damanpour F, 1991. Organizational innovation: A Meta-Analysis of effects of determinants and moderators. Academy of Management Journal, 34 (3): 555-590.

Danaher P J, Hardie B G S, Putsis W P, 2001. Marketing-variables and the diffusion of successive generations of a technological innovation. Journal of Marketing Research, 11: 501-514.

Delre S A, Jager W, 2007. Targeting and timing promotional activities: An agent-based model for the takeoff of new products. Journal of Business Research, 60 (8): 826-835.

Derwisch S, Morone P, Kopainsky B, et al, 2016. Investigating the drivers of innovation diffusion in a low income country context. The case of adoption of improved maize seed in Malawi. Futures, 81: 161-175.

Deshpande R, 1983. A comparative review of innovation diffusion books. Journal of Marketing Research, (3): 327-334.

Dobson P W, 2006. Competing, countervailing, and coalescing forces: The economics of intra-and inter-business system competition. Antitrust Bulletin, 51 (1): 175-193.

Dodson J A, Muller E, 1978. Models of new product diffusion through advertising and word of mouth. Management Science, 24: 1568-1578.

Dolfsma W, Leydesdorff L, 2009. Lock-in and break-out from technological trajectories: Modeling and policy implications. Technological Forecasting and Social Change, 76 (7): 932-941.

Dosi G, 1982. Technological paradigms and technological trajectories: A suggested interpretation of the determinants and directions of technical change. Research Policy, 11 (3): 147-162.

Dosi G, 1988. Sources procedures and microeconomics of innovation. Journal of Economic Literature, 26: 1127-1128.

Dutta P K, Lach S, Rustichini A, 1995. Better late than early: Vertical differentiation in the adoption of a new technology. Journal of Economics and Management Strategy, 4 (4): 563-589.

Duysters G, Hagedoorn J, 2002. The effect of alliance block membership on innovative performance. Revue D'economie Industrielle, 103 (1): 59-70.

Dyer J H, Singh H, 1998. The relational view: Cooperative strategy and sources of interorganizational competitive advantage. Academy of Management Review, 23 (4): 660-679.

Elisabetta M, 2009. How does technological innovation and diffusion affect interindustry workers's mobility? Structural Change and Economic Dynamics, 20 (1): 16-37.

Erdem C, Senturk I, Simsek T, 2010. Identifying the factors affecting the willingness to pay for fuel-efficient vehicles in Turkey: A case of hybrids. Energy Policy, (38): 3038-3043.

Escribano A, Fosfuri A, Tribó J A, 2009. Managing external knowledge flows: The moderating role of absorptive capacity. Research Policy, 38: 96-105.

Fagerberg J, Mowery D, Nelson R, et al, 2005. The Oxford Handbook of Innovation. New York: Oxford University Press.

Fehr E, Gachter S, Kirchsteiger G, 1997. Reciprocity as a contract enforcement device: Experimental evidence. Econometrica，65（4）：833-860.

Fisher I C，Pry R H，1971. Simple substitution model of technological change. Technological Forecasting and Social Change，3：75-88.

Fourt L A，Woodlock J W，1960. Early prediction of market success for new grocery products. Journal of Marketing，25：31-38.

Friedman D，1991. Evolutionary games in economics. Econometrica，59（3）：637-666.

Friedman D，1998. On economic applications of evolutionary game theory. Journal of Evolutionary Economics，8：15-43.

Fudenberg D，Levine D K，1993. Steady state learning and nash equilibria. Econometrica，61（3）：547-573.

Garber T，Muller E，2004. From density to destiny：Using spatial dimension of sales data for early prediction of new product success. Marketing Science，23（3）：419-428.

Garnsey E，Leong Y，2008. Combining resource-based and evolutionary theory to explain the genesis of bio-networks. Industry and Innovation，15（6）：669-686.

Gause G F，1934. The Struggle for Existence. Baltimore：Williams & Wilkins.

Gay B，Dousset B，2005. Innovation and network structural dynamics：Study of the alliance network of a major sector of the biotechnology industry. Research Policy，34（10）：1457-1475.

Gawer A，2014. Bridging differing perspectives on technological platforms：Toward an integrative framework. Research Policy，43（7）：1239-1249.

Gawer A，Cusumano M A，2014. Industry platforms and ecosystem innovation. Journal of Product Innovation Management，31（3）：417-433.

Geels F W，2004. From sectoral systems of innovation to socio-technical systems. Research Policy，33（6/7）：897-920. '

Geels F W，2005. Processes and patterns in transitions and system innovations：Refining the co-evolutionary multi-level perspective. Technological Forecasting and Social Change，72（6）：681-696.

Geels F W，2006. Co-evolutionary and multi-level dynamics in transitions：The transformation of aviation systems and the shift from propeller to turbojet（1930-1970）. Technovation，26（9）：999-1016.

Geels F W，2010. Ontologies，socio-technical transitions（to sustainability），and the multi-level perspective. Research Policy，39（4）：495-510.

Geels F W，2012. A socio-technical analysis of low-carbon transitions：Introducing the multi-level perspective into transport studies. Journal of Transport Geography，24：471-482.

Geels F W，2014. Reconceptualising the co-evolution of firms-in-industries and their environments：Developing an inter-disciplinary triple embeddedness framework. Research Policy，43（2）：261-277.

Geels F W，Schot J，2007. Typology of sociotechnical transition pathways. Research Policy，36（3）：399-417.

Geels W，2002. Technological transitions as evolutionary reconfiguration processes：A multi-level perspective and a case study. Research Policy，（31）：1257-1274.

Geert V, Willem C, Raven R, et al, 2010. Strategic niche management in an unstable regime: Biomass gasification in India. Environmental Science and Policy, 13（4）: 272-281.

Genus A, Coles A M, 2008. Rethinking the multi-level perspective of technological transitions. Research Policy, 37（9）: 1436-1445.

Gilbert N, Ahrweiler P, Pyka A, 2007. Learning in innovation networks: Some simulation experiments. Physica a Statistical Mechanics and its Applications, 378（1）: 100-109.

Ginsberg A, Horwitch M, Mahapatra S, et al, 2010. Ecosystem strategies for complex technological innovation: The case of smart grid development. Technology Management for Global Economic Growth, Phuket: 1-8.

Gouldner A W, 1960. The norm of reciprocity: A preliminary statement. American Sociological Review, 25（2）: 161-178.

Granovetter M, 1985. Economic action and social structure: The problem of embeddedness. American Journal of Sociology, 91（3）: 481-510.

Grinnell J, 1917. Field tests of theories concerning distributional control. The American Naturalist, 51（602）: 115-128.

Hakansson H, 1987. Industrial Technological Development: A network Approch. London: Croom Helm.

Hartigh E D, Ortt J R, Kaa G V D, et al, 2016. Platform control during battles for market dominance: The case of Apple versus IBM in the early personal computer industry. Technovation, 48: 4-12.

Hekkert M P, Suurs R A A, Negro S O, et al, 2007. Functions of innovation systems: A new approach for analyzing technological change. Technological Forecasting and Social Change, 74（4）: 413-432.

Hommels A, Peters P, Bijker W E, 2007. Techno therapy or nurtured niches? Technology studies and the evaluation of radical innovations. Research Policy, 36（7）: 1088-1099.

Hoogma R, Kemp R, Schot J, et al, 2002. Experimenting for sustainable transport. The approach of strategic niche management. Technology Analysis and Strategic Management, 23（4）: 517-518.

Hu A G, 2009. The regionalization of knowledge flows in East Asia: Evidence rom patent citations data. World Development, 37（9）: 1465-1477.

Huang L Y, Hsieh Y J, 2012. Consumer electronics acceptance based on innovation attributes and switching costs: The case of e-book readers. Electronic Commerce Research and Applications, 11（3）: 218-228.

Hur W, 2010. A multi-stage race model with strategic interaction: An agent-based simulation approach. Technological Forecasting and Social Change, 77（4）: 578-586.

Hutchinson G E, 1957. Concluding remarks. Cold Spring Harbor Symposium on Quantitative Biology, 22: 415-427.

Hyland P, Boer H, 2006. A continuous innovation framework: Some thoughts for consideration. Proceedings of the 7th International CINet Conference-CI and Sustainability: Designing the Road Ahead, The Netherlands: 389-400.

Iansiti M, Levien R, 2004. Strategy as ecology. Harvard Business Review, 82（3）: 68-81.

Iansiti M, Richards G L, 2006. The information technology ecosystem: Structure, health, and performance. The Antitrust Bulletin，51（1）：77-109.

Inge C，Drongelen K V，Petra C，et al，1999. The use of performance measurement tools for balancing short-and long-term NPD performance. International Journal of Innovation Management，3（4）：397-426.

Islam T，2014. Household level innovation diffusion model of photo-voltaic（PV）solar cells from stated preference data. Energy Policy，65（3）：340-350.

Izzal A Z，Yusniza K，2015. Social media adoption：The role of media needs and innovation characteristics. Computers in Human Behavior，43：189-209.

Jaakkola H，Gabbouj M，Neuvo Y，1998. Fundamentals of technology diffusion and mobile phone case study. Circuits Systems and Signal Processing，17（3）：421-448.

Jackson D J，2012. What is an Innovation Ecosystem?. www. erc-assoc. org/docs/innovation_ ecosystem. pdf [2015-11-28].

Jaffe A B，Trajtenberg M，Henderson R，1993. Geographic localization of knowledge spillovers as evidenced by patent citation. Quarterly Journal of Economics，108（3）：577-598.

Jennings R，2000. On agent-based software engineering. Artificial Intelligence，11（7）：277-296.

Kalish S，Mahajan V，Muller E，1995. Waterfall and sprinkler new-product strategies in competitive global markets. International Journal of Research in Marketing，12（2）：105-119.

Kapur P K，Singh V B，Anand S，et al，2007. An innovation diffusion model incorporating change in the adoption rate. Management Dynamics，16（1）：34-41.

Katz J S，2006. Indicators for complex innovation systems. Research Policy，35（7）：893-909.

Kemp R，Rotmans J，2001. The management of the co-evolution of technical，environmental and social systems. Towards Environmental Innovation Systems，Berlin：Garmisch Partenkirchen.

Kemp R，Schot J W，Hoogma R，1998. Regime shifts to sustainability through processes of niche formation：The approach of strategic niche management. Technology Analysis and Strategic Management，10：175-196.

Klibanoff P，Morduch J，1995. Decentralization，externalities，and efficiency. The Review of Economics Studies，62（2）：223-247.

Konstantions K，Alexandros P，Papachroni M，et al，2011. Absorptive capacity，innovation and financial performance. Journal of Business Research，64（12）：1335-1343.

Kontolaimou A，Giotopoulos I，Tsakanikas A，2015. A typology of European countries based on innovation efficiency and technology gaps：The role of early-stage entrepreneurship. Economic Modelling，52：477-484.

Laursen K，Salter A，2006. Open for innovation：The role of openness in explaining innovation performance among UK manufacturing firms. Strategic Management Journal，27（2）：131-150.

Lee K，Lim C，2001. Technological regimes，catching-up and leapfrogging：Findings from the Korean industries. Research Policy，30（3）：459-483.

Li X，Chen H，Huang Z，et al，2007. Patent citation network in nanotechnology（1976-2004）. Journal of Nanoparticle Research，9（3）：337-352.

Li Y R，2009. The technological roadmap of Cisco's business ecosystem. Technovation，29（5）：379-386.

Li Y, Lyons B, 2012. Market structure, regulation and the speed of mobile network penetration. International Journal of Industrial Organization, 30 (6): 697-707.

Lilien G L, Rao A G, Kalish S, 1981. Bayesian estimation and control of detailing effort in a repeat purchase diffusion environment. Management Science, 27: 493-506.

Lin Y, Chen J, Chen Y, 2011. Backbone of technology evolution in the modern era automobile industry: An Analysis by the patents citation network. Journal of Systems Science and Systems Engineering, 20 (4): 416-442.

Lopolito A, Morone P, Sisto R, 2011. Innovation niches and socio-technical transition: A case study of bio-refinery production. Futures, 43 (1): 27-38.

Lopolito A, Morone P, Taylor R, 2013. Emerging innovation niches: An agent based model. Research Policy, 42 (6/7): 1225-1238.

Loulou R, 1997. Energy and environment policies for a sustainable future: Analysis with the Indian markal model. Delhi: Allied Publishers.

Luo Y F, Huang L C, 2007. The concept of entropy and the performance entropy of regional technological innovation ecosystem. Proceedings of 2007 International Conference on Management Science and Engineering, Harbin: 1951-1957.

Luoma A V, Halonen S, 2010. Intangibles and innovation: The role of communication in the innovation ecosystem. Innovation Journalism, 7 (2): 1-19.

Macdougall G D A, 1960. The benefits and costs of private investment from abroad: A theoretical approach. Economic Record, 36: 13-35.

Maciej N, 2004. Preference and vote thresholds in multi-criteria analysis based on stochastic dominance. European Journal of Operational Research, 158 (2): 339-350.

Mansfield E, 1961. Technical change and the rate of imitation. Econometrical, 29: 741-766.

Mansfield E, 1968. Industrial Research and Technological Innovation. New York: Physica-Verlag HD.

Mansfield E, 1971. The Economic of Technology Change. New York: Norton and Company.

Mario C, Secondo R, 2002. Technology transfer analysis in the Italian national research council. Technovation, 22 (5): 291-299.

Mazzoleni R, 1997. Learning and path-dependence in the diffusion of innovations: Comparative evidence on numerically controlled machine tools. Research Policy, 26 (4/5): 405-428.

Meade N, Islam T, 2006. Modeling and forecasting the diffusion of innovation-A 25-year review. International Journal of Forecasting, 22 (3): 519-545.

Mellouli S, Moulin B, Mineau G, 2003. Laying Down the Foundations of an Agent Modeling Methodology for Fault-Tolerant Multi-Agent Systems. Engineering Societies in the Agents World IV. Berlin: Springer, 2003: 275-293.

Meyer M H, Lehnerd A P, 1997. The power of product platform: Building value and cost leadership. Research Technology Management, 40 (6): 526-529.

Michael C J, William H M, 1999. Specific knowledge and divisional performance measurement. Journal of Applied Corporate Finance, 12 (2): 8-17.

Minhi H A, Sehoon P A, Lakshman K, et al, 1994. Analysis of new product diffusion using a four-segment trial repeat model. Marketing Science, 13 (3): 224-247.

Miotti L，Sachwald F，2003. Co-operative R&D，why，and with whom? An integrated framework of analysis. Research Policy，32（8）：1481-1499.

Moore J F，1993. Predators and prey-a new ecology of competition. Harvard Business Review，71（3）：75-86.

Moore J F，1996. The Death of Competition：Leadership and Strategy in the Age of Business Ecosystems. New York：Harper Business.

Moore J F，1998. The rise of a new corporate form. Washington Quarterly，21（1）：167-181.

Moore J F，2006. Business ecosystems and the view from the firm. The Antitrust Bulletin，51（1）：31-75.

Murovec N，2009. Absorptive capacity，its determinants，and influence on innovation output：Cross-cultural validation of the structural model. Technovation，29（12）：859-872.

Narin F，1994. Patent bibliometrics. Scientometrics，30（1）：147-155.

Nooteboom B，Gilsing V A，2004. Density and strength of ties in innovation networks：A competence and governance view. Erim Report Series Research in Management，（1）：1-29.

Nelson R R，1995. Recent evolutionary theorizing about economic change. Journal of Economic Literature，33（1）：48-90.

Nelson R R，Winter S G，1982. The schumpeterian tradeoff revisited. American Economic Review，72（1）：114-132.

Nelson R R，Winter S G，1982. An Evolutionary Theory of Economic Change. Boston：Belknap Press.

Newman M E，Girvan M，2003. Finding and evaluating community structure in networks. Physical Review E，69：026113.

Ng B K，Thiruchelvam K，2012. The dynamics of innovation in Malaysia's wooden furniture industry：Innovation actors and linkages. Forest Policy and Economics，14（1）：107-118.

Niu S C，2006. A piecewise diffusion model of new product demands. Operations Research，54（4）：678-695.

Nordin S M，Noor S M，Saad M S B M，2014. Innovation diffusion of new technologies in the Malaysian paddy fertilizer industry. Procedia Social and Behavioral Sciences，109（2）：768-778.

Norton J A，Bass F M，1987. A diffusion theory model of adoption and substitution for successive generations of high technology products. Management Science，33：1069-1086.

Nowak M A，2006. Five rules for the evolution of cooperation. Science，314（5805）：1560-1563.

Odum E P，1983. Basic Ecology. New York：Saunders College Pub.

Oliva G，Panzieri S，2010. Agent-based input-output interdependency model. International Journal of Critical Infrastructure Protection，3（2）：76-82.

Orsenigo L，Pammolli F，Riccaboni M，2001. Technological change and network dynamics：Lessons from the pharmaceutical industry. Research Policy，30（3）：485-508.

Overholm H，2015. Collectively created opportunities in emerging ecosystems：The case of solar service ventures. Technovation，（39/40）：14-25.

Pianka E R，1994. Evolutionary Ecology. 5th ed. New York：Harper Collins.

Pittaway L，Robertson M，Munir K，et al，2004. Networking and innovation：A systematic review of the evidence. International Journal of Management Reviews，5（3/4）：137-168.

Podolny J M，Stuart T E，1995. A role-based ecology of technological change. American Journal of Sociology，100（5）：1224-1260.

Polanyi K，1944. Great Transformation: The Political and Economic Origins of Our Time. Boston: Beacon Press.

Raven R，2005. Strategic Niche Management for Biomass: A comparative Study on the Experimental Introduction of Bioenergy Technologies in the Netherlands and Denmark. Eindhoven: Technische Universiteit Eindhoven.

Raven R，2010. Strategic niche management for biomass. International Journal of Research in Marketing，27（2）：91-106.

Reinganum J F，1981. On the diffusion of new technology: A game theoretic approach. Review of Economic Studies，48（3）：395-405.

Redmond W B，1939. The cross-immune relationship of variocs strains of plasmodium cathemerium and P. relictum. Journal of Infectious Diseases，64（3）：273-287.

Ribeiro L C，Ruiz R M，Albuquerque E，et al，2011. The diffusion of technological knowledge through interlaced networks. Computer Physics Communications，182（3）：1875-1878.

Rip A，Kemp R，1998. Technological change. Resources and Technology，2（1）：327-399.

Roberro M，1997. Comparative evidence on numerically controlled machine tools. Research Policy，（26）：405-428.

Robertson T S，Gatignon H，1986. Competitive effects on technology diffusion. Journal of Marketing，50（3）：1-12.

Rohrbeck R，Hölzle K，Gemünden H G，2009. Opening up for competitive advantage: How deutsche telekom creates an open innovation ecosystem. R&D Management，39（4）：420-430.

Romijn H A，Caniëls M C J，2011. The jatropha biofuels sector in Tanzania 2005-2009: Evolution towards sustainability?. Research Policy，40（4）：618-636.

Ronald F，1978. Relative backwardness，direct foreign investment，and the transfer of technology: A simple dynamicsmodal. Quarterly Journal of Economics，92（1）：1-16.

Ronald R Y，Naif A，2014. Probability weighted means as surrogates for stochastic dominance in decision making. Knowledge-Based Systems，66：92-98.

Rong K，Hou J，Shi Y J，et al，2010. From value chain network，towards business ecosystem（BE）: Evaluating the BE concept's implications to emerging industrial demand. Proceedings of the 2010 IEEE International Conference on Industrial Engineering & Engineering Management，Macao：2173-2177.

Rose A C，Allen P M，Tsinopoulos C，et al，2005. Innovation in manufacturing as an evolutionary complex system. Technovation，10（25）：1093-1105.

Roshan S G，Viswanadham N，2007. Analytical framework for the management of risk in supply chains. IEEE Transactions on Automation Science and Engineering，4：265-273.

Russell M G，Still K，Huhtamaki J，et al，2011. Transforming innovation ecosystems through shared vision and network orchestration. Triple Helix IX International Conference，Stanford：1-21.

Sadiq R，Tesfamariam S，2007. Probability density functions based weights for ordered weighted averaging（OWA）operators: An example of water quality indices. European Journal of Operational

Research，182（3）：1350-1368.

Sahal D，1985. Technological guideposts and innovation avenues. Research Policy，14（2）：61-82.

Sajjad J，Mehdi S，Javad S，et al，2016. Optimizing a bi-objective reliable facility location problem with adapted stochastic measures using tuned-parameter multi-objective algorithms. Knowledge-Based Systems，95（C）：45-57.

Sanni S A，Ngah Z A，Karim N H A，et al，2013. Using the diffusion of innovation concept to explain the factors that contribute to the adoption rate of E-journal publishing. Serials Review，39（4）：250-257.

Sarkar M，Butler B，Steinfield C，1998. Cybermediaries in electronic marketspace：Toward theory building. Journal of Business Research，41（3）：215-221.

Schot J，Geels F W，2008. Strategic niche management and sustainable innovation journeys：Theory，findings，research agenda，and policy. Technology Analysis and Strategic Management，20（5）：537-554.

Schotter A R，1981. The Economic Theory of Social Institutions. Cambridgeshire：Cambridge University Press.

Shapiro C，Varian H R，1999. The art of standards wars. California Management Review，41（2）：8-32.

Shin D H，Bartolacci M，2007. A study of MVNO diffusion and market structure in the EU，US，Hong Kong，and Singapore. Telematics and Informatics，24（2）：86-100.

Shin J，Jalajas D，2010. Technological relatedness，boundary-spanning combination of knowledge and the impact of innovation：Evidence of an inverted-U relationship. Journal of High Technology Management Research，21（2）：87-96.

Sichman J S，Conte R，Gilbert N，1998. Multi-agent systems and agent-based simulation. Lecture Notes in Computer Science. New York：Springer.

Silveira G D，2001. Innovation diffusion：Research agenda for developing economies. Technovation，21（12）：767-773.

Smith A，2007. Translating sustainability between green niches and socio-technical regimes. Technology Analysis and Strategic Management，19（4）：427-450.

Sneddon J，Soutar G，Mazzarol T，2011. Modelling the faddish，fashionable and efficient diffusion of agricultural technologies：A case study of the diffusion of wool testing technology in Australia. Technological Forecasting and Social Change，78（3）：468-480.

Stale G，Urpena I，2008. Multi-perspective knowledge overlapping analysis in the context of education. Proceedings of the 5th International Conference on Intellectual Capital and Knowledge Management and Organisational Learning，New York：479-484.

Stephen R，Priit V，James H L，2013. Externalities of openness in innovation. Research Policy，42（9）：1544-1554.

Steve R，Elizabeth L M，1998. Human Choice and Climate Change. Columbus：Battelle Press.

Stoneman P，1983. The Economic Analysis of Technical Change. Oxford：Oxford University Press.

Sugden R，1986. The Economics of Rights，Co-operation and Welfare. Oxford：Basil Blackwell.

Suma S A，2001. Competition，rivalry and innovative behaviour. Economics of Innovation and New

Technology，10（1）：1-21.

Sun B，Xi X，2012. Analysis on nurtured innovation niches with SNM：A case study of biomass gasification in Heilongjiang Province. International Conference on Management Science and Engineering，Dallas：1605-1611.

Tan C Q，Chen X H，2014. Dynamic similarity measures between intuitionistic fuzzy sets and its application. International Journal of Fuzzy Systems，6（4）：511-519.

Tan C Q，Ip W H，Chen X H，2014. Stochastic multiple criteria decision making with aspiration level based on prospect stochastic dominance. Knowledge-Based Systems，70：231-241.

Thompson G L，Teng J T，1984. Optimal pricing and advertising policies for new product oligopoly models. Marketing Science，3（2）：148-168.

Tödtling F，Trippl M，2005. One size fits all?：Towards a differentiated regional innovation policy approach. Research Policy，34（8）：1203-1219.

Tong X，Lifset R，2007. International copper flow network：A blockmodel analysis. Ecological Economics，61（2/3）：345-354.

Tran M，2012. Agent-behavior and network influence on energy innovation diffusion. Communications in Nonlinear Science and Numerical Simulation，17（9）：3682-3695.

Tsai J M，Hung S W，2014. A novel model of technology diffusion：System dynamics perspective for cloud computing. Journal of Engineering and Technology Management，33：47-62.

Tsai W，2001. Knowledge transfer in intraorganizational networks：Effects of network position and absorptive capacity on business unit innovation and performance. Academy of Management Journal，44（5）：996-1004.

Tseng C Y，2009. Technological innovation and knowledge network in Asia：Evidence from comparison of information and communication technologies among six countries. Technological Forecasting and Social Change，76（5）：654-663.

Uzzi B，1997. Social structure and competition in interfirm networks：The paradox of embeddedness. Administrative Science Quarterly，42（1）：35-67.

Van D H，Schot J W，2005. Radical innovation as a multi-level process：Introducing floating grain elevators in the port of Rotterdam. Technology and Culture，46：51-76.

Van Z N，2010. The puzzle of patent value indicators. Economics of Innovation and New Technology，20（1）：33-62.

Vanhaverbeke W，Gilsing V，Beerkens B，et al，2009. The role of alliance network redundancy in the creation of core and noncore technologies. Journal of Management Studies，46（2）：215-244.

Verbong G，Christiaens W，Raven R，et al，2010. Strategic niche management in an unstable regime：Biomass gasification in India. Environmental Science and Policy，13：272-281.

Vinding A L，2002. Absorptive capacity and innovative performance，a human capital approach. Economics of Innovation and New Technology，15：507-517.

Vittorio C，Christina M，1996. Searching for an effective measure of R&D performance. Management Decision，7（34）：49-57.

Wasserman S，Faust K，1994. Social network analysis：Methods and applications. Contemporary Sociology，91（435）：219-220.

Watthias W，Hoogma R，1998. Beyond national and technological styles of innovation diffusion：A dynamic perspective on cases from the energy and transport sectors. Technology Analysis and Strategic Management，10（4）：545-566.

Watts D J，Strogatz S H，1998. Collective dynamics of "small-world" nettworks. Nature，393（4）：440-442.

Weila H B，Sabhloka V P，Cooney C L，2014. The dynamics of innovation ecosystems: A case study of the US biofuel market. Energy Strategy Reviews，（3）：88-99.

Xu Z S，2007. Binomial distribution based approach to deriving time series weights. The International Conference on Industrial Engineering and Engineering Management，（9）：154-158.

Xu Z S，2008. On multi-period multi-attribute decision making. Knowledge-Based Systems，21（2）：164-171.

Xu Z S，Yager R R，2008. Dynamic intuitionistic fuzzy multiple attribute decision making. International Journal of Approximate Reasoning，48（1）：246-262.

Yin R K，1994. Case Study Research：Design and Methods. London：Sage Publicatios.

Yücel G，Daalen C E V，2011. Exploratory analysis of the impact of information dynamics on innovation diffusion. Technological Forecasting and Social Change，78（2）：358-372.

Zahra S A，George G，2002. Absorptive capacity: A review，reconceptualization and extension. Academy of Management Review，27（2）：185-203.

Ziss S，1994. Strategic R&D with spillovers，collusion and welfare. The Journal of Industrial Economics，42（4）：47-59.

后 记

本书的内容来自于本人负责承担的国家自然科学基金面上项目（项目编号：71372020）和高等学校博士学科点专项科研基金项目（项目编号：20132304110025）的主要研究成果。在项目立项和研究过程中得到了许多评审专家、同行评议人和有关管理人员的悉心指导和无私帮助，在此谨向他们表示衷心的感谢！

特别感谢哈尔滨工程大学李柏洲教授、赵金楼教授、徐建中教授、范德成教授、陈伟教授、孟凡生教授、曹霞教授、杨栩教授；哈尔滨工业大学齐中英教授、王铁男教授、张庆普教授；东北林业大学尚杰教授、佟光霁教授；北京工业大学黄鲁成教授、吴菲菲教授；吉林大学蔡莉教授；大连理工大学苏敬勤教授、张米尔教授；哈尔滨理工大学王宏起教授、綦良群教授；浙江工业大学池仁勇教授；电子科技大学鲁若愚教授等专家和学者。他们在作者科研立项、项目完成和本书撰写过程中给予了中肯的意见和建议，对本书的结构完善和最终定稿起到了关键性的指导作用。

由衷感谢项目组主要成员杨洪涛教授、刘茂长副教授、张倩副教授、袭希博士、赵健博士、姚洪涛博士、徐晓菲博士、田胜男硕士、贾公园硕士和余浩硕士，黑龙江省工业和信息化委员会相关部门对本人负责承担的国家自然科学基金项目等科研项目的申报、调研和完成，以及本书撰写给予的大力支持和帮助。

本书从酝酿、策划、整理加工到编辑出版，自始至终得到了科学出版社李莉编辑的热情鼓励和积极支持，正是由于她的积极联络、辛勤工作和敬业精神，本书才能得以如期出版。在此表示深深的敬意和谢意！

本书是在国家自然基金项目等科研项目的研究报告基础上经修改、整合和完善而成的。孙冰教授、徐晓菲博士、田胜男硕士、苏晓博士和姚洪涛博士完成了研究报告的主要撰写工作，袭希博士、张睿涵博士、沈瑞硕士参与了部分模型的软件编程与仿真研究工作，毛鸿影博士、余婉琴硕士参与了书中参考文献、公式的校对和整理工作。本书的补充、修改、统稿和最终定稿是由孙冰教授负责完成的。为了这本书的撰写和出版，几位主要撰写人放弃了寒、暑假的休息时间，常常工作到深夜，付出了艰辛的努力和汗水。在此一并表示感谢，并道一声辛苦。

同时，特别感谢我的父母和家人，他们给了我无微不至的关怀和照顾，替我承担了很多的家务劳动和生活责任。2017年注定是忙碌辛苦的一年，很多的工作使我倍感压力，在身心疲惫的时刻，家人的陪伴和理解使我感到温暖和温馨，更让我深深体会到伟大而无私的亲情。正是他们的鼓励和支持使我在繁忙的教学工作之余得以完成科研任务和本书的撰写与修改工作。谨以此书献给我最爱的父母和家人！

在本书的写作过程中，参考了大量国内外同行的相关研究成果，从中得到了许多启示和帮助，在此也向这些成果的完成者表示衷心的感谢，特别向那些可能因为疏忽而未被注明的作者表示深深的歉意。

由于从生态学视角研究创新扩散问题的复杂性以及近年来社会、经济、科技环境的不断发展和变化，本书的研究内容所涉及的知识广泛而又复杂，加之本书作者的学识与经验有限，所以本书的观点中难免会存在不足之处，恳请同行专家学者和广大读者对我们的研究工作批评指正。

孙　冰

2017 年 7 月于哈尔滨工程大学